U0515828

海上絲綢之路基本文獻叢書

明史佛郎機呂宋和蘭意大里亞四傳注釋

張維華 著

文物出版社

圖書在版編目（CIP）數據

明史佛郎機吕宋和蘭意大里亞四傳注釋 / 張維華著
. -- 北京 : 文物出版社, 2022.7
（海上絲綢之路基本文獻叢書）
ISBN 978-7-5010-7611-6

Ⅰ. ①明… Ⅱ. ①張… Ⅲ. ①外交史－史料－中國－明代 Ⅳ. ① D829

中國版本圖書館 CIP 數據核字 (2022) 第 086699 號

海上絲綢之路基本文獻叢書

明史佛郎機吕宋和蘭意大里亞四傳注釋

著　　者：張維華
策　　劃：盛世博閲（北京）文化有限責任公司

封面設計：鞏榮彪
責任編輯：劉永海
責任印製：張　麗

出版發行：文物出版社
社　　址：北京市東城區東直門内北小街 2 號樓
郵　　編：100007
網　　址：http://www.wenwu.com
經　　銷：新華書店
印　　刷：北京旺都印務有限公司
開　　本：787mm×1092mm　1/16
印　　張：17.375
版　　次：2022 年 7 月第 1 版
印　　次：2022 年 7 月第 1 次印刷
書　　號：ISBN 978-7-5010-7611-6
定　　價：98.00 圓

總緒

海上絲綢之路，一般意義上是指從秦漢至鴉片戰争前中國與世界進行政治、經濟、文化交流的海上通道，主要分爲經由黄海、東海的海路最終抵達日本列島及朝鮮半島的東海航綫和以徐聞、合浦、廣州、泉州爲起點通往東南亞及印度洋地區的南海航綫。

在中國古代文獻中，最早、最詳細記載『海上絲綢之路』航綫的是東漢班固的《漢書・地理志》，詳細記載了西漢黄門譯長率領應募者入海『齎黄金雜繒而往』之事，書中所出現的地理記載與東南亞地區相關，并與實際的地理狀況基本相符。

東漢後，中國進入魏晋南北朝長達三百多年的分裂割據時期，絲路上的交往也走向低谷。這一時期的絲路交往，以法顯的西行最爲著名。法顯作爲從陸路西行到印度，再由海路回國的第一人，根據親身經歷所寫的《佛國記》（又稱《法顯傳》）一書，詳細介紹了古代中亞和印度、巴基斯坦、斯里蘭卡等地的歷史及風土人情，是瞭解和研究海陸絲綢之路的珍貴歷史資料。

隨着隋唐的統一，中國經濟重心的南移，中國與西方交通以海路爲主，海上絲綢之路進入大發展時期。廣州成爲唐朝最大的海外貿易中心，朝廷設立市舶司，專門管理海外貿易。唐代著名的地理學家賈耽（七三〇～八〇五年）的《皇華四達記》記載了從廣州通往阿拉伯地區的海上交通『廣州通夷道』，詳述了從廣州港出發，經越南、馬來半島、蘇門答臘半島至印度、錫蘭，直至波斯灣沿岸各國的航綫及沿途地區的方位、名稱、島礁、山川、民俗等。譯經大師義净西行求法，將沿途見聞寫成著作《大唐西域求法高僧傳》，詳細記載了海上絲綢之路的發展變化，是我們瞭解絲綢之路不可多得的第一手資料。

宋代的造船技術和航海技術顯著提高，指南針廣泛應用於航海，中國商船的遠航能力大大提升。北宋徐兢的《宣和奉使高麗圖經》詳細記述了船舶製造、海洋地理和往來航綫，是研究宋代海外交通史、中朝友好關係史、中朝經濟文化交流史的重要文獻。南宋趙汝適《諸蕃志》記載，南海有五十三個國家和地區與南宋通商貿易，形成了通往日本、高麗、東南亞、印度、波斯、阿拉伯等地的『海上絲綢之路』。宋代爲了加强商貿往來，於北宋神宗元豐三年（一〇八〇年）頒佈了中國歷史上第一部海洋貿易管理條例《廣州市舶條法》，并稱爲宋代貿易管理的制度範本。

元朝在經濟上採用重商主義政策，鼓勵海外貿易，中國與歐洲的聯繫與交往非常頻繁，其中馬可·波羅、伊本·白圖泰等歐洲旅行家來到中國，留下了大量的旅行記，記録元代海上絲綢之路的盛况。元代的汪大淵兩次出海，撰寫出《島夷志略》一書，記録了二百多個國名和地名，其中不少首次見於中國著録，涉及的地理範圍東至菲律賓群島，西至非洲。這些都反映了元朝時中西經濟文化交流的豐富内容。

明、清政府先後多次實施海禁政策，海上絲綢之路的貿易逐漸衰落。但是從明永樂三年至明宣德八年的二十八年裏，鄭和率船隊七下西洋，先後到達的國家多達三十多個，在進行經貿交流的同時，也極大地促進了中外文化的交流，這些都詳見於《西洋蕃國志》《星槎勝覽》《瀛涯勝覽》等典籍中。

關於海上絲綢之路的文獻記述，除上述官員、學者、求法或傳教高僧以及旅行者的著作外，自《漢書》之後，歷代正史大都列有《地理志》《四夷傳》《西域傳》《外國傳》《蠻夷傳》《屬國傳》等篇章，加上唐宋以來衆多的典制類文獻、地方史志文獻，集中反映了歷代王朝對於周邊部族、政權以及西方世界的認識，都是關於海上絲綢之路的原始史料性文獻。

海上絲綢之路概念的形成，經歷了一個演變的過程。十九世紀七十年代德國地理學家費迪南・馮・李希霍芬（Ferdinad Von Richthofen，一八三三～一九〇五），在其《中國：親身旅行和研究成果》第三卷中首次把輸出中國絲綢的東西陸路稱爲『絲綢之路』。有『歐洲漢學泰斗』之稱的法國漢學家沙畹（Édouard Chavannes，一八六五～一九一八），在其一九〇三年著作的《西突厥史料》中提出『絲路有海陸兩道』，蘊涵了海上絲綢之路最初提法。迄今發現最早正式提出『海上絲綢之路』一詞的是日本考古學家三杉隆敏，他在一九六七年出版《中國瓷器之旅：探索海上的絲綢之路》中首次使用『海上絲綢之路』一詞；一九七九年三杉隆敏又出版了《海上絲綢之路》一書，其立意和出發點局限在東西方之間的陶瓷貿易與交流史。

二十世紀八十年代以來，在海外交通史研究中，『海上絲綢之路』一詞逐漸成爲中外學術界廣泛接受的概念。根據姚楠等人研究，饒宗頤先生是華人中最早提出『海上絲綢之路』的人，他的《海道之絲路與昆侖舶》正式提出『海上絲路』的稱謂。選堂先生評價海上絲綢之路是外交、貿易和文化交流作用的通道。此後，大陸學者馮蔚然在一九七八年編寫的《航運史話》中，使用『海上絲綢之路』一詞，這是迄今學界查到的中國大陸最早使用『海上絲綢之路』的人，更多地限於航海活動領域的考察。一九八〇年北京大學陳炎教授提出『海上絲綢之路』研究，并於一九八一年發表《略論海上絲綢之路》一文。他對海上絲綢之路的理解超越以往，且帶有濃厚的愛國主義思想。陳炎教授之後，從事研究海上絲綢之路的學者越來越多，尤其沿海港口城市向聯合國申請海上絲綢之路非物質文化遺産活動，將海上絲綢之路研究推向新高潮。另外，國家把建設『絲綢之路經濟帶』和『二十一世紀海上絲綢之路』作爲對外發展方針，將這一學術課題提升爲國家願景的高度，使海上絲綢之路形成超越學術進入政經層面的熱潮。

與海上絲綢之路學的萬千氣象相對應，海上絲綢之路文獻的整理工作仍顯滯後，遠遠跟不上突飛猛進的研究進展。二〇一八年厦門大學、中山大學等單位聯合發起『海上絲綢之路文獻集成』專案，尚在醖釀當中。我們不揣淺陋，深入調查，廣泛搜集，將有關海上絲綢之路的原始史料文獻和研究文獻，分爲風俗物産、雜史筆記、海防海事、典章檔案等六個類别，彙編成《海上絲綢之路歷史文化叢書》，於二〇二〇年影印出版。此輯面市以來，深受各大圖書館及相關研究者好評。爲讓更多的讀者親近古籍文獻，我們遴選出前編中的菁華，彙編成《海上絲綢之路基本文獻叢書》，以單行本影印出版，以饗讀者，以期爲讀者展現出一幅幅中外經濟文化交流的精美畫卷，爲海上絲綢之路的研究提供歷史借鑒，爲『二十一世紀海上絲綢之路』倡議構想的實踐做好歷史的詮釋和注脚，從而達到『以史爲鑒』『古爲今用』的目的。

凡例

一、本編注重史料的珍稀性，從《海上絲綢之路歷史文化叢書》中遴選出菁華，擬出版百册單行本。

二、本編所選之文獻，其編纂的年代下限至一九四九年。

三、本編排序無嚴格定式，所選之文獻篇幅以二百餘頁爲宜，以便讀者閱讀使用。

四、本編所選文獻，每種前皆注明版本、著者。

五、本編文獻皆爲影印，原始文本掃描之後經過修復處理，仍存原式，少數文獻由於原始底本欠佳，略有模糊之處，不影響閱讀使用。

六、本編原始底本非一時一地之出版物，原書裝幀、開本多有不同，本書彙編之後，統一爲十六開右翻本。

目録

明史佛郎機呂宋和蘭意大里亞四傳注釋

明史佛郎機呂宋和蘭意大里亞四傳注釋

張維華 著

民國二十三年哈佛燕京學社鉛印本

燕京學報專號之七

明史佛郎機呂宋和蘭意大里亞四傳注釋

張維華著

哈佛燕京學社出版

民國二十三年六月

定價二元五角

明史佛郎機呂宋和蘭意大里亞四傳注釋

張維華

目錄

附錄

自序

歐西與吾國之交通,導源西漢,至元而漸趨於繁。然其時海運未開,陸路險阻,山川跋涉,旅途艱苦;交通之蹟,時絕時復,初無常也。十五世紀末,西葡二國,競爲新航路之發現,航運之利,一時稱便,歐亞交通之新局,亦由此始。考西人之初艘至吾國者,爲葡萄牙國,時在明正德間。厥後西班牙荷蘭二國,相繼東來,西洋教士,亦接踵至,洎乎明之末季,歐西人士,殆遍於海內矣。西人東來之蹟,吾國史書,多述其事,然散出羣籍,檢閱未易。清初纂修明史,尤西堂(侗)任纂外國各傳,始採集前人所述,匯歸爲佛郎機呂宋和蘭歐邏巴四傳(見西堂餘集明史外國傳)。厥後萬季野(斯同)以布衣參史局,於西堂舊稿,重加釐定,損益頗多;且易歐邏巴爲意大里亞(國立北平圖書館藏萬季野史稿,可參考)。王鴻緒橫雲山人史稿取季野之文,而稍點竄其文句,然於史實則無更易。張廷玉主修明史,復取王氏史稿而刪訂之,遂成今本明史四傳,世之談歐亞交通者,率即以此爲藍本焉。先年旅羈歷下,嘗思吾國晚近文化,所受於歐西之影響者至鉅,溯於源流,則以兩地之交通,爲其先導;因欲於歐人東來事蹟,稍事研討。暇中披閱明史,嘗取此四傳而深究之,每病其疏略脫漏,且往往與西人所誌不合,欲爲蒐輯正補;歲月遷延,迄未竟業。二十一年秋,負笈來平,從洪煨蓮先生受業,先生以裴松之註三國志體例相告。松之之註,蒐羅宏富,細鉅靡遺,上可補志文之闕略,往事舊聞,賴以得傳;下可供後人之摭拾,考訂故實,有所憑藉,其法固至善也。因即踵其成例,取先年檢討所得,繼事蒐求,每有所得,即分註其下,且間從張亮丞(星烺)王克私(Philippe de Vargas)兩先生,質疑問難,朞年始得竟業。

稿成後,束置高閣,凡數月。本年春三月,聞張天澤先生所著之中葡通商研究,已行梓問世。先生留學海外,精通數國文字,其爲是作,所採西文史材,頗稱豐富。以與維華所註之佛郎機傳,同爲一事,急欲一讀,用資觀摩。然書刊荷蘭,故都坊間,尚未置備;購求不得,深以爲憾。事經旬餘,晤洪煨蓮先生,先生謂其書已寄下,心竊自喜,因即假之歸讀。是書所論,有維華所未涉及者數則,其他賴以相互發明者,亦復不少,因於原稿,重加釐訂焉。

考前人著述,於四傳之文,間有評正,然語甚簡略,且多誤引。如魏源海國圖志佛蘭西篇,以職方外紀之拂蘭察(即今法蘭西)爲明史之佛郎機,即謂明史作者,不據外紀爲非。又於大西洋總敍,謂法蘭西(原作佛郎機)先築室濠鏡,明季棄去,布路亞(葡萄牙)人據其地,自稱大西洋;明史當別立布路亞傳。夫外紀之拂蘭察,即今之法蘭西,明史之佛郎機,則爲今之葡萄牙,何得混爲一談。且法蘭西無築澳棄澳之說,而佛郎機布路亞,實爲一國之異稱,如從魏氏之言,則是葡人有二傳矣,成何說也。先年,丁謙著明史各外國傳地理考證,於此四傳,亦略論及;其言較前人爲近理。惜文簡義疏,諸凡脫漏待補,乖謬待辨之處,多未言及;且於西人東來事蹟,亦間誤置,殊未足洽人意也。竊意前人之業,其弊有二:一曰蒐材未備,一曰昧於西文。蒐材不備,則不能釐正補苴;昧於西文,則不能比證參考,終不免於偏頗矣。

吾國史蹟,凡涉及西洋諸國者,當以中西記載,視爲並重。世有僅據西人之說,編譯爲文,亦有僅據中文記載,類列成章者,均不能無所偏蔽。茲文之作,以中文史材爲主體,以西文載籍爲比證,語其要者,約有三端:

(一)溯源　明史徵引,往往有誤,抉其言之所據,明其去取之蹟,則其致誤之由,可以立見。如佛郎機傳所引林富王希文兩疏蓋據嘉靖實錄之文,然實錄於希文疏屬之九年十月,林富疏屬之八年十月,而明史置希文疏於富疏前,致與事實乖舛。又如荷蘭傳之稅使李道,蓋據東西洋考所引廣東通志之文,然通志作李權使,指李鳳言,與李道無關也。明史據其文而改稱李道,誤甚。

(二)輯補　四傳之文,頗爲簡略,非廣事蒐證,無由明其原委。如佛郎機傳之火者亞三,傳言爲佛郎機使臣,後以罪下吏論死。然據籌海圖編引顧應祥之文,則知當時被殺者爲通事,而葡使先已遣回廣州;亞三非佛郎機使可知。佛郎機銃之傳入中國,佛郎機傳屬之嘉靖二年,然據殊域周咨錄之文,則爲正德間何儒所得。又據王文成公全書,有林見素範錫得銃,遣人貽文成公,用平宸濠亂事,則可推知佛郎機銃之傳入中國,爲時尤早。

(三)比證　吾國載籍,有須與西文對證,而始明者:如嘉靖二年實錄所載之米兒丁甫思多滅兒,即西文之Martin Affonso de Mello Coutinho。別都盧即西文之Pedro Hamen。巴西即西文之Pacem,爲蘇門答拉地;其作今南美之巴西者,誤。兩朝從信錄之韋麻郎,即西文之Wybrand將軍;荷蘭傳作麻韋郎者,爲倒置之誤。亦有可破西人之說者:如葡人之據有澳門,西人多謂葡人助剿海寇有功,中國界之以居;然讀正氣堂集兪大猷集兵船以攻叛兵,及論商夷不得恃功恣橫兩文,則知當時通貢且不許,何得有界地讓居之事。又如荷蘭之去澎湖據臺灣,西人多謂中國所默許,且締有條約;若證以兩朝從信錄所載南居益渡海搗巢之文,則知西人所言,近於飾掩。

要之,往昔學人,囿于時代,疏漏之處,間所不免,然風氣首開,啟迪後學,功不可掩。華讓陋不學,不足與語著述之業,竊欲追慕先賢,以求一是,若謂厚誣前人,則非所敢。今茲之作,重貽紕繆,是正指疵,端賫摯哲,凡百君子,幸垂教焉。

民國二十三年四月十日

第一卷

第一卷

明史卷三二五列傳二一三

佛郎機傳

佛郎機近滿剌加。

佛郎機：佛郎機爲明人對於葡萄牙人與西班牙人之稱呼。明史呂宋傳爲記載西班牙人之事跡，其呼西班牙人，皆曰佛郎機；佛郎機傳爲記載葡萄牙人之事跡，按傳內亦有言及西班牙人之事者，蓋因時人分辨不清，而混記之耳；然就大體言，則皆屬葡萄牙人事。其呼葡萄牙人，亦曰佛郎機；其後雖漸有蒲都麗家及干系蠟等之異稱，然在初時則無別也。後之讀史者，往往以其音似法蘭西，遂以法蘭西目之，如澳門紀略云："弗郎西（指今法蘭西言）明曰佛郎機。"又曰："佛郎機後又稱干系臘國，今稱弗郎西，或曰法郎西。"卷下頁六至頁七，澳蕃篇又如海國圖志於佛蘭西國總記下註云："即佛郎機，一作佛郎西，一作拂蘭祭，一作法蘭西，一作和蘭西，一作勃蘭西。"又於補入職方外紀論法蘭西之一段下，註云："案明史在此書之後，並不知據此爲藍本，而云近滿剌加，竟不知爲大西洋，明人荒陋至此。"卷四一，頁一與頁九又如明通鑑云："佛郎機即今之佛蘭西，亦曰法蘭西，大西洋歐羅巴洲之一國也。萬曆間，利瑪竇至中國，自稱大西洋，禮臣不知。其後艾儒略出其所撰職方外紀，始知歐羅巴洲中七十餘國，統名曰大西洋。"卷四七，頁一三此均蔽於音譯，而昧於事實者也。佛郎機爲西文Franks字之譯音,今譯爲"法蘭克"三字。法蘭克爲北歐日耳曼民族之一種,中古時期,曾建立一大帝國,今之法蘭西,即由此演變而成。如言佛郎機即法蘭西者,自音義言之固無誤,然若以明季東來之佛郎機卽法蘭西,則甚錯謬;蓋此時歐人東來者,法人不在其列也。然於此所當問者,即明人何以稱葡萄牙與西班牙人爲佛郎機乎?丁謙云:"佛郎機即法蘭西,夙號歐洲強國,自明中葉至本朝脩史時,並無人知其國之所在,但以臆度之詞,云'近滿剌加',豈不可笑。且考西史明正德間,法蘭西國並無侵犯南洋之事,其破滿剌加,入呂宋,開巴西,據壕鏡,均葡萄牙人所爲;至荷蘭奪據滿剌加,侵占噶羅巴及婆羅洲,西班牙奪據小呂宋,皆其後事。此傳並指佛郎機。意葡人自知小弱,故假託佛郎機名以欺中國,而中國竟無知之者:不獨不知有葡萄牙,並不知有荷蘭西班牙,概以佛郎機混稱之,眞咄咄怪事。"明史各外國傳地理考證,頁一七此言葡萄牙人之稱爲佛郎機,乃由於葡人之假託也。然蒲都麗家之名,亦見於本傳,稱"四十四年(嘉靖),僞稱滿剌加入貢,已改稱蒲都麗家",是葡人固無自隱其國名,假他國之名,以自尊大之心也。考中古時代,回回人於歐人概以"佛郎機"稱之,職方外紀云:"中古有一聖王名類斯者,惡回回佔據如德亞地,興兵伐之,始制大銃,因其國在歐邏巴內,回回遂概稱西土人爲拂郎機,銃亦沿襲此名。"卷二,頁十再吾國史內,有"拂菻"一國,今人考之,均言爲佛郎機之轉音。如是,則"佛郎機"一名之傳入東土,與夫回回人之呼歐人爲佛郎機,由來已久,特明季之人,未之知耳。當葡人東來時,所用舌人,必係阿拉伯之回商,或與彼等有關之商人,彼即沿其舊日用呼歐人之通稱,而稱葡萄牙人。時吾國昧於外情,不加深察,遂亦以"佛郎機"稱之矣。至明人之呼西班牙人爲佛郎機,亦當出於同一之情勢也。

近滿剌加:按明人昧於世界大勢,於葡人國境,多出臆度,故言多錯誤。殊域周咨錄云:"別有番國佛郎機者,前代不通中國,或云此喃勃利國之更名也。古有狠徐鬼國,分爲二洲,皆能食人。爪哇之先,鬼啖人肉,佛郎機國與相對。"卷九,頁一一七天下郡國利病書據其說,云:"佛朗機國在爪哇南,古無可考。""舊志婆利國在廣州東南海中洲上,去廣州三月程。其王姓憍陳如。隋大業中,遣使入貢。又投和國在眞臘之南,自廣州西南水行,百日可至,其地正相對古之狠徐鬼國,分東西二洲,皆能食人。爪哇之先,鬼啖人肉,即此國也,佛朗機亦與相對云。"卷一一九,頁五三此爲臆度之言也。本傳稱其"近滿剌加",蓋以其來自西南大洋,又據有滿剌加地,以常理推斷,當去滿剌加不遠,故爲此言,實則滿剌加爲馬來半島南端之地,而葡萄牙則爲伊比利亞半島西部濱大西洋之國,相去正遠也。

正德中,據滿剌加地,逐其王。

東西洋考西洋列國考麻六甲篇稱:"麻六甲即滿剌加也。古稱哥羅富沙。……　後佛郎機破滿剌加,入據其國,而故王之社遂墟。臣隸俛首,無從報仇,久乃漸奉爲眞主矣。"卷四,頁一至頁二海語云:"正德間,佛郎機之舶來互市,爭利而閧,夷王執其哪嚏而囚之。佛郎機人歸愬於其主,議必報之,乃治大舶八艘,精兵及萬,乘風突至。時已踰年,國中少備,大被殺掠。佛郎機夷酋,進據其宮。滿剌加王退依陂隄里。老幼存者,復多散逸。佛郎機將以其地索賂於暹羅而歸之,暹羅辭焉。佛郎機盡衆滿載而去,王乃復所。"卷二,頁五 按,葡萄牙人奪取滿剌加地,爲西曆一五一一年八月間事,時爲明正德六年七月或八月也。Danvers稱一五〇九年(明正德四年)九月,葡人 Diogo Lopes de Sequeira 與國人航至滿剌加.要求通商,滿剌加王許之,並准其於濱海之地,停居經商。時回人在滿剌加之商業甚盛,恐爲葡人所奪,遂唆使滿剌加王驅逐之。葡人拒戰不利,Sequeira 率艦返國,而別一葡人名 Ruy de Aranjo者,則爲所困。見Danvers: The Portuguese in India, vol.I,pp.179—181 海語所謂"爭利而鬨,夷王執其哪嗟而囚之"等語,當即指此。"哪嗟"亦作"那督",東西洋考大泥篇云:"那督者大酋之號也",蓋南洋土人呼其酋長之稱,而海語所云之哪嗟,當即指 Ruy de Aranjo 言也。又Danvers稱葡總督Alfonso de Albuquerque因Sequeira之失敗,知欲與滿剌加通商,非藉武力不可,遂請求葡王,增加士卒與軍械。後 Albuquerque率艦八艘,自印度出發,一五一一年(明正德六年)六月抵滿剌加,前後兩度攻擊,始克取之。國王馬哈木(Mahamet)出走彭亨,後死於此。同上 vol.I,pp.220—231.海語所言"乃治大舶八艘".與此數合,惟"精兵及萬",稍涉浮誇,而所言"夷首",即 Albuquerque 也。滿剌加國王之名,明武宗正德十六年七月實錄,爲蘇端媽末,"蘇端"爲 Sultan 之譯音,"媽末"則即 Mahamet 也。又海語言"佛郎機以地索賂暹羅"一事,據Danvers所言,葡人於克服滿剌加後,遣Duarte Fernandes 出使暹羅同上 vol.I,pp.232—233,然其目的,則在修好,固無所謂"以地索賂"事。按葡人之奪取滿剌加,正欲借此以爲商業之根據地,何至貿然以予暹羅,此於事實與理論,均不相符,故海語此言不足信。再滿剌加王復國事,亦係傳聞錯誤,當以東西洋考所言爲是。

十三年,遣使臣加必丹末等貢方物,請封,始知其名。

葡使來華之年,吾國史書所載,各有不同。籌海圖編引顧應祥之言云:"佛郎機國名也,非銃名也。正德丁丑(正德十二年,西曆爲一五一七年),予任廣東僉事,署海道事,蓦有大海船二隻,直至廣城懷遠驛,稱係佛郎機國進貢,其船主名加必丹。其人皆高鼻深目,以白布纏頭,如回回打扮,即報總督陳西軒公金,臨廣城。以其人不知禮,令於光孝寺習儀三日,而後引見。"卷一三,頁三一廣東巡撫林富奏疏云:"至正德十二年,有佛朗機夷人,突入東筦(當作莞字,下做此)縣界,時布政使吳廷舉許其朝貢,爲之奏聞,此不考成憲之過也。"天下郡國利病書卷一二〇,頁一三引東西洋考引廣東通志曰:"佛郎機素不通中國,正德十二年,駕大舶突至廣州澳口,銃聲如雷,以進貢爲名。撫按查無會典舊例,不行,乃退泊東筦[莞]南頭,蓋房樹柵,恃火銃自固。"卷五,頁五。嶺海輿圖稱:"其佛朗機國前次朝貢不與,正德十二年(西曆一五一七年),自西海突入東筦[莞]縣界,守臣通其朝貢,厥後刼掠地方,乃逐出,今不復來。"頁五九　此言正德十二年者也。名山藏稱:"正德十三年(西曆一五一八年),國王蘇端媽末爲佛郎機酋所逐,而據其地,使三十人者,從廣東入貢,時廣東左布政使吳廷舉兼海道副使,議許之。"王享記滿剌加篇獻徵錄云:"佛郎機近滿剌加,島夷之黠暴者,前代國初俱未通，正德十三年，其酋弑國王，遣必加丹末等三十人，入貢請封。" 卷一二〇，頁一六二至一六三此言正德十三年者也。殊域周咨錄稱："本朝正德十四年(西曆一五一九年)，佛郎機大酋，弑其國主，遣必加丹末等三十人入貢請封。" 卷九，頁一七此言正德十四年者也。Barros稱一五一七年，葡人Fernao Peres d'Andrade與葡使 Thoma's Pirez (或作Thome's Perez)自滿剌加來華，先停船於屯門島(Tunmên)，後得中國官吏之允許，始入廣州。見 E. Bretschneider: Mediaeval Researches, vol. II, p. 317，西人著述，多與此同。如此，則葡使之至廣州，以在正德十二年爲可據，餘如十三年十四年等均誤。

"加必丹末"爲葡文Capitao moor之譯音(見中葡通商研究頁四三註五)船主也，非人名。殊域周咨錄獻徵錄作"必加丹末"，明通鑑又作"加必丹永" 見本書卷四七頁一三均誤。至"加必丹"三字，當爲簡稱。"加必丹末"，本傳作葡萄牙使臣之名，殊域周咨錄獻徵錄但言"遣必加丹末"，未確言其爲使臣與否，顧應祥言爲船主。按此時使臣爲Thoma's Pirez，船主爲Fernao Peres d'Andrade，吾國史書，於使臣之名，別呼曰火者亞三，而於船主則無他稱，是"加必丹末"當以指Fernao Peres d'Andrade言爲近是。(火者亞三事見後註)再此次葡使之被遣東來，蓋欲入京覲見，請求通商之事，當時攜帶貢禮則有之，若云"貢方物，請封"，則爲中國誇張之詞也。

又按葡人之來中國，不自一五一七年始。中葡通商研究據葡史家Barros之言，謂滿剌加新任總督 Jorge de Albuquerque於一五一四年(正德九年)，遣 Jorge Alvares東來，至廣州之屯門島(Tunmên)，并在此建立石碑，以爲發現之紀念。見本書頁三五又謂一五一五年（正德十年），供職於葡萄牙艦隊之意大利人 Rafael Perestello，乘滿剌加商船駛向中國。一五一六年八月或九月間，返滿剌加。見本書頁三八則是一五一七年前，尚有葡人兩次來華，吾國史籍，多以葡使來華之年，爲葡人始至中國之年，蓋有闕也。

詔給方物之直遣還。

明武宗正德十五年十二月實錄稱：“海外佛朗機，前次未通中國，近歲吞併滿剌加，逐其國王，遣使進貢，因請封詔許來京。”卷一九四，頁兩顧應祥稱：“…………查大明會典並無此國入貢，具本參奏，朝廷許之，起送赴京。”籌海圖編卷一三，頁三一引均言許葡使入京也；此言“給直遣還”未詳。

其人久留不去，剽刧行旅，至掠小兒爲食。

久留不去： Barros稱葡人 Fernao Peres d'Andrade 與葡使 Thoma's Pirez 於一五一七年八月十五日抵屯門，後得中國官吏之允許至廣州。一五一八年（原文誤作一五一五年），滿剌加總督遣 Simao d'Andrade（或作 Simon de Andrade）東來以代其兄 Fernao Peres d'Andrade。其兄於一五一八年九月返滿剌加，而葡使與其從人，則皆留廣東。一五二〇年正月，始得自廣州起程赴京。如此，則葡使停居廣州者近三年，而留居屯門之葡人，亦前後相繼未絕，所言“久留不去”者，即指此言。見 E. Bretschneider: Mediaeval Rerearches, vol. II, pp. 317—319 屯門爲東莞縣之海島，葡人初來中國時之停泊地也。廣東通志言“乃退泊東筦[莞]南頭，恃火銃自固”，蓋南頭與屯門密邇，均屬東莞，當時亦或有葡商停居其地焉。說者謂屯門爲上川之港口，實誤。

剽刼行旅: Ljungstedt稱: "Simon de Andrade於一五一八年(正德十三年),駕一大舶及三小艇至屯門港,此人秉性貪暴,所在刼奪財貨,掠買子女,并於此建築堡壘,以示有據此島之意。有一水手,偶觸其怒,遽置之死。此種惡行,深爲中國官吏所痛恨,一五二一年(明正德十六年),遂遣兵驅逐之,Simon de Andrade乘間遁走。" 譯自 Ljungstedt: The Portuguese settlements in China,p.6. 按"剽刼行旅",即指Simon de Andrade之,暴行言也。

掠小兒爲食: 月山叢談云:"嘉靖初,佛朗機國遣使來貢,初至行者皆金錢,後乃覺之。其人好食小兒,云其國惟國□得食之,臣僚以下,皆不能得也。至是潛市十餘歲小兒食之。每一兒市金錢百文。廣之惡少,掠小兒競趨途,所食無算。其法以巨鑊煎滾滾湯,以鐵籠盛小兒置之鑊上,蒸之出汗,盡乃取出,用鐵刷刷去苦皮,其兒猶活,乃殺而剖其腹,去腸胃蒸食之。居二三年,兒被掠益衆,遠近患之。" 天下郡國利病書卷一一九,頁五四引然其言荒誕不足信。按明人疑佛郎機國與狼徐鬼國相對,古傳狼徐鬼國"分爲二洲,皆能食人,"佛郎機與之相對,亦當染食人之風。月山叢談蓋即由此附會而成之言也。

已而夤緣鎮守中貴,許入京。

中貴爲時人對宦寺稱,然究指何人言,未詳。或以此歸罪吳廷舉,前文引林富奏疏,謂"布政使吳廷舉許其朝貢,爲之奏聞"即是。然考武宗正德十二年五月實錄云:"命番國進貢,幷裝貨舶船,榷十之二解京,及存留餉軍者,俱如舊例,勿執近例阻遏。先是兩廣姦民,私通番貨,勾引外夷,與進貢者混以圖利,招誘亡命,略買子女,出沒縱橫,民受其害,參議陳伯獻請禁治之。其應供番夷,不依年分者,亦行阻回。至是有布政吳廷舉巧辯興利,請立一切之法,撫按官及戶部皆惑而從之。不數年間,遂啟佛朗機之釁,副使汪鋐盡力剿捕,僅能勝之。於是每歲造船鑄銃,爲守禦計,所費不貲,而應貢番夷,皆以佛朗機故,一槩阻絕,舶貨不通矣。利源一啟,爲患無窮,廷舉之罪也。" 卷一四九此僅言佛郎機之來,與吳廷舉之弛禁有關,未言許其通貢,且爲奏請也。本傳下文所引何鰲之言,云"近因布政吳廷舉謂缺上供香物,不問何年,來即取貨,致番舶不絕於海澨,蠻人雜遝於州城,"亦僅言其弛禁之影響,未言其爲葡人奏請也。如此則吳廷舉爲葡人奏請開市之說爲無據。再吳廷舉任廣東左布政司,據魯曾煜廣東通志職官表言在正德十二年,然據吾學編稱"九年(正德)陞廣東右布政使,立番舶進貢交易之法(實錄稱在十二年),平傳役。十年,嶺西猺獞作亂,兼兵備副使撫治廣肇諸府。十一年,轉左。十二年,湖南饑,陞副都御史,賑濟。" 卷二五,頁七如從後說,則吳廷舉已於正德十二年至湖南,何得代葡人奏請乎?

武宗南巡,其使火者亞三,因江彬侍帝左右,帝時學其語以爲戲。

南巡:平宸濠之亂也。明史武宗十四年本紀載:"七月甲辰(十三日),帝自將討宸濠,安邊伯朱泰爲威武副將軍,帥師爲先鋒。丙午(十五日),宸濠犯安慶,都指揮楊銳,知府張文錦禦却之。辛亥(二十日),提督南贛汀漳軍務副都御史王守仁帥兵復南昌。丁巳(二十六日),守仁敗宸濠於樵舍,擒之。八月癸未(二十二日),車駕發京師。丁亥(二十六日),次涿州,王守仁捷奏至,秘不發。冬十一月乙巳(十五日),漁於清江浦。壬子(二十二日)冬至,受賀於太監張陽第。十二月辛酉(一日),次揚州。乙酉(二十五日),渡江。丙戌(二十六日),至南京。"卷一六,頁一一又十五年本紀云:"十五年春正月庚寅朔,帝在南京。癸巳(四日),改卜郊。夏四月己未(二日),賑淮揚諸府饑。六月丁巳(一日),次牛首山,諸軍夜驚。秋七月,小王子犯大同宣府。八月癸未(二十八日),免江西稅糧。閏月癸巳(八日),受江西俘。丁酉(十二日),發南京。癸卯(十八日),次鎮江,幸大學士楊一清第,臨大學士靳貴喪。九月己巳(十五日),漁於積水池,舟覆救免,遂不豫。冬十月庚戌(二十六日),次通州。十一月庚申(六日),治交通宸濠者罪,執吏部尙書陸完赴行在。十二月己丑(五日),宸濠伏誅。甲午(十日),還京師,告捷於郊廟社稷。"卷一六,頁一二是武宗自正德十四年八月二十二日發鑾,至翌年十二月十日始回京師也。

火者亞三:明人著述,咸稱火者亞三爲蒲萄牙之使臣;其有作亞三者,蓋爲簡稱,其爲指葡使而言則同。然據西人著述,此時之使臣爲Thoma's Pirez,其譯音與火者亞三之名,迥不相同,似難爲一人。且"火者"二字,冠於名上或名下者,於元史及明史西域諸國之記載,凡數十見。元史札八兒火者傳,言"火者其官稱也",卷一二〇,頁六火者旣爲回人之官稱,則火者亞三似當爲一回回人,不當爲一葡萄牙人也。西人著述,於葡使之是否被殺,迄無定論,如Pinto則謂Thoma's Pirez於重刑之餘,與其徒十二人,皆流至中國北部。

後曾娶中國女子爲妻,且導之奉教焉。Barros只言其送回廣州,繫之于獄。其他諸書,或言其於一五二三年被殺。或言其於一五二四年,病死獄中,迄無定論。而火者亞三之論死,林富之奏疏,明世宗嘉靖八年十月實錄,南海縣志梁焯傳,殊域周咨錄佛郎機傳(各說引於後文),均言及之,則其被殺,蓋無疑義。又顧應祥稱:"……時武廟南巡,留會同館者將一年,今上(指明世宗言)登極,以其不恭,將通事明正典刑,其人(指葡萄牙使臣言)押回廣東,驅之出境去訖。其人在廣久,好讀佛書云云。"籌海圖編卷一三,頁三一 武宗正德十六年三月丙寅(十四日)實錄云:"是日………哈密及土魯番佛郎機等處進貢夷人,俱給賞令還國。…… 以上數事,雖奉上遺旨,實內閣輔臣,請于太后而行者,皆中外素稱不便,故釐革最先云。"(卷一九七)又武宗正德十六年七月實錄有"禮部已議絕佛郎幾,還其貢使"一語(世宗實錄卷六),則是被殺者爲通事,而葡使早已遣還矣。又殊域周咨錄佛郎機篇稱火者亞三"本華人",役於葡商(語見後),名山藏王享記滿剌加篇稱其能通番漢(語見後),此皆似一通事所宜有之事。前言葡人初入中國時,其舌人或係回人充當,今自"火者"二字之音義,及上舉各家所言觀之,火者亞三似爲葡使舌人之回回人名。至若明人何以不能分辨,而致誤用,則未詳。

因江彬得侍武宗:名山藏稱:"……而佛郎機有使者曰亞三,能通番漢,賄江彬薦之武宗,從巡幸。武宗見亞三時時學其語以爲樂。"王享記,滿剌加篇 殊域周咨錄稱:"……有火者亞三本華人也,從役彼國久,至南京,性頗黠慧。時武

37

宗南巡,江彬用事,導亞三謁上,喜而留之。" 卷九,頁一七 按 Barros 之記載,葡使於一五二〇年一月(正德十四年十二月間)自廣州起程,途間行四閱月(即正德十五年三月間),始至南京。又按武宗南巡,於正德十四年十二月二十六日至南京,於翌年閏八月十二日北返,當葡使至南京時,武宗適在焉,其因江彬得侍武宗,當或可能,然所言者,究爲葡使歟,抑爲其通事歟?未詳。

江彬: 宣府人,明史佞倖傳有傳,此從略註。

其留懷遠驛者,益掠買良民,築室立寨,爲久居計。

懷遠驛: 天下郡國利病書稱:"四年(永樂)六月,廣東布政司奏每歲海外諸蕃,入貢方物,水路以舟楫運載,惟南雄至南安,限隔梅嶺,舟楫不通.自今請用民力接運。上曰:'爲君務養民,今番貢無定期,而農稍暇日,假令自春而至秋,番夷入貢不絕,皆役民接運,豈不妨其農事? 自今番夷入貢,如値農務之時,其方物並於南雄收貯。俟十一月農隙,却令運赴南安,着爲令。'復顧侍臣曰:'民不失其養,雖勞之鮮怨,民失所養,雖休之不德。'八月,置懷遠驛於廣州城蜆子步.剏房百二十間,以居番人,隸市舶所提舉司。"(卷一二〇頁三)

掠買良民: 郭尚賓奏疏云:"……有拐掠城市男婦人口,賣夷以取貲,每歲不知其數,……。" 郭給諫疏奏卷一頁十三至十四 澳門紀略載俞安性與澳夷禁約,內有一條云:"一,禁買人口:凡新舊夷商,不許收買唐人子女,倘有故違舉覺而占恡不法者,按名究追,仍治以罪。" 卷上,頁二五 胡平運奏疏云:"………其一在澳夷住濠鏡澳,凡番,南,東,順,新(指番禺,南甯,東莞,順德,新會五縣言),皆可揚帆直抵。其船高大如屋,重駕番銃,人莫敢近。所到之處,硝磺刃鐵,子女玉帛,公然搬運,沿海鄉村,被其殺掠,莫敢誰何。”史澄廣州府志卷一二二,頁二六以此證之 Simon de Andrade 在屯門島之暴行,則葡人掠買子女之說,蓋非虛也。

十五年,邱道隆言:“滿剌加乃敕封之國,而佛郎機敢併之,且啗我以利,邀求封貢,决不可許。宜却其使臣,明示順逆,令還滿剌加疆土,方許朝貢,倘執迷不悛,必檄告諸蕃,聲罪致討。

邱道隆:李紱汀州府志載:“邱道隆字懋之,上杭(屬福建汀州府)人。正德甲戌(九年)進士,知順德縣。時值歲歉,立法賑饑。毀淫祠,新學舍。擢江南道御史,首請逐佛郎機。入廣南,停浙江織造二事。及巡山西,督河東鹽課,疏請開濬古永豐渠,建鹽倉,處屯軍,補額課,言皆碩畫。時分守太監黃玉,怙恃逞威,道隆列罪狀劾之。再巡四川,又劾分守少監闞良。會有旨舉用人才,凡所疏薦,皆一時耆宿。以鯁直觸忌,出知南雄府。端方持大體,僚屬凜凜奉法。常大書‘畏天憫人’四字以自警。以親老告歸。”卷三〇,頁一四

御史何鰲言:“佛郎機最凶狡,兵械較諸蕃獨精。前歲駕大舶,突入廣東會城,礮聲殷地。留驛者違制交通,入都者桀驁爭長,今聽其往來貿易,勢必爭鬬殺傷,南方之禍,殆無紀極。祖宗朝貢有定期,防有常制,故來者不多。近因布政吳廷舉謂缺上供香物,不問何年,來即取貨,致番舶不絕於海澨,蠻人雜遝於州城,禁防既疏,水道益熟,此佛郎機所以乘

機突至也。乞悉驅在澳番舶,及番人潛居者,禁私通,嚴守備,庶一方獲安。"

何鰲:葉春及順德縣志載:"鰲字子魚,弱冠魁南粵,登進士,知慶元縣。慶元在萬山中,獷悍難治,豪猾持吏長短,鰲至取首惡誅之,民與更始。治甚有聲,召爲監督御史。佛朗機以入貢爲名,兩臺不許,遂治區脫東莞之南頭。潛至京師,見部不拜,朝欲位先諸夷。鰲與御史丘道隆奏驅之出境。人謂粵之不胥而夷,鰲有力焉。按湖廣,持大體,擢守松江,副使浙江,又改徐淮兵備。定驛傳約法,歲省數萬。築堤自沛至徐,延亘百里,河不爲害,人以此歸德焉。叅政福建,左布政湖廣,道卒。子思贊,亦進士,官福建都轉運使,方盛。"卷七,頁一一至一二

乞悉驅在澳番舶:陳灃香山縣志稱:"按疏中言驅在澳蕃舶,乃言浪白澳,非蠔鏡澳也,蠔鏡澳住夷,始於嘉靖隆慶。"卷二一,頁八然據西人著述所載,葡人初入中國時,以屯門島爲根據地,據東西洋考引廣東通志,則爲東莞南頭,其居留於浪白與蠔鏡,爲時皆較爲晚,陳灃之言非是。

吳廷舉:廷舉字獻臣,嘉魚人,明史有傳,此從略註。

疏下禮部,言:"道隆先宰順德,鰲即順德人,故深晰利害,宜俟滿剌加使臣至廷,詰佛郎機侵奪鄰邦擾亂內地之罪,奏請處置,其他悉如御史言。"報可。

禮部覆議:武宗正德十五年十二月實錄云:"……(上文爲丘道隆何鰲二人奏疏,傳文即本乎此)禮部覆議:道隆先爲順德令,鰲順德人,故備知其情。宜俟滿剌加使臣到日,會官譯詰佛朗機番使侵奪鄰國擾害地方之故,奏請處置。廣東

三司掌印,幷守巡巡視備倭官,不能呈詳防禦,宜行鎮巡官逮問,以後嚴加禁約。夷人留驛者,不許往來私通貿易,番舶非當貢年,驅逐遠去,勿與抽盤。廷舉倡開事端,仍行戶部查例停革,詔悉如議行之。" 卷一九四

滿剌加使臣來聘:武宗正德十六年七月實錄稱:"……會滿剌加國使者爲昔英等,亦以貢至,請省諭諸國王,及遣將助兵復其地。…… 滿剌加求援事宜,請下兵部議。既而兵部議請勅責佛郎機,令歸滿剌加之地,諭暹羅諸夷以救患恤鄰之義。其巡海備倭等官,聞夷變不早奏聞,並宜逮問。上皆從之。" 世宗實錄卷六 Danvers 稱:"一五一一年,葡人攻陷滿剌加,國王逃奔彭亨,遣使臣 Tuao Nacem Mudaliar 至中國求救。中國皇帝因中國商人在滿剌加者,多受虐待,又因葡總督態度和善,遇中國商人甚優,遂假韃靼擾邊之名却之。後 Tuao Nacem Mudaliar 返國,死於途中。" 譯自 Danvers: Ths Portuguese in India. vol. I. p.227. 又中葡通商研究稱葡使押回廣州時(一五二一年九月二十二日),廣州官吏,遵奉朝旨,令佛郎機歸還滿剌加地,遂命滿剌加國王使臣名 Tuan Healie 者,陳述其國陷落之事。同時並命葡使致書於葡萄牙之官吏,勸其歸還滿剌加地,葡使抗不奉命。" 見本書頁五三與五六 爲昔英與上述兩使之名,音譯均不合,究何所指,待考。

亞三侍帝驕甚,從駕入都。

據武宗本紀,武宗於正德十五年十二月十日回京。葡使入都事,本傳引邱道隆奏疏有"宜却其使臣"一語,何鰲奏疏有"入都者桀驁爭長"一語,禮部議覆有"宜俟滿剌加使臣至廷,詰佛郎機侵奪鄰邦擾亂內地之罪"等語。

而邱道隆何鰲二人之奏疏,及禮部覆議,實錄置之於正德十五年十二月間,似葡人使節,先武宗而至京師。又武宗正德十五年九月實錄云:"大學士楊廷和毛紀言:'近日傳說,皇上班師,已離南都,不日奏凱還朝,內外大小臣工,聞之不勝歡慶。…… 又甘肅地方,先年起送進貢夷人,差官查理明白,又令留往在關,及近日佛朗機滿剌加占城等國,進來番文,事干地方,俱未有處置,夷情反覆,不可不慮。'"卷一九一自佛郎機進來番文一語,亦似葡人使節先已入京,此作"從駕入都"未詳。又 Barros 稱葡使於一五二一年一月(正德十五年十二月間)至京,亦與上述各點未合,疑或葡使及其從人,先後至京之期不同,因之所載亦未能一致耶?

居會同館,見提督主事梁焯不屈膝,焯怒撻之,彬大詬曰:"彼嘗與天子嬉戲,肯跪汝小官耶?"

梁焯:劉廷元南海縣志:"梁焯字日孚,正德甲戌進士。過贛從王守仁學辨問居敬窮理,悚然有悟。拜禮部主事。己卯三月議……中缺疏諫,上怒罰跪五日……中缺佛郎機夷加必丹末等三十人入貢。江彬領四家兵馬,從上遊豫,導引火者亞三謁上,喜而留之。比至京師,入四夷館不跪,焯執問杖之。又番人寫亦虎先與其甥米黑兒馬黑麻以貢獻事誣陷文武甘肅大臣。時彬與錢寧用事,二夷人者日益驕橫,而大臣被誣者,皆梏桎幽囚,以是輕侮朝官。焯每以法約束之。二夷人相謂曰:"天顏可即,主事乃顧不可即耶?"彬聞之,謂焯淩虐駕下人員,將奏聞,會武宗晏駕,是日皇太后懿旨誅彬,已而火者亞三等與寫亦虎先皆伏誅,以焯嘗諫被杖,陞俸一級。嘉靖初,改司職方,予告歸養,

卒。"卷一一人物列傳

杖亞三：除見梁焯傳外，名山藏稱："……他日有事四夷館，兀坐而見禮部主事梁焯，焯怒，杖亞三，彬聞大詬曰：，彼嘗與天子遊戲，肯下跪一主事耶？"王享記滿剌加篇殊域周咨錄云："……適回回人寫亦虎仙以貢獻事，誣陷甘肅文武大臣，亞三與虎仙皆恃彬勢，或馳馬於市，或享大臣之饌於刑部，或從乘輿而餕珍膳，享於會同館，或同僕臣臥起，而大臣被誣者，皆以桎梏幽囚，意頗輕侮朝官，焯每法繩約之。二夷人相謂曰："天顏可即，主事乃顧不可即耶？"彬聞之，謂焯凌虐駕下人員，將奏治，適武宗晏駕，皇太后懿旨誅彬。"卷九頁一八

明年，武宗崩，亞三下吏，自言本華人，爲番人所使，乃伏法，絶其朝貢。

亞三被誅：梁焯傳稱與寫亦虎先皆伏誅，已見上文。殊域周咨錄云："……又滿剌加王訴佛郎機奪國仇殺，於是御史丘道隆何鰲(？)言其悖逆稱雄，逐其國王，掠食小兒，殘暴慘虐，遺禍廣人，漸不可長，宜即驅逐出境。所造房屋，盡行拆毀，重加究治。工匠及買賣人等，坐以私通外夷之罪。詔悉從。誅其首惡火者亞三等。"又註云："寫亦虎仙同伏誅。"卷九頁一八林富奏疏云："……厥後猾狡章聞朝廷，准御史邱道隆等奏，即行撫按，令海道官軍，驅逐出境，誅其首惡火者亞三等，餘黨聞風攝當作懾字遁，有司自是將安南滿剌加諸番舶，盡行阻絕。"天下郡國利病書卷一二〇頁一三至一六又世宗嘉靖八年十月實錄，有"初佛朗機火者亞三等既誅，""而亞三等以不法誅"等語卷一〇六，是火者亞

三之死,當不爲誣。惟自林富之奏疏觀之,似火者亞三死於廣州,而南海縣志與殊域周咨錄均言與寫亦虎仙同伏誅,則似死於京師。考寫亦虎仙被誅之事,見於正德十六年十一月實錄云:"逆番寫亦虎仙伏誅,其子米兒馬黑麻,婿火者馬黑木,姪婿米兒馬黑麻皆論死,沒其家。"世宗實錄卷八又嘉靖二年五月實錄云:"初哈密都督寫亦虎仙伏誅,其子米兒馬黑麻,婿米(當作火字)者馬黑木,姪婿米兒□黑麻以同密逆,俱下吏鞫問,至是撫按上其狀,命斬于市,子女沒入安(當作官字),籍如法。"卷二七兩次均未言及火者亞三則火者亞三是否與寫亦虎仙同伏誅,尚難遽斷。竊以爲亞三之死於京,自顧應祥之言證之,似爲可信,應祥謂世宗登極後,將通事明正典刑,葡使押回廣州。朝議葡使押回廣州,爲正德十六年三月十四日事(據前引是年實錄),而亞三之下吏問罪,當去是不遠。虎仙論罪,爲正德十六年四月間事,是年實錄稱:"回夷寫亦虎仙交通土魯番,興兵搆亂,攪擾地方,以致哈密累世受害,罪惡深重,曾經科道鎮巡官勘問明白,旣而夤緣脫免,錦衣衛還拏送法司,查照原擬開奏定奪。"世宗實錄卷一是虎仙論罪去亞三下吏,爲時亦必不遠(至爲同時否則不敢斷)。南海縣志及殊域周咨錄幷稱亞三與虎仙同伏誅,似非無所據也。又應祥言亞三論罪之因,由於不恭,此與二書所載亞三與虎仙之恃寵驕橫,固甚同也。如此則亞三與虎仙同誅於京,當爲可能,實錄所以未確言之者,或因其所涉不同故也。至林富所言"誅其首惡火者亞三等"一語,當係指另一人言,其幷作火者亞三者,蓋因當時對西人之名稱,分辨不清,而誤用之耳。

其年七月,又以接濟朝使爲詞,攜土物求市,守臣請抽分如故事,詔復拒之。

武宗正德十六年七月實錄:"至是廣東復奏海洋船有稱佛朗機國接濟使臣衣糧者,請以所齎番物,如例抽分。事下禮部,覆言:'佛朗機非朝貢之國,又侵奪鄰封,獷悍違法,挾貨通市,假以接濟爲名。且夷情叵測,屯駐日久,疑有窺伺,宜勅鎮巡等官亟逐之,毋令入境。自今海外諸夷及期如[入]貢者,抽分如例,或不齎勘合及非期而以貨至者皆絕之。'"世宗實錄卷六 按此次來華洋船,當指Diego Calvo來華之事言也。Barros稱:"同年(指一五二一年言)Simao d'Andrade歸,滿剌加總督遣Diego Calvo代之。皇帝(指武宗言)崩耗達廣東,中國官吏令葡人退出屯門島,葡人不從,中國艦逐攻之葡人大敗而退。時爲一五二〇年六月也(此誤,當作一五二一年)。" 譯自E. Bretschneider: Medieaval Researches.vol. II,p. 319. 此時葡使尚未返國與"接濟使臣"一語,蓋甚符合。

其將別都盧,既以巨礮利兵,肆掠滿剌加諸國,橫行海上,復率其屬疎世利等,駕五舟,擊破巴西國。嘉靖二年,遂寇新會之西草灣。指揮柯榮,百戶王應恩禦之。轉戰至稍州,向化人潘丁苟先登,衆齊進,生擒別都盧疎世利等四十二人,斬首三十五級,獲其二舟。餘賊復率三舟接戰,應恩陣亡,賊亦敗遁。

佛朗機寇新會:世宗嘉靖二年三月實錄云:"佛朗機國人別都盧寇廣東,守臣擒之。初都盧恃其巨銃利兵,刼掠滿剌加諸國,橫行海外,至(疑下脫是字)率其屬疎世利等千餘人,駕舟五艘,破巴西國,遂寇新會縣西草灣。備倭指揮柯榮,百戶王應思(當改作恩字)率師截海禦之。轉戰至稍州,向化人潘丁苟先登,衆兵齊進,生擒別都盧疎世利等四十二人,斬首三十五級,俘被掠男婦十人,獲其二舟。餘賊米兒丁甫思多減兒等,復率三舟接戰,火焚先所獲舟,百戶王應恩死之,餘賊亦遁。巡撫都御史張嵿,巡撫御史涂敬以聞,都察院覆奏,上命就彼誅戮梟示。"卷二四 Ljungstedt 稱:"一五二二年,葡人 Martin Alfónso de Mello Coutinho 奉葡王之命,率艦六艘,東來與中國和好。廣東大臣要求三事:一,Simon de Andrade 須無反攻上川之意。二,禁葡人不得與中國人互有往來。三,葡人船隻禁載中國軍士。時葡船數艘,向上川之屯門(疑此言有誤)港駛行,中國水兵阻之,抗不受命,後經長時抗禦,始行屈服。此次戰爭,影響甚大,除戰死者外,其被擄而囚於廣州之獄者,有餓死者,有科以海寇之罪者二十二人。其自滿剌加駛來之船隻,亦被錮禁,貨物收沒,人下之獄。"譯自 Ljungstedt: The Portuguese Settlements in China.pp. 6—7. Danvers 稱:"Martn Alfonso de Mello Coutinho 率船六艘,東來廣東登岸汲取淡水,中國人阻之,遂致開釁,葡人死者過半,其被俘者亦多死獄中。" 譯自 Danvers : The Pgrtugues in India,vol.I.p.357.中葡商通研究稱葡人 Martin Affonso de Mello Coutinho同其弟 Vasco Fernandes Coutinho, Diogo de Mello 二人,及別一人名 Pedro Hamen 者,奉葡王之命,率舟四艘,東來與中國訂結修好條約,並希獲中國之允許,得在屯門島建立砦壘,以資駐守。及抵滿剌加後,知中葡間友好關係,業經斷絕,然 Martin Affonso 並不因此而中止,且邀自屯門島逃回之 Duarte

Coelho 及 Ambrosio de Rego 二人(即爲汪鋐所逐走者),一同駛往。待各事計議詳妥後,遂在滿剌加裝載胡椒及他種貨物,并率葡人三百餘名,於一五二二年七月十日,離滿剌加東駛。當葡人未抵屯門島之先,即遇中國船隻,向其擊射,Martin Affonso 禁其部卒,不與還擊。後葡人抵屯門島,Martin Affonso致書廣州總督,言其來華目的,在供給葡使節之用品,及要求恢復通商。廣州總督,絕其要求。後戰爭發生,Pedro Hamen 及葡人若干名,悉被擒獲。Martin Affonso 因損失過鉅,欲再與華人作戰,以圖報復,後因其部屬勸阻,未果,遂率其餘衆遁走,一五二二年十月間,返滿剌加。見本書頁五六至六〇

按實錄中之米兒丁甫思多減兒即Martin Affonso(他書作或Alfouso) de Mello Coutinho 也"米兒丁"爲 Martin 之譯音,"甫思"爲 Affonso 字之末二音,"多"爲 de之譯音,"減兒"爲 Mello之譯音,"減"字音不協者,"滅"字之誤也。Coutinho未譯,蓋簡稱之也。如此,則嘉靖二年佛郎機寇新會西草灣事,即指米兒丁甫思多減兒東來事言也。別都盧即 Pedro Hamen。 (張)[陳]世利,中葡通商研究,疑即 Pedro Homen 所駕之舟名 Syseiro 者。(見本書頁五九註九) 此事發生,本在一五二二年,實錄稱在嘉靖二年(一五二三),蓋指皇帝批覆廣州總督,懲處被俘葡人之事言,非言中葡衝突,即在是年也。

巴西國: 丁謙明史各外國傳地理考證佛朗機篇稱"巴西在南美洲"頁一六,推其意即以今之巴西國當之。巴西,艾儒略職方外紀作伯西爾,後人或作巴悉,或作巴西。其地於一五〇〇年爲葡人 Pedro Alvarez Cabral 所發現,初時稱曰 Vera Cruz,後又改稱曰 Santa Cruz。巴西一名,原爲 Brazil

之譯音,而名之由來,則原於巴西所產之一種染木名也。然以此名名今巴西,爲時似較晚,當嘉靖二年時,葡人是否已以 Brazil 名今巴西地,似不能無疑。且實錄以巴西與滿剌加並稱,又言葡人之破巴西在滿剌加後,時人傳聞,雖未必無誤,然決難以遠在南美之地,與之並論,況巴西爲發現之地,非以武力所奪取者乎。考葡人於侵奪滿剌加前,曾至蘇門答拉之一小國名 Pacem 者,葡人於奪取滿剌加後,曾於其地建立堡壘。見 Danvers : The Portuguese in India vol.I. p p. 221....223. and p.349. 按 Pacem 與巴西之音甚近,中葡通商研究作 Pasai 或作 Pace,亦言爲蘇門答拉之地。(見本書頁三八及是頁註七)則其地域所在,及被佔據之時日,均去滿剌加不遠,以實錄所載對觀之,頗多符合,故巴西似當指 Prcem 言爲是。

柯榮: 事跡不詳。

王應恩: 事跡不詳。

潘丁苟: 事跡不詳。

官軍得其礮,即名爲佛郎機,副使汪鋐進之朝。

按官軍奪獲佛郎機銃,實錄載佛郎機寇新會事無是語。殊域周咨錄載汪鋐奪佛郎機銃大小二十餘管(見後文)然此指正德十六年事言。史澄廣州府志稱:"汪鋐……正德十六年任巡道,番夷佛郎機假朝貢,占據屯門海澳,時肆剽掠,屠食嬰兒,御史邱道隆何鼇前後具奏,准行驅逐,公親冒風濤,指畫方策,號召編民,率以大義戰而克之。" 卷三八頁一〇七中葡通商研究稱一五二一年四月或五月間,復有葡人艦隊駛至屯門島,上載胡椒檀香木及他種貨物。此艦隊有自葡萄牙來之一舟,船主名 Diogo Calvo,有 Jorge

Alvares所駕之一舟，此外另有不得與 Simao d'Andrade 東來之數小舟。葡人至屯門島，即開始與中國市易，雖先有 Simao d'Andrade 之暴行，曾一度惹起中國人之反感，然於葡人市易，尚無大阻。時駐居廣州之總督，亦不加干涉。武宗死後，朝命廣州總督禁絕對外市易，並驅逐外商出境。葡人藉貨品未盡出售爲口實，抗不奉命。廣州總督，既奉朝命，勢必遵行，遂擒獲 Diogo Calvo 之弟 Vasco Calvo，及其他在廣州市易之葡商數名。同時自巴大泥(Patani)及暹羅開來之葡船，亦先後被獲。總計葡人被擒獲者，爲數頗巨，後得釋放者，有男六十人，婦孺五十人。死於戰役者，有 Bertholameu Soares. Lopo de Goes 及 Father Mergulhao 等。時 Diego Calvo 尚率葡舟七艘或八艘，拒守屯門島，中國艦隊圍困之，使不得出。是年六月二十七日，葡人 Duarte Coelho 復率葡舟及滿剌加舟數艘至屯門島，及聞中葡戰爭發生，率舟他走，雖其友 Jorge Alvares 病至垂危，亦不顧也。Jorge Alvares 卒於其離屯門島後十一日病亡。時中國海道汪鋐 按著者稱葡文記載中，有海道之名作 Haytao, Itao, Oytao 等稱，汪鋐則爲著者據中文記載所增補，聞葡人有增兵之說，圍攻愈急，Duarte Coelho有休戰之議，亦爲中國所阻。後葡人賴其精利火礮，仍得拒守屯門島，汪鋐則變其計劃，專用圍困之術。葡人死者日衆，終不能抗，Duartes Coelho, Diogo Calvo 等決計放棄數舟，率其主要船隻遁走。九月七日，乘夜間昏黑，率舟遁去，中國追擊之，爭戰頗劇，十月末，始得返滿剌加。見本書頁五三至五五 按汪鋐驅除葡人，爲正德十六年(一五二一)事，其所奪獲之西銃，亦在是年，傳文屬之嘉靖二年，誤。

又汪鋐進佛郎機銃於朝事，殊域周咨錄稱："嘉靖二年，鋐後爲冢宰，奏稱佛郎機兇狠無狀，惟恃此銃與此船耳。銃之猛烈，自古兵器未有出其右者，用之御（禦）虜守城，最爲便利，請頒其式於各邊，製造禦虜。上從之。至今邊上頗賴其用。"卷九頁一九至二〇按此即傳文所據，汪鋐嘉靖九年疏（見下文）有"爲今之計，當用臣所進佛郎機銃，"以此證之汪鋐進銃之事，蓋不爲誤。

汪鋐：號誠齋安徽婺源人。

九年秋，鋐累官右都御史，上言："今塞上墩臺城堡，未嘗不設，乃寇來輒遭蹂躪者，蓋墩臺止瞭望，城堡又無制遠之具，故往往受困。當用臣所進佛郎機。其小止二十斤以下，遠可六百步者，則用之墩臺。每墩用其一，以三人守之。其大至七十斤以上，遠可五六里者，則用之城堡。每堡用其三，以十人守之。五里一墩，十里一堡，大小相依，遠近相應，寇將無所容足，可坐收不戰之功。"帝悅，即從之。

世宗嘉靖九年九月實錄："都察院右都御史江（汪字之誤）鋐言：'國家于江北沿邊，各設重鎮，如甘肅延綏寧夏大同宣府各鎮官軍，不下六七萬人，又設墩臺城堡，其爲守禦之計，似無不周；然每當虜入，卒莫能禦，損傷官軍，動以千百計，此其故何也？蓋墩臺初無遏截之兵，徒爲瞭望之所，而城堡又多不備，所執兵器，不能及遠，所以往往覆敗。爲今之計，當用臣所進佛郎機銃。小如二十觔以下，遠可六百步者，則用之墩臺。每臺一銃，以三人守之。大如七十觔以上，遠可五六里者，則用之城堡。每堡三銃，以十人守之。

五里一墩,十里一堡,大小相依,遠近相應,星列碁布,無有空闕,賊將無所容足,可以收不戰之功。竊計每鎮要害,寇所必由者,不由(?)千里。十里一堡,則千里當用一百堡,五里一墩,則千里當用二百墩,一堡十人,則百堡當用一千人,一墩三人,則二百墩當用六百人,然則千六百人,可以遍守一鎮矣。以更番之法,一年分爲四班,則一千六百人,當用六千四百人,一鎮之軍士,十用其一,已有餘裕。分撥指揮千百戶等官管領,仍行巡按御史,巡視稽考。餘軍盡督之屯種,仍十取一。更番操備于鎮城。則不必調客兵,而常額之士,且十可九耕;不必出內帑,開鹽利,而屯田之入,且歲可數千萬,竊謂禦虜之計,當無出此。'疏入,上嘉其籌邊忠慮,命戶兵二部,再加議處。兵部尙書李承勛等覆曰:'佛郎機手銃,誠爲軍中利器,宜申飭各邊,如所議修墩堡,撥軍士給發教習,爲守堡守墩之具。然墩堡可以預知虜之入,而不能禦虜使不入,利器可以制力之所及,而不能制力之所不及,尤在爲將領者,遠斥堠,練士卒,撫恤貧困,以作銳氣,斯可以得人心之和,而收不戰之功耳。'上然其言,命各邊督撫諸臣,務率所屬,盡心修舉,勿虛應故事,致誤邊防。''

卷一一九月山叢談:''……汪鋐由此荐用。後爲南贛巡撫,以進廿露召入總督僉事,久之轉吏部尙書。會北吉囗虜入寇,鋐建議請頒佛朗機銃於邊鎮。凡城鎮關隘墩臺缺口,皆用以此禦寇。詔從其議,下所司施行,至今三邊,實賴其用。然鋐奏疏詞語,諄復可厭,兵部郎中吳縉卿見而笑之,鋐聞之怒,黜爲銅仁府知府。或戲之曰:'君被一佛朗機,打到銅仁府。''天下郡國利病書卷一一九,頁五四引火礮之有佛郎機自此始，然將士不善用，迄莫能制寇也。

考佛郎機銃傳入中國一事，嘉靖十二年八月實錄云："初廣東巡檢何儒常招降佛郎機國番人，因得其蜈蚣船銃等法，以功陞應天府上元縣主簿，令于操江衙門監造，以備江防。至是三年秋，秩滿，吏部併錄其前功，詔陞順天府宛平縣縣丞。中國之有佛郎機諸火器，蓋自儒始也。"卷一五三 又殊域周咨錄云："有東筦[莞]縣白沙巡檢何儒，前因委抽分，曾到佛郎機船，見有中國人楊三戴明等，年久住在彼國，備知造船及鑄製火藥之法。鋐令何儒密遣人到彼，以賣酒米為由，潛與楊三等通話，諭令向化，重加賞賚，彼遂樂從。約定其夜，何儒密駕小船，接引到岸，研審是實，遂令如式製造。鋐舉兵驅逐，亦用此銃取捷，奪獲伊銃大小二十餘管。"卷九頁十九 此言佛郎機銃之傳入，自何儒始也。何儒江西寧都人，其為巡檢，據東莞縣志職官表言在正德中。明史兵志亦稱："正德末，其國舶至廣東，白沙巡檢何儒得其制，以銅為之。"則其仿造佛郎機銃乃正德中事也。然始自正德何年，則仍未悉。又王文成公全書書佛郎機遺事，云："見素林公，聞寧濠之變，即夜使人範錫為佛郎機銃，并抄火藥方，手書勉予，竭忠討賊。時六月毒暑，人多道暍死，公遣兩僕裹糧，從間道冒暑晝夜行三千餘里以遺予。至則濠已就擒七日。予發書為之感激涕下。蓋濠之擒以七月二十六，距其始事六月十四，僅月有十九日耳！世之君子，當其任能不畏難巧避者鮮矣，況已致其事，而能急國患踰其家如公者乎？蓋公之忠誠根於天性，故老而彌篤，身退而憂愈深,節愈勵,嗚呼!是豈可以聲音笑貌爲哉? 常欲列其事于朝,顧非公之心也。爲作佛郎機私詠,君子之同聲者,將不能已於言耳矣。" 詠曰:"佛郎機誰所爲? 截取比干腸,裹以鴟夷皮,萇弘之血釁不足,睢陽之怒恨有遺,老臣忠憤寄所洩,震驚百里賊膽披,徒請尙方劍,空聞魯陽揮,段公笏板不在茲,佛郎機誰所爲?" 卷二四,頁一一二至一一三 按宸濠之叛,在正德十四年六月十四日,林見素之範錫爲佛郎機銃,即在北時,而佛郎機銃之傳入,及爲人所用必尤在此時之先也。又陳壽祺福建通志載正德五年秋,九月事云:"汀漳盜犯仙遊縣,典史黃瑄率義民魏昇擊走之。" "汀漳流盜楊崑崙等,突攻縣城,知縣范珪檄昇禦之。時賊初至,營壘未定,伐木爲柵,昇同典史黃瑄縱火焚其柵,以佛郎機礮百餘攻之。風烈火熾,賊死者枕藉,擒賊黨陳四師等二十餘人,崑崙遁去。" 卷二六七頁十 正德五年,當西曆一五一〇年,此時去葡人入中國之時尙早,而佛郎機銃已爲中國所用矣。實錄及兵志均稱"中國之有火器,自何儒始," 以前二說證之,未可爲據。當是閩廣商人販南洋者,先已習佛郎機之術,而後齎之以歸,防擬製作,漸而行於民間,非自葡人入中國後,始得其術也。

初廣東文武官月俸,多以番貨代,至是貨至者寡,有議復許佛郎機通市者,給事中王希文力爭乃定,令諸番貢不以時及勘合差失者,悉行禁止,由是番舶幾絕。

議復許通市: 此指廣東巡撫林富之奏疏言,詳後。

王希文力爭: 澳門紀略載王希文重邊方【防】以甦民

命疏云:"臣竊惟天下之務,莫急於邊防,邊防之害,莫甚於海徼。天下之民,莫困於力役,而力役之竭,莫甚於東南。臣謹以耳目所見聞者,披瀝言之。且如番舶一節,東南地控夷邦而暹羅占城琉球瓜哇浡泥五國貢獻,道經於東莞,我祖宗一統無外,萬邦來庭,不過因而羈縻之而已,非利其有也。故來有定期,舟有定數,比對符驗相同,乃爲伴送。附搭貨物,官給鈔買。其載在祖訓,謂:'自占城以下諸國,來朝貢時,多帶行商,陰行詭詐,故阻之。'自洪武八年阻,至洪武十二年方且得止,諄諄然垂戒也。正德間,佛郎機匿名混進,突至省城,擅違則例,不服抽分,烹食嬰兒,擄掠男婦,設栅自固,火銃橫行,犬羊之勢莫當,虎狼之心叵測,賴有前海道副使汪鋐併力驅逐。肆我皇上臨御,威振絕域,邊境輯寧,凡俘獲敵酋,悉正極典,民間稽顙稱慶,以爲番舶之害可永絕,而疆圉之防可永固也。何不踰十年,而折俸有缺貨之嘆矣!撫按上開復之章矣!雖一時廷臣集議,不爲無見,然以祖宗數年難沮之敵,幸爾掃除,守臣百戰克成之功,一朝盡棄,不無可惜。若使果皆傾誠奉貢,則誰不開心懷柔,以布朝廷威德。設有如佛郎機者,冒進爲患,則將何以處之乎?其間守巡按視頻煩官軍搜索,居民騷擾,耕樵俱廢,束手無爲,魚鹽不通,生理日困,皆不足論:以堂堂天朝,而納此輕瀆之貢,治之不武,不治損威,誠無一可者。臣竊仰陛下控御西北諸夷,恩威並用,誠若知其跋扈之狀,必不輕從此議也。幸今番舶雖未報至,然守備已先戒嚴,刷擄民船,海島生變,邊釁重大,誠爲可憂。如蒙皇上重威守信,杜漸防微,乞敕部院轉行巡按,除約束備倭不致侵擾外,仍乞申明祖宗舊制。凡進貢必有金葉表文。來者不過一舟,舟不過百人。附搭貨物,不必抽分,官給鈔買。頑民不許私相接濟,如有入貨兼獲者,全家發遣。則夷貨無售其私,不待沮之而自止矣。蕃舶一絕,則備倭可以不設,而民以聊生,鹽課可通,而瓊儋之利皆集矣。"卷上,頁二一至二二

王希文:阮元廣東通志王希文傳云:"王希文字景純,東莞人。少倜儻,有奇氣。弱冠時,方伯吳公,策以民事十二條,規畫精詳,多經世語,由是知名。嘉靖戊子鄉薦第一。己丑成進士,授刑部給事中。時世宗明察英斷,奏覆少稱旨,獨于希文多採納。稅璫所至暴斂不法,而粤珠池市舶尤甚,爲疏奏罷之。又奏減蕪湖南贛梅關八省商稅。所彈劾不避權貴,以忤輔臣夏言,改南垣織造。內監李政者,怙威甚虐使工匠,數以蹂躪死,希文劾政伏法。勛臣徐鵬舉包占官屯,又刻削在地。未幾抗疏歸家,居三十年卒。著有疏草詩文行世。"卷二七九,頁一九

巡撫林富上言:"粤中公私諸費,多資商稅,番舶不至,則公私皆窘。今許佛郎機互市有四利:祖宗時,諸番常貢外,原有抽分之法,稍取其餘,足供御用,利一。兩粤比歲用兵,庫藏耗竭,藉以充軍餉備不虞,利二。粤西素仰給粤東,小有徵發,即措辦不前,若番舶流通,則上下交濟,利三。小民以懋遷爲生,持一錢之貨,即得展轉販易,衣食其中,利四。助國裕民,兩有所賴,此因民之利而利之,非開利孔爲民梯禍也。"從之。

林富許互市:天下郡國利病書載林富奏疏云:"臣惟

巡撫之職,莫先於爲民興利而除害。凡上有益於朝廷,下有益於民生者利也。上有損於朝廷,下有損於生人者害也。今以除害爲民,幷一切之利禁絕之,使軍國無所資,忘祖宗成憲,且失遠人之心,則廣之市舶是也。謹按皇明祖訓,安南眞臘暹羅占城蘇門答剌西洋爪哇彭享白花三佛齊勃泥諸國,俱許朝貢;惟內帶行商,多行詭詐,則擧却之。其後趨通。又按大明會典,惟安南滿剌加諸國來朝貢者,使回,俱令於廣東布政使管待。見今設有市舶提擧司,又勅內臣一員以督之,所以送迎往來,懋遷有無,柔遠人而宣盛德也。至正德十二年,有佛朗機夷人,突入東筦[莞]縣界,時布政使吳廷擧許其朝貢,爲之奏聞,此則不考成憲之過也。(自'至正德十二年'至此,已引於前文)厥後獷狡章聞朝廷,准御史邱道隆等奏,即行撫按,令海道官軍驅逐出境。誅其首惡火者亞三等。餘黨聞風攝[懾]遁。有司自是將安南滿剌加諸番舶,盡行阻絕,(自'厥後獷狡'至此,已引於前文)皆往漳州府海面地方,私自駐札,於是利歸於閩,而廣之市井蕭然矣。夫佛郎機素不通中國,驅而絕之宜也。祖訓會典所載諸國,素恭順與中國通者也,朝貢貿易,盡阻絕之,則是因噎而廢食也。况市舶官吏,公設於廣東者,反不如漳州私通之無禁,則國家成憲安在哉?以臣知中國之利,益[鹽]鐵爲大,山川水陸,仡仡終歲,僅充常額,一有水旱,勸民納粟,猶懼不旣。舊規番舶朝貢之外,抽解俱有則例,足供御用,此其利之大者一也。除推[抽]解外,節充軍餉,今兩廣用兵連年,庫藏日耗,藉此可以充□,而備不虞,此其利之大者二也。廣西一省全仰給於廣東,今小有征發,即措辦不前,雖折俸折米,久已缺乏,科擾於民,計所不免。 查得舊番舶通時,公私饒給,在庫番貨,旬月可得銀數萬兩,此其爲利之大者三也。 貿易舊例,有司擇其良者,加價給之,其次貧民買賣。 故小民持一錢之貨,即得握□,展轉交易,於以自肥。 廣東舊稱富庶,良以此耳。 此其爲利之大者四也。 助國給軍,旣有就焉,而在官在民,又無不給,是因民之所利而利之者也,非所以開利孔爲民罪梯也。 議者或病外夷闖境之爲虞,則臣又籌之。 暹羅眞臘爪哇三佛齊等國,洪武初貢方物,臣服至今。 永樂年間,渤泥入朝,沒齒感德。 成化中,占城被篡,繼續蒙恩。 南方蠻夷,大抵寬柔,乃其常性,百餘年來,未有敢爲寇盜者。 近時佛朗機國,來自西海,其小爲肆侮,夫有所召之也。 見今番舶之在漳閩者,亦未聞小有驚動,則是決不敢爲害,亦章章明矣。 況久阻忽通,又足以得歡心乎? 臣今謂於洋澳要害去處,及東莞縣南頭等地面,遞年令海道副使及備倭都指揮,督率官軍,嚴加巡察。 凡舶之來,出於祖訓會典之所載者,密伺得眞,許其照舊駐札。 其祖訓會典之所不載者,如佛朗機□,即驅逐出境。 如敢抗拒不服,即督發官兵擒捕。 而凡所謂剌哈番賊必誅,權要之私通,小民之誘子女下海者必禁。 一有疎虞,則官軍必罪,如此則不惟足興一方之利,而王者無外之道,亦在是矣。 伏乞皇上特勅該部熟議,將臣所陳利害,逐一參究,如果可行,乞行福建廣東,將今番舶之私商駐扎者,槩行逐去,具有朝貢表文者,許住廣州洋澳去處,俟官司處置,如此庶懷柔有方,而公私兩便矣。" 卷一二〇,頁一三至一六世宗嘉靖八年十月實錄稱:"初佛朗機火者亞三等旣誅,廣東有司,乃併絕安南滿剌加,諸番舶皆潛泊漳州,私與爲市。至是提督兩廣侍郎林富疏其事,下兵部議,言:'安南滿剌加自昔內屬,例得通市,載在祖訓會典;佛朗機正德中始入,而亞三等以不法誅,故驅絕之,豈得以此盡絕番舶。且廣東設市舶司,而漳州無之,是廣東不當阻而阻,漳州當禁而不禁也。請令廣東番舶例許通市者,毋得禁絕,漳州則驅之,毋得停舶。'從之。" 卷一〇六 按世宗實錄,王希文奏疏事,屬之嘉靖九年十月,林富奏疏事,屬之嘉靖八年十月,是林富奏疏先於王希文可知。本傳以王希文奏疏事,置於林富前,似希文奏疏先於林富,失考。在希文奏疏內,有"何不踰十年,而折俸有缺貨之歎矣!撫按上開復之章矣!"一語,亦顯指林富之奏疏言,是林富奏疏先於希文,尤無可疑。

林富:福建莆田人,明史有傳。

自是佛朗機得入香山澳爲市。

香山澳:香山澳別曰澳門,或白濠鏡澳,西人名之曰Macao。其稱爲香山澳者,因在香山縣境也。"澳"者舶口之稱,廣東新語曰:"凡番船停泊,必海濱之灣,環者爲澳,澳者舶口也。" 卷二頁八 其稱爲澳門者,澳門紀略云:"其曰澳門,則以澳南有四山離立,海水縱横貫其中,成十字,曰十字門,故合稱澳門。" 卷上頁十 薛韞澳門記云:"遵澳而南,放洋十里許,右舵尾,左鷄頸,又十里許,右横琴,左九澳,灣峯表裏四立,象箕宿縱横,成十字,曰十字門,又稱澳門云。" 澳門紀略卷上,頁二至三引 此澳門命名,由於澳南四山對立海中故也。又嘉靖四十三年龐上鵬撫處濠鏡澳夷疏稱:"廣州南有香山縣,地當瀕海,由雍麥至濠鏡澳,計一日之程,有山對峙如臺,曰南北臺,卽澳門是也。" 劉廷元南海志卷十二引是澳門之稱,又原於境內兩山之對峙也。兩說未知孰是,姑並存之。其稱爲濠鏡澳者,澳門紀略云:"……南北二灣,可以泊船,或曰南環,二灣規圓如鏡,故曰濠鏡,是稱澳焉。" 卷上頁一其稱爲 Macao 者, Ljungstedt 謂: "西人稱澳門爲Ama-Ngao,意卽 Ama 港也。蓋澳門舊有一廟,其所奉海神之名曰 Ama 故以是稱之。一五八三年,葡人稱此半島曰 Porto de Nome de Deos 或曰 Porto de Amacao,厥後又稱之曰 Cidade do Nome de Deos Porto de Macao。" 譯自 Ljungstedt, The Portuguese Settlements in China, p.9. 按 Ama 卽華文"阿媽"二字,女神之名,或曰天妃,出海之民,祀之以乞福者也。俞大猷祭天妃神文,有"謹率大小將領,以牲醴祭於勅封天妃娘媽之神"一語。澳門紀略稱:"……有奇石三:一洋船石,相傳明萬曆間,閩賈巨舶,被颶殆甚,俄見神女立於山側,一舟遂安,立廟祀天妃,名其地曰娘媽角。娘媽者,閩語天妃也。" 卷上頁二是天妃亦別名娘媽也。然廣人呼爺媽,常加以"阿"字,爲阿爺阿媽。是又知"阿媽"二字,原自"娘媽"所轉出,廣人俗稱也。葡人之 Ama-Mgeo,卽自娘媽角轉出之阿媽角,澳門境內地名,厥後西人求簡,去"阿"而獨留"媽角"二字,相沿旣久,遂成定名。(中葡通商研究謂或稱 Macao 之名,係原於馬交之稱,馬交爲澳門岩石之稱,後人申引而用之全島,然此說不如前說之普遍。見本書頁八六)

入市: 詳後註

而其徒又越境商於福建,往來不絕。

按葡人通商福建,自下文所記葡人犯月港浯嶼及詔安走馬溪等事,已無疑義;然其越境至此,則不自嘉靖八年林富奏疏時始也。 Barros稱一五一七年,葡人Mascarenhas奉滿剌加總督之命,東來踏查中國海岸,遂率數舟至福建漳州。見E.Bretschneider: Mediaeval Researches, Vol.II, pp.317-319.西人著述,多宗其說。是葡人至此,爲時尚早。 且葡人又不僅通商福建,更北行通商浙江,福浙兩省沿海各地,均爲其一時之貿易區域也。 葡人商於浙江事,陳壽祺福建通志云:"十九年(嘉靖),福州獄囚李光頭等逸入海。" 註云:"光頭閩人,與歙人許棟,皆以罪繫福州獄,至是逸入海島,招集諸亡命,踞寧波之雙嶼港,汪直徐海葉宗滿謝和方廷助等皆附焉。初太祖定制,濱海居民,不許與外洋番人貿易,承平日久,奸民闌出,又勾倭及佛郎機諸國互市。 時浙閩海防久隳,戰船哨船十存一二,漳泉巡檢司弓兵僅存千人,倭剽掠輒得志無所忌,來者接踵,而海上始多事矣。" 卷二六七頁一四 又正氣堂集俞大猷論海勢宜知海防宜密云:"……市舶之開惟可行於廣東,蓋廣東去西南之安南占城暹羅佛郎機諸番不遠,諸番載來乃胡椒象牙蘇木香料等貨,船至報水,計貨抽分,故市舶之利甚廣。 有徽州浙江等處番徒,勾引西南諸番,前至浙江之雙嶼港等處買賣,逃免廣東市舶之稅,及貨盡將去之時,每每肆行刼掠,故軍門朱(朱紈)慮其日久患深,禁而捕之,自是西南諸番船隻,復歸廣東市舶,不爲浙患。" 卷七頁一九至二〇 是佛郎機亦越境商於浙江也。

惟葡人通商福建浙江,史書所載,言之甚簡,以致昔年興替情形,無由得知其詳。 西人記述,以Pinto之書爲最詳,然語涉浮誇,未足爲據。(中葡通商研究頁七五至八〇,對於Pinto之說評述校詳)大抵澳門基礎未鞏固之先,葡人商於福建及浙江者必甚多,而其寄留之地,則以浙之雙嶼,福之浯嶼月港爲要會,至澳門根基奠定之後,則所有暫時停居各地,先後廢止,均集會於此矣。至於其詳,則因史有闕文,不可考見。

至二十六年,朱紈爲巡撫,嚴禁通番,其人無所獲利,則整衆犯漳州之月港浯嶼,副使柯喬等禦却之。

犯漳州月港浯嶼:陳壽祺福建通志:"是年(嘉靖二十六年),佛郎機犯漳州月港浯嶼,巡海副使柯喬禦卻之。"註云:"先是佛郎機人(當作入字)廣東香山澳爲市,而其徒又越境商於福建,往來不絕。朝廷用御史楊九澤言,遣右副都御史朱紈巡視浙江,提督防海軍務,兼制福興漳泉建寧五府。紈於是嚴禁通番,佛傳機無所得利,遂率衆犯漳州之月港浯嶼,喬與漳州知府盧壁,龍溪知縣林松發兵禦之,佛郎機船乃去。"卷二六七,頁一七吳聯薰漳州府志:"二十六年(嘉靖),佛郎機番船泊浯嶼,巡海道柯喬,知府盧壁龍溪知縣林松發兵攻之不克。"註云:"時漳泉月港賈人,輒往貿易,官軍還通販愈甚,總督閩浙都御史朱紈厲禁,獲通販者九十餘人,行柯喬及都司盧鏜就地斬之,番船乃去。喬鏜尋被論,皆擬重典,部中陸穩奏釋之。盧壁以改調去。"卷四七,頁二一明世宗嘉靖二十六年十一月實錄:"佛郎機國夷人,入掠福建漳州,海道副使何(當作柯喬)喬禦之,遁去。巡按御史金城以聞,且劾浯嶼指揮丁桐,及去任海道副使姚翔鳳受金黷貨,縱之入境,乞正其罪。詔以桐及翔鳳令巡按御史紈來京究治，防禁事宜，兵部詳議以聞。"卷三三。

月港：吳聯薰漳州府志稱："海澄縣本龍溪縣八九都地，舊名月港。明正德間，土民私出海貨番誘寇，禁之不止。嘉靖九年，巡撫胡璉議移巡海道鎮漳州，于海滄置安邊館，歲委通判一員駐守。二十七年，巡海道柯喬議設縣治于月港九都，適地方稍寧暫停止。三十年，建靖海館，以通判往來巡緝。三十五年，海寇謝老突至擄掠，焚燬軍門，阮鶚召居民築土堡爲防禦計。未幾倭入寇，姦民乘機爲亂，結巢盤據，徧掠人民。四十二年，巡撫譚綸始招撫之，仍更靖海館，設海防同知於此。四十三年，巡海道周賢宣計擒巨寇張維等正典刑，地乃大定。時聽選官李英陳鑾等在京，即請設縣。四十四年，知府唐九德議割龍溪縣一都至九都，及二十八都之五圖，幷漳浦縣二十三都第九圖地方，湊入一縣，錫名海澄。"卷一頁七又曰："月港在九九都，外通海潮，內接淡水，其形如月，故名。"卷四頁三五是月港原屬龍溪，今隸海澄也。

浯嶼：吳聯薰漳州府志："浯嶼在同安界海上。"卷四，頁二四同安，泉州府屬也。籌海圖編福建兵防官考，浯嶼水寨屬於泉州府下。見卷四頁十本傳言"漳州之浯嶼，"似浯嶼爲漳州府屬，非是。

朱紈：字子純長洲人，嘉靖二十六年，巡撫浙江，兼督浙閩海防軍務，二十八年，被劾落職，仰藥死。明史有傳。

柯喬：裕祿安徽通志引江南通志云："柯喬字遷之，青陽人。嘉靖己丑進士。官御史。出爲湖廣僉事，駐節沔陽,築江堤數百里,立廛市,造浮橋,興學校,雪寃獄。以艱歸。起補福建僉事,備兵海上。與浙撫朱紈協力剿倭,嚴販海之禁,因爲忌者所中,罷歸。" 卷一九一,頁一一

二十八年,又犯詔安,官軍迎擊於走馬溪,生擒賊首李光頭等九十六人,餘遁去。

犯詔安:陳壽祺福建通志:"二十八年(嘉靖)春三月,佛郎機犯詔安縣,副使柯喬,都司盧鏜率兵擊之,獲李光頭等,餘遁去。"註云:"喬鏜迎擊佛郎機於走馬溪,擒光頭等九十六人,械送軍門,都御史朱紈俱以便宜誅之。"卷二六七,頁一五 正氣堂集兪大猷議王直不可招云:"……二兇(指王直,毛烈言)雖猛,孰與佛郎機?曩時佛郎機船數隻,久泊元鍾走馬溪,副使柯喬等督兵驅之,日久不去,輕視官軍何如耶?一旦一船先登,衆船蟻附,彼有大銃,不及灼火,彍弩不及發機,死者胥溺,生者就擒,何其快哉!" 卷五頁十

走馬溪:走馬溪在詔安縣境,吳聯薰漳州府志稱:"走馬溪在五都海濱,內有東澳,亦呼賊澳,爲海口藏風之處,賊船往來,俱舶於此。" 卷二二,頁四七

紈用便宜斬之,怨紈者御史陳九德遂劾其專擅,帝遣給事中杜汝禎往驗,言:"此滿剌加商人,歲招海濱無賴之徒,往來鬻販,無僭號流刧事,紈擅自行誅,誠如御史所劾。"紈遂被逮自殺。蓋不知滿剌加即佛郎機也。

朱紈被劾:世宗嘉靖二十八年四月實錄:"巡視浙江都御史朱紈疏報詔安之捷,因言'閩賊蟠結已深,成擒之後,姦宄切齒,變且不測,臣測得所俘僞千總李光頭第九十

六人，交通內應，即以便宜檄都指揮盧鏜，海道副使柯喬斬之。'部臣請下巡按勘覈。已御史陳九德劾紈不俟奏覆，擅專刑戮，請治其罪，並坐鏜及喬等。詔兵部會三法司雜議。言：'紈原奉勅，許以便宜行事，顧賊擒於二月，奏發於三月，似非臨陣者比，宜俟得旨行刑。鏜喬皆不得爲無過。然事難遙度，請遣風力憲臣，往驗其事。'' 得旨，令給事中一員，會巡按御史覈實具報。沿海居民，亟令所司安輯，毋致殃及無辜。紈罷職待勘。鏜喬等下所遣官訊之。已乃遣兵科給事中杜汝貞(?)往勘。'' 卷三四七又二十九年七月實錄云："先是紈奏海夷佛狼機國人，行刼至漳州界，官軍迎擊之于走馬溪，生擒得賊首李光頭等九十六人，已遵便宜斬首訖。章下兵部，請俟覈實論功。會御史陳九德疏論紈專殺，濫及不辜，法司覆請遣官會勘，上從之，遂革紈職，命兵科都給事中杜汝楨(?)往。至是汝楨(?)及御史陳宗夔勘上：'前賊乃滿喇咖國番人，每歲私招沿海無賴之徒，往來海中，販鬻番貨，未嘗有僭號流刼之事。二十七年(此當作二十六年)，復至漳州月港浯嶼等處。各地方官，當其入港，旣不能羈留人貨，疏聞廟堂，反受其私賂，縱容停泊，使內地奸徒，交通無忌。及事機彰露，乃始狼狽追逐，以致各番拒捕殺人，有傷國體。其後諸賊已擒，又不分番民首從，擅自行誅，使無辜並爲魚肉，誠有如九德所言者。紈旣身負大罪，反騰疏告捷，而鏜喬復相與佐成之，法當首論。其冒功坐視諸臣，通判翁燦，指揮李希賢等罪次之。指揮僉事汪有臨，知府盧璧，參將汪大受又次之。拒捕番人方叔擺等四名，當處死。餘佛南波二者等五十名，當安置。見存通番奸徒,當如律發配發還。'於是兵部三法司再覆如汝楨(?)等言。紈鏜喬遂得罪,翁燦等下巡按御史提問,汪有臨等奪俸有差。紈爲人清廉,勇於任事,開府閩浙,首嚴通番之禁,海中爲之肅清。走馬溪之役,雖張皇太過,然勘官務入其罪,功過未明。紈竟坐憂恐,未就訊,仰藥而死,公論惜之。''卷三六三又二十九年七月實錄:''詔逮巡視浙福御史朱紈至京訊鞫,下福建都司都指揮僉事盧鏜,海道副使柯喬獄,論死。''卷三六三弇州史料云:''……公有文武才畧,淸彊峭深,惡墨吏大猾如仇讎,前後所操切,黃墨以下,多望風解印綬去。視事日悉掃一切應酬,蚤夜申約束通海內地奸民。當是時甌粵諸貴人多家於海,其處者與在朝者謀,務破敗公所爲,至革巡撫爲巡視,稍削其權。公聞之益怒,數上章廷辨[辯],因而有侵執政語,執政聞之,亦不善也。公提兵平漳州同安寇,撫島夷六百人。移塡(?)定海,數破賊餘皇,又大破賊于溫槃南麂諸洋,凡數上捷,僅一拜賞。而最後悉平佛郎機黑白番舶,虜其酋并餘衆四百餘。有傳其爲變者,公傳令悉誅之,言官遂訾公妄殺。時公以移病得予告,而削職聽勘之命下矣。''後集,卷二五,頁一二按詔安之役,因是而獲罪者,有朱紈等八人。朱紈於萬曆十五年,朝廷給予優恤,鏜喬後被釋,未死罪。蕃人方叔擺佛南波二者,爲葡人抑爲他國人,未詳。

又按朱紈之驅除佛郎機,閩人所見多與其說相左,其被逮之故,亦由乎此。林希元與翁見愚別駕書云:''天下事有義不當爲而冒爲之,言之則起人疑,不言則貽民害,與其不言而貽民害,寧言之而起人疑,此仁人不忍之心,若今之攻佛郎機是也。佛郎機之攻,何謂不當為?夫夷狄之於中國,若侵暴我邊疆,殺戮我人民,刼掠我財物,若北之胡南之越,今閩之山海二寇,則當治兵振旅攻之,不踰時也。若以貨物與吾民交易,如甘肅西寧之馬,廣東之藥材漆胡椒蘇木象牙諸香料,則不在所禁也。佛郎機之來,皆以其地胡椒蘇木象牙蘇油沉束檀乳諸香,與邊民交易,其價尤平,其日用飲食之資於吾民者,如米麵豬鷄之數,其價皆倍於常,故邊民樂與為市,未嘗侵暴我邊疆,殺戮我人民,刼掠我財物。且其初來也,慮羣盜剽掠累己,為我驅逐,故羣盜畏憚不敢肆,強盜林剪,橫行海上,官府不能治,彼則為吾除之,二十年海寇,一旦而盡。據此則佛郎機未嘗為盜,且為吾禦盜,未嘗害吾民,且有利於吾民也。官府切欲治之,元誠不見其是。今以近事明之:虜掠河泊官印,虜崇武百戶,南日山官軍,索銀於官府,一日殺小嵖嶼民一百七十餘,前後焚燒深扈居民數百家,殺死數百人,焚張都憲之家,殺其叔父,虜其子女,刼其財物,此海寇之患也。詐稱都府之兵,毁龍亭,犯城郭,虜刼鄉官子女財物,殺死人民不計其數,此山寇之患也。佛郎機之來,卽今五年矣,曾見有是乎?無是而欲攻之,何也?佛郎機雖無盜賊刼掠之行,其收買子女,不為無罪,然其罪未至於強盜。邊民略誘賣與,尤為可惡,其罪不專在彼。而官府又未嘗以是攻之。官府之攻,起於殺死番徒鄭秉義而分其屍,其攻亦未為不是也。然以彼之悍勇輕生欲殺其十人,非償以數十人不可。大約機夷之人,不下五六百,欲盡滅之,非陪以千人不可。然捐千人之命,以陪無大罪之夷,亦仁人所不忍也。捐千人之命,能殺五百之夷,猶未失也。倘捐數十人之命,而猶不能殺其十人,反爲所殺,計其失不愈甚乎?是其利害之淺深輕重尚當較量也。若不量利害之深淺輕重,而必欲攻之,恐所得不償所失,其禍當有大於此者。元於此籌之甚熟,未嘗以夷爲盡無罪,亦未嘗以爲有大罪,未嘗以夷爲不必攻,亦未嘗以夷爲容易攻。故嘗作佛郎論,專罪容保交通之人,以攻夷責之,俾自爲計。既献攻夷之策於海道,又薦門下知兵之人爲之用,是元於機夷未嘗黨之。其攻否之宜,與攻治之策,蓋有見焉,不若時人之輕舉妄動也。元前見海道欲攻夷,曾作書薦門生汀漳守備指揮俞大猷可用,又薦門下知兵陳一貫,獻謀夷秘計於海道,未有可用之人,又薦生員鄭岳於海道。雙華喜之,遣暫歸永春,俟有急取用。既而海道自漳至泉,謁巡按,過同語元,機夷未嘗害吾人,似不必攻,已遣指揮往夷船諭令,暫避巡按,若邊民賒貨未還,不得去,許告官爲追,元亦是之。既而海道見金巡按急欲驅夷,始移文永春,取鄭岳乘傳至海門諭夷,如告予之言。鄭生過予問計,元曰前柯雙華曾以此告,今熟思之,官方欲攻夷未能,如何又與追債,不惟法上難行,夷人亦不信。若令夷人將在船貨物,報官抽分,然後以逋負告官,則法上可行,夷人亦信。又令至夷船察探其虛實以報。鄭生至海門,諭夷人如予策,夷人果悅,置酒延款。夷舟有九,至者六舟,尚三舟不至,約待會議定,然後報。厚遣鄭生,令還報海道。不至三舟,乃華人假夷者。鄭生行,密遣人通訊,謂己皆華人,故不敢見,願謀夷人自贖,看官府約何日攻夷,願舉兵爲內應。鄭生以其謀告予,元喜曰,前日陳一貫之計,大略相似,但當時未有可用之人,今有人矣,如今之策,更妙於一貫,决可用。雙華遣鄭岳諭夷人,既有頭緒,如不攻,遣鄭生再往,令報稅抽分可也。如欲攻,遣鄭生密通三舟,約日舉兵,令彼爲內應可也。二者皆勝算。雙華怒元與韓漳南之書,棄不用,乃用捕盜,行狗盜之計,掩取夷人,解官,坐以強盜梟首之罪。夫既差人往諭其報稅,而忽攻之,非失信乎?又不顯攻,而用鼠盜之計,非失體乎?彼此皆無所據,撫不成撫,攻不成攻,中國之待夷狄,當如是乎?其失一也。既而狄人備怨,焚青浦之民居,掠海上之舟楫,其勢不得不用兵。其用兵也,躬親督戰,既不能如汪誠齋之滅機夷,因風縱火,又不能如周瑜之焚曹操,庸致大舟自焚,多人溺死,徒費官帑之千金,不得小夷之一毛。其失二也。勢莫如何,始納夷人之書,以老人約正捕盜六人爲質於夷船,僅得一番奴一通事之來,又厚燕勞張皷樂以送之去,則官府之技倆,皆爲夷人識破,其爲中國之羞甚矣。甚失三也。既已納降,而厚待之,今茲之來,待之如舊可也,如何又欲攻之?攻之而得勝算,不如舊歲之喪師辱國可也,如何又踵故智,使數十生靈之命,喪於滄波,府庫不貲之財,蕩於煙火,視去歲之辱,又益甚焉,其禍又將誰委?是皆忽鄭生之謀,用宗善之策,其失四也。似此四失,不但失中國之體,損中國之威,戎心由是而生,將來之禍未已也。今聞捐百金購敢死之士,爲必攻之計似也;使捐數十人之命,能殺夷可也,若又不能殺,而徒爲所殺,其罪不尤大乎?故元於機夷之攻,未盡以爲然,惜其事已壞,追悔無及,故前書謂其事已爲前人所壞者此也。元於此事,甚知之眞,欲言於當道,爲一方生民靖難,恐疑元黨夷。柯雙華黨庇私人,忍絶士夫,棄謀士之策,自貽伊戚,遂非不悟。元既耻與言,而朱秋崖又誣元以渡船載番貨,元益無可言之路矣。然視官府之攻夷,百計千方,竟莫得其要領,而且殃及乎平民,未免短嘆長吁,或時至大笑,然竟未得可與言之人。側聞執事當今豪傑,故敢脩書,奉候起居,略布懷抱。兹承教翰云云,始信執事果爲當今豪傑,有高世之見,故盡以所見相告。計執事不以元爲黨夷,使當道聞之欲加害,執事必能爲白心事,萬一因之取禍亦無愧,正所謂與其不言而爲民害,寧言而起人疑也。情緒多端,不覺煩瀆,伏冀原宥,幸甚''林次崖先生文集卷五頁三〇至三四,以此證弇州史料所言,則知閩粵之人,與朱紈見解甚相左也。

滿剌加商人招引無賴:世宗嘉靖二十八年七月實錄云:''初巡視浙福右副都御史朱紈,既報浯嶼擒獲夷王之捷,隨奏'夷患率中國並【濱】海居民爲之。前後勾引,則有若長嶼喇噠林恭等,往來接濟,則有若大擔嶼奸民姚光瑞等,無慮百十餘人。今欲遏止將來之患,必引繩排根,永絶禍本,乞下法司,議所以正典憲戚奸慝者。'紈尋去任,都察院議下巡按福建御史轉行巡視海道都司管官,緝捕前項奸徒,幷士豪爲淵藪者,悉正以法。正(當作至字)于見獲佛郎機國王三人,亦宜審其情犯,大彰國法。仍移檄各處,有能告捕魁惡者重賞,首改自新者,聽免本罪。且浙福海患相沿,出此入彼,宜令兩省諸臣,一體會議施行。報可。''卷三五〇按杜汝禎勘言所稱之滿剌加商人,即葡萄牙人也。自實錄所言''至于見獲佛郎機國王三人''一語證之,尤爲可信。其稱曰"滿剌加"者,蓋以其自此來也。葡人自併滿剌加後,即欲獨霸中國貿易之權,舊日通市中國之滿剌加商人,必爲其阻絕,或爲其操縱。當葡人未在澳門奠定之先,其通商廣東者,曾遭兩次驅逐(見於前文),而於被逐之後,即海市福浙。嘉靖八年,林富疏請弛禁,葡人雖得乘機入市,然因市舶司課稅之重,亦不欲絕福浙既獲之市場,而專市於廣。浙福沿海,宿賴市易自活,絕其通番,則利無所出,良善之民,或可依從,奸狡之徒,則必不守,兩勢相迫,必至互相勾引,所謂"招引無賴"者此也。

陳九德:　事蹟待考

杜汝禎:　事蹟待考

自紈死,海禁復弛,佛郎機遂縱横海上無所忌。而其市香山澳濠鏡者,至築室建城,雄踞海畔,若一國然。將吏不肖者,反視爲外府矣。

海禁復弛:　弇州史料云:"……公(指朱紈言)居恒歎:'吾貧無賄賂不任獄,病痔不任獄,負氣不忍詬不任獄,縱天子乃欲死我,大臣且死我,大臣即不死我,而二粤之人必死我,我死自決之,不以授人也。'乃草生誌,慷慨引酖以卒,年僅五十有八。自公得罪後,其官亦罷不設,中外搖手不敢言海禁事。居數年,海寇大作,東南爲魚爛者二十餘年而後定,識者以爲不罪公,海當無寇,而二粤士大夫,猶囂然謂寇自朱紈始。"後集卷二五,頁二二按所謂寇指倭言也,倭患於朱紈既死後而愈甚,顯係朱紈死後海禁廢弛之故,史料所謂"中外搖手不敢言海禁事",即指此。

雄踞濠鏡:　葡人市於濠鏡之始,見後註黃慶移市舶條,其入居濠鏡,澳門紀畧云:"三十二年(嘉靖),蕃舶託言舟觸風濤,願借濠鏡地暴(當作曝字)諸水漬貢物,海道副使汪柏許之。初僅茇舍,商人牟奸利者,漸運瓴甓榱桷爲屋,佛郎機遂得混入。高棟飛甍,櫛比相望,久之遂爲所據。蕃人之居澳,自汪柏始。"卷上頁二二又阮元廣東通志丁以忠傳云:"丁以忠字崇義,南昌人。嘉靖戊戌進士。歷廣東按察使。……時佛郎機違禁,潛住南澳,海道副使汪柏受賄從臾之,謂'遠人可以招徠。'以忠曰:'此必爲東粵他日憂,'力爭弗得。尋擢右布政使。……"卷四頁二七至二八則是葡商寄居澳門之始,原於假地曝貨,揆諸當時情況,蓋爲可信。汪柏江西浮梁人,魯曾煜廣東通志職官表,言其於嘉靖三十二年任按察司副使,其分巡海道,即於此時。

又葡人僦居澳門情形,以嘉靖四十三年龐尙鵬撫處濠鏡澳夷疏爲最詳,疏曰:"……廣州南有香山縣,地當瀕海,由雍麥至濠鏡澳,計一日之程,有山對峙如臺,曰南北臺,卽澳門是也。(此語已引於前文)外環大海,接於牂牁,曰石峽海,乃番夷市舶交易之所。往年夷人入貢,附至貨物,照例抽盤,其餘番商私齎貨物至者,守澳官驗實,申海道聞於撫按衙門,始放入澳,俟委封籍,抽其十之二,乃聽貿易焉。其通事多漳泉寧紹及東莞新會人爲之。椎髻環耳,效番衣服聲音,每年夏秋間,夷舶乘風而至,往止二三艘而止,近增至二十餘艘,或倍增焉。往年俱泊浪白等澳,限隔海浪,水土甚惡,難於久駐,守澳官權令搭蓬棲息,待舶出洋卽撤去。近數年來,始入濠鏡澳築室,以便交易,不踰年多至數百區,今殆千區以上。日與華人相接濟,歲規厚利,所獲不貲,故舉國而來,負老攜幼,更相接踵,今築室又不知其幾許,而夷衆殆萬人矣。詭形異服,瀰滿山海,劍鋩耀日,火砲震天,喜則人而怒則獸,其素性然也。奸人則導之陵轢居民,蔑視澳官,漸不可長。若一旦豺狼改慮,不爲狗鼠之謀,不圖錙銖之利,擁衆入據香山,分布部落,控制要害,鼓噪直趨會城,俄頃而至,其禍誠有不忍者,可不逆爲慮耶? 議者欲於澳門狹處,用石填塞,杜番舶潛行,以固香山門戶,誠是也。然驅石塞海,所費浩煩,無從取給,舉事當待何時。 或欲縱火焚其民,以散其黨,爲力較易,然往年嘗試之矣,事未及濟,幾陷不測,自是夷人常露刃相隨,伺我動靜,可復用此故智耶? 議者又欲將澳以上,雍麥以下,山徑險要處,設一關城,添設府佐官一員,駐劄其間,委以重權,時加譏察,使華人不得擅入,夷人不得擅出,惟抽盤之後,驗執官票者,聽其交易,而取平焉;是亦一道也。 然關城之設,勢孤而援寡,或變起不測,適足以爲鯨鰲之資,豈能制其出入乎? 安邊者,貴消禍於未然,懷遠者在伸威於旣玩,臣愚欲將巡視海道副使移駐香山,彈壓近地,曲爲區處,明諭以朝廷德威,厚加賞犒,使之撤屋而隨舶往來。其灣泊各有定所,悉遵往年舊例,如或徘徊顧望,卽呈督撫軍門,親臨境上,慰諭而譬曉之,必欲早爲萬全之慮而後已。 若以啟釁爲憂,則禍孽之萌,亦當早見而預待之,況有舊澳見存,皆以耳目所親見親聞者,彼將何從執怨乎? 番船抽盤,雖有一時近利,而竊據內地,實將來隱憂。 黨類旣煩,根株難拔,後雖百其智力,獨且奈何! 或謂彼利中國通關市,豈忍爲變? 孰知非我族類,其心必異,此殷鑒不遠,明者睹未萌,況已著乎。 急則變速而禍小,緩則變遲而禍大,惟督撫軍門,加意調停,從宜酌處,毋逆其向慕中國之心。就於通事中,擇其便給者,優以殊格,使掉其舌鋒爲說客,開示禍福,以陰折其驕悍之氣。自後番舶入境,仍泊往年舊澳,照常交易,無失其關市歲利。復嚴布通番之令,凡奸人之私買番貨,畔【叛】民之投入番船,及畧賣人口,擅賣兵器者,悉按正其罪。俾人皆知有法之可畏,而不敢爲射利之徒。區畫旣定,威信濟孚,查往年所以禁制而防禦之者,悉遵舊例施行,諸夷自將馴服,而默奪其邪心,卽禍本潛消矣。……''劉廷元南海縣志卷一二按龐尙鵬爲南海縣人,其於葡人盤踞澳門歷史及當時情形,知之甚悉。疏內言"近數年來始入濠鏡澳築室",推其時與汪柏納賄事,相距不遠,愈可證葡人居澳,始自嘉靖三十二年說之可信。又當尙鵬疏奏之時,番商在澳者,築室已近千區,夷衆殆近萬人,而以澳夷爲慮者,亦咸惴惴謀所以處置之道,蓋知當嘉靖四十三年之前,葡人在澳之基礎,已形鞏固,本傳稱"雄踞海畔,若一國然,"爲誠然也。

濠鏡在香山縣南虎跳門外。

壕鏡爲廣東香山縣南之一半島,位於北緯二十二度十一分三十秒,東徑十一度三十二分三十秒。島之周圍,約八英里,其最長處,自東北至西南,約三英里弱,其最寬處,不及一英里。廣東新語澳門篇云:"蠔鏡在虎跳門外,去香山東南百二十里。有南北二灣,海水環之。番人於二灣中,聚衆築城,自是新寧之廣海望峒奇潭,香山之浪白十字門,東筦【莞】之虎頭門屯門鷄棲諸澳悉廢,而蠔鏡獨爲舶藪。自香山城南以往二十里,一嶺如蓮莖,踰嶺而南至澳門,則爲蓮葉嶺,甚危峻,稍不戒顚墜崖下。既踰嶺,遙見海天無際,島嶼浮青,有白屋數十百間,在煙霧中,斯則澳夷所居矣。六十里至關,關外有番百餘家,一寨在前山嶺,有叅將府握其吭,與澳對峙,澳南而寨北,設此以禦澳奸,亦所防外寇也。初至一所曰青州,林木芊鬱,桄榔檳榔之內爲樓榭,差有異致。又十里至澳。"卷二頁八 澳門之形勢,大略如此,詳見澳門紀略形勢篇。

先是暹羅占城爪哇琉球浡泥諸國互市,俱在廣州設市舶司領之。正德時移於高州之電白縣。嘉靖十四年,指揮黃慶納賄,請於上官,移之濠鏡。

市舶司:一作市舶提舉司,掌海外諸番朝貢市易之事。明初設於太倉黃渡,尋以近京師,改設於漳州寧波廣州。後罷。永樂元年復置,尋命內臣提督之。有明一代,北有馬市,西有茶市,東南有市舶司,皆主對外市易之事者也。

黃慶納賄移市舶司:廣東市舶司移於電白,與黃慶納賄改移濠鏡之事,見於明熹宗天啟元年六月實錄,其文與傳同,惟於黃慶作黃瓊。又淸道光五年邵詠等所修電白縣志引明史稿佛郎機傳文作王度,然今傳王鴻緒明史稿本,仍作黃慶。按王度爲黃慶之誤。南人讀音,黃王不分,故誤黃爲王。慶字行草近度字,故誤慶爲度。是'王度'二字爲誤。黃瓊黃慶,廣東通志職官表均無其人,然各書多作黃慶。

歲輸課二萬金。

淸順治九年廣東賦役全書載澳門稅銀:"彝船餉原

額銀貳萬陸千兩,續因缺額太多,萬曆叁拾肆年,該司道議詳兩院會議,准允減銀肆千兩,尙實額銀貳萬貳千兩。"又載徵收之法云:"年年洋船到澳,該管官具報香山縣,通詳布政司幷海道俱批。市舶司會同香山縣詣船丈抽,照例算餉,詳報司道批回該司,照徵餉銀各彝辦納餉銀,駕船來省,經香山縣盤明造册,報道及關,報該司照數收完餉銀貯庫。"廣東府總,頁一四四, 按明人徵收外舶之稅,計有兩種:一爲水餉,依船之大小而徵收者也。一曰陸餉,依貨物之多寡而徵收者也。大抵此兩萬兩之餉銀,兼水餉與陸餉而有之也。餉銀總額,郭尙賓萬曆四十一年六月二十七日奏疏,言"每年括餉金二萬於夷貨"(見後文)賦役全書言"原額銀貳萬陸千兩",後減收爲"貳萬貳千兩",蓋一舉其概,一言其詳也。陳澧香山縣志引張甄陶澳門圖說云:"…………先是海舶皆直泊廣州城下,至前明備倭遷於高州府電白縣,後嘉靖十四年,番舶夷人言風濤濕貨物,請入澳曬晾,許入,令輸課二萬兩,澳有夷自是始。"卷八頁三四此蓋以黃慶之事,誤與汪柏相混也。又陳澧稱"此云'歲輸課二萬金',蓋船課也。"且引彭昭麟澳門紀事詩序"澳夷出洋之船,歲輸船稅二萬"一語爲證。同上卷二二,頁十所謂船稅,即指課船課貨之稅而言也。

又澳門稅銀除二萬金外,別有地租五百兩之說,各書言者甚多,而於其起原,則各不一致。澳門紀略引薛韞澳門記云:"……… 澳彝西洋族,自嘉靖三十年來,比歲輸廛緡五百一十有五,孳育蕃息,迄今二百有餘年矣。"卷上頁四 又引廣東按察使潘思渠之奏疏云:"……… 前明有西洋蕃船,來廣貿易，暫聽就外島搭寮棲息，回帆撤去，迨後准令歲納地租，始於澳門建造屋宇樓房，攜眷居住。"卷上頁二六 廣東考古輯要云："嘉靖三十二年，番舶趨濠鏡者，言舟觸風濤，漬濕貢物，願暫借晾曬，海道副使汪柏許之，歲輸租銀五百兩，後建屋居住，今生齒日繁（按，輯要引文，出自澳門紀略官守篇，然細按原文，無'輸租銀五百兩'之語，且兩文字句，亦多不合，當是輯者取其大意，而以己語出之，且增入'五百兩'等字耳。）。"卷二三頁七 此言五百兩租金之始原，起自汪柏容許葡商居澳時也。陳澧香山縣志云："祝志云：'澳地歲租銀五百兩，縣徵之，國朝載入賦役全書（指順治間所修者言）'，'全書以萬曆刊書爲準，則澳有地租，殆始萬曆時。"卷二二頁十 史澄廣州府志載："濠鏡澳中夷目爲西洋理事官，督理濠鏡事務，生齒益繁，雍正八年册，呈歲輸租銀五百兩。"卷七〇頁三六 按府志所載租銀，祝志言載入順治賦役全書，則雍正八年之册，似據此而作，非別有五百兩之租銀也。然自萬曆何年始，則未詳。又張甄陶澳門圖說稱："……值國初（指清言）以海氛遷界，凡沿海地，皆棄弗收稅，西洋夷人，改歲課輸地租五百兩。"陳澧香山縣志卷八頁二四引 考清初遷界事，始自順治十七年九月，東華錄載是月遷界之議云："癸亥，戶部議覆福建總督李率泰奏，海氛未靖，應遷同安之排頭，海澄之方田沿海居民，入十八堡及海澄內地，酌量安插。從之。"順治三五，頁三 嗣後復有沿海居民，均須內移之論，東華錄載順治十八年八月間之事云："諭戶部：前因江南浙江福建廣東瀕海地方，偪近賊巢，海逆不時侵犯，以致生民不獲寧宇，故盡令遷移內地，實爲保全生民，今若不速給田地居屋,小民何以資生。著該督撫詳察酌給,務須親身料理,安插得所,使小民盡霑實惠,不得但委屬員,草草了事,爾部即遵諭速行。"康熙一,頁八 按上引廣東賦役全書,卷首題順治九年修製,東華錄有順治十四年飭修賦役全書事,然兩次修訂,其年代均在遷界之先。夫全書既有五百兩之記載,則必非因遷界改課而始有,故張甄陶之言有誤。又瀛環志略云:"…………隆慶初,抵粵東香山縣之濠鏡(指葡萄牙人言),請隙地建屋,歲納租銀五百兩,督臣林富代請許之,葡萄牙人遂立埔頭於澳門,是為歐羅巴諸國通市粵東之始。"卷七頁二六 按此言錯誤有三:一,葡人之至廣東,遠在正德間,其稱在隆慶初,相去幾六十年。二,林富之請開海禁,在嘉靖八年,非隆慶中事。三,請隙地建屋,為嘉靖三十二年汪柏事,此置隆慶中,且言林富代請,其言尤為失考。如此則其所言"歲納租銀五百兩",亦非隆慶間事可知。總之,租銀五百兩起原之說,頗為難考。澳門圖說與瀛環志略兩說之誤,固不待辯,即始自嘉靖及萬曆之二說,究以何說為據,亦須待考。明季論濠鏡之事者,以龐尚鵬之撫處濠鏡澳夷疏及萬曆四十年郭尚賓之奏疏為最詳。尚鵬疏內,無歲課二萬兩及地租五百兩事,尚賓奏疏,載歲課二萬兩,然於地租事,亦未言及。全書雖言以萬曆時所修者為據,然萬曆之全書今不傳,仍莫能窮其究竟。茲姑存諸說以待考。

佛郎機遂得混入,高棟飛甍,櫛比相望,閩粵人趨之若鶩,久之,其來益衆,諸國人畏而避之,遂專為所據。

佛郎機入據濠鏡,前言始自嘉靖三十二年汪柏之納賄,然西人多持異說,利類思不得已辯云:"……西客居澳,在嘉靖年間,而利瑪竇入中國係萬曆九年,相距五十餘載,此事廣東布政司可考。然西客居澳,又原有由焉。明季弘治年間,(此語有誤)西客遊廣東廣州浙江寧波,往來交易。至嘉靖年間,廣東海賊張西老,攘澳門至圍困廣州,守臣召西客協援解圍,赶賊至澳殲之。是時督臣疏聞,有旨命西客居住澳門,至今一百三十餘年矣。"頁六一 此言葡人之得據澳門,由於削平海寇之功也。此說西人先已有言之者, Alvaro Semedo 曰:"澳門宿爲海寇盤踞之地,鄰近居民,時被騷擾,中國官吏思除滅之,然畏怯不敢冒險,且不欲耗費己力,聞葡人強悍善戰,遂請其代爲驅逐,并允於海寇滅絕之後,以澳門予之。時海寇雖衆,然葡人精於戰術,故不數戰,即殲滅之。自此之後,葡人遂得於澳門擇地築室以居焉。" 譯自 C.A. Montalto de Jesus 所作 Origin of the Colony of Macao 之引文,見 China Review vol.24. No. 3, P.140. 又 Monoel de Faria e Sousa 曰:"澳門土地磽薄,多巖石,爲海寇淵藪,中國官吏欲除滅之,然畏怯不敢動。時葡人寄居上川,遂與之約,如能代爲殲除,即以澳門贈予。葡人垂涎澳門已久,深欲假掃除海寇之功以得之,遂允其請。海寇雖諳於道路,然戰術則遠不及,故終爲葡人所驅除。葡人乘戰勝之餘,即於澳門建城築室以居其民。" 同上 葡人討平海寇之年,利類思稱"至今一百三十餘年",考不得已辯,書成於清康熙四年乙巳,即西曆一六六五年,由此上推一百三十年,爲西曆一五三五年,適當明嘉靖十四年。Ljungstedt 稱 De Guignes 曾著一書曰 Voyage to Pekin, 謂此次海寇之削平,在一五六三年(嘉靖四十二年)後澳門之已被踞者六年。"譯自 Ljungstedt: The Portuguese Settlements in China. p.12 然利類思姑舉其概,未可爲據,當以後說論之。考嘉靖末明人藉助葡人削平叛亂之事,亦見於吾國之載籍,俞大猷集兵船以攻叛兵云:"叛兵事決爲攻剿之圖,亦須旬日後,乃可齊整香山澳船。猷取其舊熟用林宏仲者數船,功成重賞其夷目,貢事已明諭其決不許。猷候制出各號帶,即差人分發此澳船,幷南頭船白石船,剋日齊至合攻。此數日且言招以款之。賊與白石人相持,一時似未遁走,如恐其遁走,草草臨之,亦難取萬全矣。乞裁之。"正氣堂集卷一五,頁二四 香山澳船,即葡萄牙人船也。又俞大猷論商夷不得恃功恣橫云:"金尅木,木尅土,土尅水,水尅火,火又能尅金,豈彼物能尅此物,而終無能尅彼者哉? 所以能使之遞尅而反自尅者,天工之巧,主張於其間耳,五行不能自違也。用官兵以制夷商,用夷商以制叛兵,在主將之巧,能使之耳。商夷用強梗法,蓋屋成村,澳官姑息,已非一日。三門之役,神妙之算,恩威之布,彼亦心服,今欲翦之,豈無良方? 若以水兵數千,攻之於水,陸兵數千,攻之於陸,水陸並進,彼何能違。此夥所用兵器,惟一軟劍,水戰不足以敵我兵之刀,陸戰則長鎗可以制之無疑也。惟鳥銃頗精,大銃頗雄,軍令一嚴,冒死一衝,彼自破也。往歲詔安走馬溪夾板數隻,同日而亡,猷所親見。即如人言,商夷難制,則自古及今,廣東禍患,無時而已,五羊居民,消散已久,安有今日。今與之大做一塲,以造廣人之福,竊謂唯名公能操發縱之權,唯猷可勉効鷹犬之勞,失今不爲,後來無望。惟錢糧宜多費,商稅有數年之絕耳,願名公熟計"。正氣堂集卷一五,頁四一夷商即葡人也。其於助討叛兵之後,驕矜之勢,有爲明人所不能容忍者,讀此可知。叛兵指嘉靖四十三年柘林叛兵言,事見周碩勳潮州府志,云:"譚允傳者,柘林營兵也。時州縣疊經倭亂,府藏告匱,兵餉不繼,允傳輒爲戎首,倡衆擁奪商船,揚帆抵廣城,省兵拒之,不克,允傳等沿海益肆剽掠。嘉靖四十三年甲子,總督吳桂芳陽招之,密調東莞水兵,自外洋入,身領副總兵湯克寬等由惠州趨東洲裏海而出,合擊之,生擒六百餘人,斬首無算。餘黨猶據大艦,倉猝不能解纜,縱火焚之,復生擒四百餘人,磔賊首譚允傳盧君兆等於市。"卷三八頁三三 然此所言之賊首爲譚允傳,其名與張西老三字,音有未合。張西老,Ljungstedt稱:"……此海寇據 De Guignes 及他人之說爲張西老 (Chang Si Lao),嘉靖中入據廣州,後被擒獲。此或誤與鄭成功父鄭芝龍之名相混,鄭芝龍西文拼音爲 Chin Chi Lung,Chin 誤作 Chang,Chi 誤作 Si,Lung 誤作 Lao,音頗類似,其誤即由此生。"譯自 Ljungstedt: The Portuguese Settlements in China.p.12 然鄭芝龍爲海患,在天啓崇禎間,且無困廣州被擒獲之事。考其時廣東海寇爲禍最烈者,首推張璉。魯曾煜廣東通志載嘉靖四十年八月,大盜張璉林朝曦叛亂事曰:"璉饒平庫役也,爲胥吏所迫,遂拒捕爲亂,知縣林叢槐招之,爲所拘留,與林朝曦等約結,築列城堡,攻刼郡邑,流害三省,故命臬(張臬)同顯(劉顯)討平之。"又載四十一年夏六月提督侍郎張臬平張璉事曰:"璉等勢日張大,臬奏調兵七萬六千進討,都督劉顯俞大猷王寵領其衆,參議馮皐謨,僉事皇甫渙賀涇張冕監之,斬首六千六百級,擒璉磔之,傳首三省。"卷六頁五六按明季東南海寇之名,其以"老"字稱者凡屢屢見(如劉香作劉香老等是),疑張西老即張璉之別號。,'西"字或作"四"字,龔柴中國海島考略云:"澳門舊屬香山縣,明季爲葡萄牙國人通商海口,後有大盜張四老盤踞其地,勢甚猖獗,葡人整師擊之,羣盜以平。事聞於朝,即以此島讓其建城居住,至今仍之。小方壺齋輿地叢鈔,第九帙,頁三四二 龔柴之語,其本之於利類思之言,抑或他家之說,不可得知,然其作張四老,與西人所言頗同。張璉之被擒獲,去柘林叛兵事爲時甚近,而張璉之亂,又因爲禍甚烈,頗爲時人所稱談,西人不察,僅就傳聞所及,遂以張璉即葡人助討之海寇,且以中國有厚賞夷目之事,遂思葡人據有澳門,亦即爲此時所讓予,實則誤矣。

四十四年,僞稱滿剌加入貢,已改稱蒲都麗家,守臣以聞,下部議,言必佛郎機假託,乃却之。

明世宗嘉靖四十四年(西曆一五六五年)四月實錄云:"有夷目啞喏唎歸氏者,浮海求貢,初稱滿剌加國,已復易辭蒲麗都家,兩廣鎮巡官以聞。下禮部議:'南番國無所謂蒲麗都家者,或佛郎機詭託也。請下鎮巡官詳審。若或詭託,即爲謝絕。或有漢人通誘者,以法治之。奏可。"卷五四五 按啞喏唎歸氏無考。蒲都麗家,皇明世法錄象胥錄實錄,均作蒲麗都家,惟王鴻緒之明史稿與本傳同作蒲都麗家,當從前說爲是。

萬曆中,破滅呂宋,盡擅閩粵海上之利,勢益熾。

按葡萄牙無破滅呂宋事,而破滅之者,乃西班牙也。當葡西二國東來之初,明人均呼之爲佛郎機,作史者不能辨析，竟置於此，誤。明史有呂宋傳，爲記述西斑牙人之事跡，佛郎機傳，爲記述葡萄牙人之事跡，是以此條當入呂宋傳內。

至三十四年，又於隔水青州建寺，高六七丈，閎敞奇閟，非中國所有，知縣張大猷請毀其高墉，不果。

青州：亦作青洲，在澳門半島之北，澳門紀略云："北則青洲山前山澳山，盆盆隔一海，茲山浸其中，厥壤磠，厥土樛，巑岏沓蔚，石氣凝青，與波光相上下，境殊幽勝。"卷上頁八 其建寺事，明熹宗天啟元年六月實錄云："萬曆三十四年，於對海築青洲山寺，高可六七丈，閎敞奇秘，非中國梵剎比，縣令張大猷請毀其垣，不果。"卷一一 按寺即天主教之禮拜堂或修道院，亦稱曰廟。其在澳門有八：曰三巴，曰咖斯闌，曰大廟，曰板障，曰龍鬆，曰風信，曰支糧，曰花王，(見澳門紀略卷上頁三引澳門記文)青州之寺，即一禮拜堂也。

張大猷：湖廣黃陂人，徐瀛黃陂縣志有傳，云："張大猷字允升，一字武程，以璧經起家。萬曆乙未進士。甫九歲，暮歸迷路，有黃衣老人，指引還家，遺以紫金燕。長善述文，張公山是器之，許配以安人閔氏之妹。公初任徐聞縣，繼調香山。童子試，得何吾騶文爲冠軍，何尚未娶，公延至署中，三年飲食服用悉具，且捐俸爲擇配焉。已而何秩晉相國，則公之善知人也。公歷戶部郎中，出爲廣平太守，尋晉寧泰道，浙江按察司廉使，山西布政，名宦四十餘載。政事文章，卓然獨立。奉旨建坊，綸褒三代。壽八十四，以無疾終，其撰著最富，祀鄉賢。"卷八頁九 按魯曾煜廣東通志職官表，大猷任香山縣知縣，起萬曆二十九年，止三十三年，此作三十四年請毀高墉,未詳。

明年,番禺舉人盧廷龍會試入都,請盡逐澳中諸番,出居浪白外海,還我壕鏡故地,當事不能用。

盧廷龍請逐諸番: 盧廷龍事跡不詳。其請逐諸番事,野獲編云:"丁未年(明萬曆三十五年,西曆一六〇七年)廣東番禺舉人盧廷龍請盡逐香山澳夷,仍歸壕鏡故地,時朝議以事多窒礙,寢閣不行。"卷三〇頁三七至三八

浪白: 浪白即浪白澳,廣人"澳"字或作"滘",在香山縣南,爲番舶接濟之所。籌海圖編云:"……嘗考之,三四月東南風汛,日本諸島入寇,多自閩趨廣……其勢必歷峽門望門大小橫琴山零丁洋仙女澳九竈山九星洋等而西,而浪白澳爲尤甚,乃番舶等候接濟之所也。"卷三頁一七澳門紀略云:"……過此爲虎跳門,崇禎十年,紅毛番四舶,由此門入廣州求市,外有島廣百餘里,是爲浪白滘,明初諸番互市於此。"卷上頁九至十 浪白澳西人名之曰 Lampacao,蓋譯音也。蕭一山以 Lampacao 爲電白,言:"嘉靖中,廣東附近,有葡人居留地三:即上川島電白(原注: Lampacao)及澳門(原注: Macao)是也。十餘年間,電白爲諸港之冠,葡商寄居者,常達五六百人,及澳門興,遂絀而上之。"清代通史卷上卷五六七按電白縣名,非島名也,其音與 Lampacao 亦未相合。且葡商居留浪白,見於吾國史籍之記載者亦甚多,龐尚鵬撫處濠鏡澳夷疏有"往年俱泊浪白等澳"之語,郭尚賓之奏疏,稱:"……査夷人市易,原在浪白外洋,後當事許其移入濠鏡。"(見後文)廣東新語言:"香山故有澳名曰浪白,廣百餘里,諸番市其中,嘉靖間,諸番以浪白遼遠,重賄當事,求濠鏡爲澳。"

卷三頁八是浪白澳在當時爲葡人之居留地無疑,而電白則無一言及之,故知以電白爲 Lampacao 實誤。葡人居留浪白,自何時始,吾國史籍,無明確之記載。Ljungstedt 稱:"一五五四年(嘉靖三十三年),中國官吏指定浪白澳爲外商市易集中之地,而將上川島封禁。其所以封禁之者,據言其地有華人墓,深恐爲外商所據,而其時適有東往日本之葡商,停舶於此,同來葡人,又有瞻拜聖方濟各墓之信士多人,往禱於墓下,中國官吏,疑其有竊據此島之意,遂封禁之,而別指浪白爲通商之地。"譯自 Ljungstedt: The Portuguese Settlements in China.p.9.然此於中國史籍,則不可考。葡人寄居浪白,何時始衰,亦難考見,大抵在澳門居留之基礎,已形鞏固之後也。

番人既築城,聚海外雜番,廣通貿易,至萬餘人,吏其土者,皆畏懼莫敢詰,甚有利其寶貨,佯禁而陰許之者。總督戴燿在事十三年,養成其患。

番人築城:野獲編云:"……蓋其時澳夷擅立城垣,聚集海外,雜沓住居,吏其土者,皆莫敢詰,甚有利其寶貨,佯禁而陰許之者。時督兩廣者戴燿也。"卷三〇頁三七至三八"其時"指萬曆三十五年言,蓋本文上接盧廷龍疏請驅逐澳夷事也。如此則葡人建城似在萬曆三十五年,即西曆一六〇七年也。陳澧香山縣志引祝志云:"澳城之建,年月無確證,諸書所載,大率在嘉靖時。"卷二二頁十 Ljungstedt 稱:"一五九八年(萬曆二十六年)廣東官吏允西班牙商人在 Pinhal(近廣州之一海港)與中國通商,時葡人欲獨霸東洋貿易,凡自呂宋至中國之商船,概行阻絕,至是遂遣 Du Paulo 自臥亞來廣東,請求中國官吏將西班牙商人逐出,或允葡人自行逐出,其藉口即言澳門無防禦事工,恐受其侵略也。"又言:"一六〇七年(萬曆三十五年),荷人遣 Matelief 至澳門探視葡人有無防禦事工,其向巴達維亞荷總督之報告,亦言澳門無防禦事。然自 Matelief 去後,葡人恐爲荷人所襲,遂不顧中國官吏之允許與否,卽開始防禦工作。一六一二年(萬曆四十年),澳商因荷人之侵略甚急,防禦事工,更不可緩,遂通賄中國官吏,使其不加干涉,而澳門東北之城,遂於一五二二年(天啓二年)完成。"譯自 The Portuguese Settlementsin China pp.22—23, 皇明法傳錄載陳熙昌之奏疏云:"……舊年紅毛番報警(指天啓二年荷蘭犯澳門事,見荷蘭傳)則與規畫地基(指中國人言),鳩工築城,名爲防禦紅毛,其實沿海一帶,並無堆土,依山爲墉,屹然成建瓴之勢。"續紀,卷一三頁一三至一四按 Ljungetedt 之言與野獲編頗相合,則是澳門建城,似自一六〇七年始,而防禦事工之完備,以法傳錄之言證之,似在一五二二年。

戴燿:福建長泰人,其任兩廣總督,在萬曆二十六年。吳聯薰漳州府志有傳,云:"燿字德輝,一字鳳岐。登隆慶戊辰進士。起家新建令,五遷而至右都御史,巡撫粵西。正己率屬,內安外攘。岑溪蠻叛,衆云宜撫,燿獨排群議,出師平之。晉少司馬,尋改總督兩廣,得便宜行事,墨吏聞風解印綬去。燿以兩粵地遼闊,不宜以苛細理,獨持大體,斥無名之費,蠲不急之役,俾民力得舒。時進諸將指授方略,謹偵伺,勤訓練,戒生事,軍紀肅然,遂平府江之猺,殲南黎之醜,解州湖之急。上嘉其績,增秩大司馬,督粵十有三載。"卷二九頁十至一一番人又潛匿倭賊,敵殺官軍。四十二年,總督張鳴岡檄番人驅倭出海,因上言"粵之有澳夷,猶疽之在背也,澳之有倭賊,猶虎之傅翼也,今一旦驅斥,不費一矢,此聖天子威德所致。惟是倭去而番尚存,有謂宜勦除者,有謂宜移之浪白外洋,就船貿易者。顧兵難輕動,而壕鏡在香山內地,官軍環海而守,彼日食所需,咸仰於我,一懷異志,我即制其死命。若移之外洋,則巨海茫茫,奸宄安詰,制禦安施? 似不如申明約束,內不許一奸闌出,外不許一倭闌入,無啟釁,無弛防,相安無患之爲愈也。" 部議從之。

番人匿倭: 匿倭事,除見張鳴岡奏疏外,郭尚賓奏疏云"……番夷無雜居中國之理,彼且蓄聚倭奴若而人,黑番若而人,亡命若而人,以逼處此土。"(見後文) 余安性與澳夷禁約五事,亦言及之:"一,禁蓄養倭奴:凡新舊澳商,敢有仍前蓄養倭奴,順搭洋船貿易者,許當年歷事之人,前報嚴拿,處以軍法,若不舉一併重治。" 澳門紀略卷上頁二五 全邊略紀云:"十月(萬曆四十三年)粵督張鳴岡奏,粵海旦夕以濠鏡澳夷爲兢兢,多蓄倭奴以爲羽翼。臣令道臣喻安性香山縣令但啟元躬視澳中,宣上威德,獻出倭夷一百二十三名,待以不殺,令歸本國,已載舟而掛帆矣。夷目咩吵喞嗞嘛等,立狀爲之永禁。" 卷九頁二六 按明季葡萄牙與日本貿易亦盛,是則匿居澳門者,或爲日本商人,未必即爲患東南之倭寇也。

敵殺官軍: 未詳

張鳴岡請逐澳夷: 野獲編云:"……又七年甲寅(萬

曆四十二年),則督臣爲張鳴岡,疏言澳夷近狀,謂:'澳中私蓄倭奴,且私築墻垣,抗殺官軍。倭已有妻子廬舍,今不亡一矢,逐名取船,押送出境,數十年澳中之患,一旦祛除。惟倭去而夷留,議者有謂必盡驅逐,須大兵臨之,以弭外患;有謂濠鏡內地,不容盤踞,令移出浪白外洋,就船貿易,以消內患。然濠鏡地在香山,官兵環守,彼日夕所需,咸仰給于我,一懷異志,即扼其喉,不血刃而制其死命。若移出浪白大海,茫茫無涯,番船往來,何從盤詰,奸徒接濟,何從堵截,勾倭釀釁,莫可問矣。若以爲非我族類,必拔而去之,此在廟堂斷而行之耳。'蓋其說與盧廷龍疏柄鑿之極;或者彼中情形,實實如此。此與河套一議正同。當世宗時,以爲安邊第一要着,今日談虜事者,以爲套不可復,亦不宜復,其說其【甚】辨。蓋疆圉多故,時異勢殊,不可執泥陶見。今澳夷安堵,亦不聞蠢動也。"卷三〇頁三七至三八 按時人處澳意見,未能一致,大抵爲主驅主留二說,主驅者除盧廷龍外,郭尚賓亦主其說。其奏疏云:"題爲粵地可憂,防澳防黎孔亟,懇乞聖明急講潛消酌撫之術,處餉馭將之宜,以鋤亂本,以固東南疆圉事:近接邸報,見兩廣總督張鳴岡廣東巡按周應期有粵海倭防釁端多歧之疏,又有峒黎殺傷官兵之疏,皆臣夙所隱憂,何能無言?……夫濠鏡距香山邑治不百里,香山距會城百五十里耳,有陸路總經塘基灣,徑達澳中,其三面俱環以海,在廣州以澳爲肘腋近地,在夷人佛狼機以番舶易達,故百計求澳而居之。查夷人市易,原在浪白外洋,後當事許其移入濠鏡,(此一語已引於前文)失一。原止搭茅暫住,後容其築廬而處,失二。旣而室廬完固,復容其增繕週垣,加以銃臺,隱然敵國,失三。每年括餉金二萬於夷貨,往歲丈抽之際,有執其抗丈之端,求多召侮,閧然與夷人相爭,失四。乃閩廣亡命之徒,因之爲利,遂乘以肆奸,有見夷人之糧米牲菜等物,盡仰於廣州,則不特官澳運濟,而私澳之販米於夷者更多焉。有見廣州之刀環硝磺銃彈等物,盡中於夷用,則不特私買往販,而投入爲夷人製造者更多焉。有拐掠城市之男婦人口,賣夷以取貲,每歲不知其數,(此一語已引前文)而藏身於澳夷之市,畫策於夷人之幕者更多焉。夷人忘我與市之恩,多方於抗衡自固之術,我設官澳以濟彼饔飧,彼設小艇於澳門海口,獲我私濟之船以入澳,其不容官兵盤詰若此。我設提司以稍示臨馭,彼縱夷醜於提調衙門,明爲玩弄之態,以自恣其不服職官約束若此。番夷無雜居中國之理,彼且畜聚倭奴若而人,黑番若而人,亡命若而人,以逼處此土,(自番夷無雜居中國之理至此,已引前文)夷人負固懷奸之罪,不可掩也。抽餉有每年雜虧之額,彼乃能役我兵船數隻,兵數百名,護貨如許以入澳,夷人善匿虧餉之罪,不可掩也。不顧漢官法度,彼所嘗遵,動曰紅毛夷鬼,我所首防。夫室廬之固,夷種之繁,非有大故,不遽加兵。殊方異產,航海而來,仍與流通,未遽阻絕。此王者柔遠道宜自然爾。但夷多畜倭番,彼自滋中國之疑,中國自宜解之使徙。故宜體悉其情,隨中以內夏外夷之議,先免抽餉一二年,以抵其營繕垣室等費。諭令即先遣回倭奴黑番,盡散所納亡命,亦不得潛匿老萬山中。仍立一限,令夷人盡攜妻子離澳。其互市之處,許照泊浪白外洋,得貿易如初。澳夷一淸,并議驅除老萬山之藏伏者。夫不卽絕接濟,以扼夷人之糧食,不即動大衆,以阻夷人之向化,第我無所貪,先免餉以服其心,我有所恃,令避地以潛消其類,未有正德年間,可逐出境外,而今遂不可使徙者。乃量彼量己,選將足兵,操其必服之道,臣尤先望之當事。若夫聽其住澳,只須嚴爲之防,則當事已有成書,臣無容再嘵嘵矣。……(中缺爲論黎歧之事) 且夷人在昔行賄濟奸以得入澳,得結廬,得不掘去塘基灣路。今督按諸臣,洞悉往弊,計粤久遠,安能容其躔轕中膩撓我成算者。故今日欲徙祖宗所絕貢之夷,聚市外洋,必斷以行之,庶可濟也。郭給諫疏稿卷一頁一二至一七 自疏中所言,知尚賓立論,顯係主盧廷龍之說而反抗張鳴岡者,時人對此問題,未嘗忽也。又尚賓疏原題在萬曆四十一年六月二十七日,如此則先鳴岡之奏疏一年,與事實不符,未詳。

張鳴岡: 江西南安人,萬曆三十八年,任兩廣總督。

居三年,設參將於中路雍陌營,調千人戍之,防備漸密。

雍陌在澳門北境,其設叅將府,明熹宗天啟元年六月實錄云:"萬曆四十二年,始設叅將於中路雍陌營,調千人守之。"卷一一 然自本文"居三年"一語推之,似在萬曆四十五年,茲從實錄說。天啓元年,改遷叅將府於前山寨,清初仍之,事詳澳門紀略官守篇。按明人防禦澳夷,由來已久,萬曆二年,於澳門半島與香山縣內地結連處,建城立關,設官防守(此從澳門紀略官守篇說,然 Ljungstedt 作萬曆元年)。萬曆十九年,兩廣總督劉繼文疏請"于澳門外,建抽盤廠于香山大埔,雍陌地方,汛至以同知駐劄新安,通判駐劄雍陌。"

神宗萬曆十九年十一月實錄,卷二四二 自是直至清初,戒備頗嚴,蓋於葡人終不安於心也。

天啓元年,守臣慮其終爲患,遣監司馮從龍等毀其所築青州城,番亦不敢拒。

按馮從龍事蹟無考,毀"所築青州城"事,陶成江西通志陳邦瞻傳云:"陳邦瞻字德遠,高安人。萬歷進士。……光宗卽位,卽擢邦瞻兵部右侍郎,總督兩廣軍務。………海寇林莘老嘯聚萬餘人,侵掠海濱,邦瞻扼之不逞。澳夷築室青州,奸民與通,時侵內地,邦瞻燔其巢。召工部右侍郎。"卷七一頁三三 明熹宗天啟元年六月實錄云:"廣東巡按王尊德以拆毀香山澳夷新築青州島,具狀上聞,且敍道將馮從龍孫昌祚等同心任事之功,乞與紀錄,部覆從之。"卷一一 按澳夷於青州所築,傳文作城,江西通志作室,實錄未言。本傳前文,有"又於隔水青州建寺"一語,註謂寺卽禮拜堂,則所毀當爲禮拜堂也。毀城指澳門之城言,明熹宗天啓五年四月實錄云:"總都兩廣何士晉報濠鏡澳夷,遍來盤據披猖,一時文武各官,決策防禦。今內姦絕濟,外夷畏服,願自毀其城,止留濱海一面,以禦紅夷。章下吏部。"卷五八 Ljungstedt稱:"一六二五年(天啟五年),澳商擬自Patane至Fort of St. Paul建一城垣,中國官吏,反對甚力,遂行廢止,并將築成之城垣,改作他用。"譯自Ljungstedt:The Portuguese Settlements in China.p.24. 然此乃天啟五年事也。

其時大西洋人來中國,亦居此澳。

大西洋人,指明季東來之教士言。其初入中國宣教,原以澳門爲根據地,故言"亦居此澳";然其事則在萬曆間也。澳門紀略云:"先是有利馬竇者,自稱大西洋人,居澳門二十年,其徒來者日衆。至國初已盡易西洋人,無復所爲佛郎機者。"卷上頁二六　海國圖志云:"明世佛郎機曾築濠鏡,後亦棄去,今之澳夷,乃明末布路亞人。"按葡人無放棄澳門之說,紀略不知西洋人爲當時歐人之通稱,因教士多自稱爲西洋人,遂疑居澳之西人,盡西洋人,而葡人已放棄他去,實誤。圖志誤以佛郎機爲法蘭西,不知布路亞即本傳所稱之佛郎機也。

蓋番人本求市易,初無不軌謀,中朝疑之過甚,迄不許其朝貢,又無力以制之,故議者紛然,然終明之世,此番固未嘗爲變也。

按有明一代,鑒於倭禍之烈,海禁最嚴,外商入市,最所不喜。葡人東來中國,乃欲發展其東方商業,初無侵害中國之詭謀,然與當時政策,則極不合。中葡所有衝突,亦即由此發生。本傳言"未嘗爲變",蓋言無大侵害也。

其人長身高鼻,貓睛鷹嘴,卷髮赤鬚,好經商,恃强陵轢諸國,無所不往,後又稱干系臘國。

陵轢諸國:按此指印度馬來半島南洋羣島日本等地言。明季葡人東方之勢力,較之他國,皆爲雄厚,西起波斯海灣,東至日本長崎等地,南起瓜哇摩洛加島,北至澳門及福浙沿海之地,均爲其商舶所及。迨後荷蘭英吉利兩國東來,其勢力始爲減削。茲以其與中國關係較少,姑從略註。

干系臘:干系臘或作干系蠟,爲Castilla之譯音也。東西洋考呂宋篇云:"有佛郎機者,自稱干系蠟國,從大西來,亦與呂宋互市。"又稱:"干系蠟國王,遣酋來鎮,數歲一更易,今華人之販呂宋者,乃販佛郎機者也。"又附註云:"呂宋嗣王具文一道,用金篋封識,另小書用紅羅包裹,付賈舶攜來,內稱郎雷氏敝裹系勝是貓吝爺氏,奉干系蠟國王命,鎮守東洋呂宋等處。"卷五頁一一 按明末據有呂宋者西班牙也,西班牙亦稱Castilla,其人亦自稱爲Castilian,此即干系臘之由來。本傳言"後又稱干系臘",蓋誤以葡萄牙人爲西班牙也。

所產多犀象珠貝。

象胥錄佛郎機篇云:"……相傳其國頗富饒,多畜犀角象牙珠貝胡椒。"卷五頁四 此均熱帶產也。葡人市易,常載熱帶產品,華人遂疑其國亦產此,實則不然。

衣服華潔,貴者冠,賤者笠,見尊長輒去之。

象胥錄佛郎機篇云:"……貴者冠,賤者笠,見尊長撤去之。衣衫袴垂至脛,皮履,衣服用鎖袱西洋布。"同上

初奉佛教,後奉天主教。

象胥錄佛郎機篇云:"……俗信佛,喜誦經,每六日一禮佛。先三日食魚爲齋,至禮拜日,鷄豕牛羊不忌。手持紅杖而行。飲食不用匙箸。富者食麵,貧與奴僕食米。婚娶論財,貴女奩貲數倍。無媒妁,詣佛前相配,以僧爲證,謂之交印。國有大故,亦多與僧謀。人死貯布囊以瘞,所畜牛入僧室。"同上 按明人昧於外情,稱西洋教士爲僧,稱新舊約爲佛經,稱天主教爲佛教,前引顧應祥言,謂佛郎機使"好讀佛書",即指新舊約言也。其所以如此者,蓋因葡人來自海西,明人遂疑其地,當去印度不遠,而其人亦當有

禮佛之俗，實則彼等未有信佛之說，而其奉天主，亦非日後所改也。

市易但伸指示數，雖累千金，不立約契。有事指天爲誓，不相負。

象胥錄佛郎機篇云："……市儈互易，搦指節示數，累千金不立文字，指天爲誓，無敢負。"同上 按此當是語言隔閡所致也。

自滅滿剌加巴西呂宋三國，海外諸蕃，無敢與抗者。

詳前註。

第二卷

第二卷

明史卷三二三列傳二一二

呂宋傳

呂宋居南海中,去漳州甚近。

呂宋(Luzon)一名,西人謂指是島轉歸西班牙人言,如此,則此名稱,爲西班牙人據此島後所新創,先則未有之也。吾國載籍,亦有同此說者,魏源海國圖志云:"呂宋島本名蠻里喇,明季爲西洋呂宋夷船所據,中國人因呼曰小呂宋,蓋對其本國而稱之,猶瓜哇島之稱,改新荷蘭也。明史誤以呂宋爲此島本名,因妄謂呂宋島滅於佛郎機,誤甚。至今此島,尚有呂宋鎮守之兵,無佛郎機之兵。"卷十一頁一 謝清高海錄云:"小呂宋本名蠻哩喇,在蘇祿尖筆闌之北,亦海中大島也,周圍數千里,爲呂宋所轄,故名小呂宋。"頁三五 此均以大呂宋名西班牙,以小呂宋名今呂宋島,而以後者之名爲假之於先也。按呂宋一名,究起於何時,今不得詳,趙汝适諸蕃志之蒲里嚕,汪大淵島夷誌略之麻里嚕,日人藤田豐八釋爲今馬尼拉(Manila)之對音 見島夷誌略校注頁二六 然於呂宋之名,則未一見。大明會典禮部主客淸吏司有呂宋國,謂:"呂宋國,永樂三年,遣使來朝貢。"卷九八頁十 明成祖永樂三年十月丁卯及八年十一月丁丑實錄(見後引文),亦有關於呂宋國之記述。會典及成祖實錄纂修之年代,遠在西班牙人東來之先,而各書所載,又無以呂宋別作一國者,則言呂宋之名,起於西班牙人佔據該島之後,似不能無疑。又張燮東西洋考凡例云:"海外諸國,惟交阯占城暹羅彭亨呂宋蘇祿,舶人所稱,尙沿故號。"本書卷首 燮閩龍溪人,所著東西洋考,於海外諸國,考訂頗詳,其言多可徵信。據言呂宋與交阯占城等名稱,同爲故號,則呂宋一名,不起於西班牙佔據該島之後,亦由此可證。魏源以佛郎機爲即今法蘭西,不知其爲明人對葡萄牙與西班牙之混稱,遂以明史所載佛郎機佔據呂宋之說爲誤,其說已不足據;又謂西班牙爲大呂宋,而於滅今呂宋後,呼其地爲小呂宋,然證之西洋史籍,西班牙則先無名呂宋之說。蓋西班牙之名,先時知者甚少,因其據有呂宋,統轄其地,遂以大呂宋名之,而於原呂宋島,則加以"小"字,以示臣屬之意,後人沿襲其說,積久而漸忘其意,遂以大呂宋爲西班牙原有之稱,其謬甚矣。至謝清高之說,其謬同於魏氏,勿待再辨。

洪武五年正月,遣使偕瑣里諸國來貢。

按瑣里爲 Soli 之對音,即印度西岸馬八兒濱海地,見後意大里亞傳註釋,不復論。呂宋使偕瑣里諸國朝貢事,不見明太祖是年實錄,傳文究何所據,未詳。

永樂三年十月,遣官齎詔,撫諭其國。

明成祖永樂三年十月丁卯實錄云:"遣使賫詔,撫諭番速兒來囊葛卜呂宋麻葉甕南巫里婆羅六國。"卷四七 吾學編皇明四夷考云:"呂宋在海中,其國甚小,……永樂三年,國王遣隔察老來朝貢。"卷下頁四十 按四夷考說,亦見會典及東西洋考呂宋篇。

八年,與馮嘉施蘭入貢。

明成祖永樂八年十一月丁丑實錄云:"賜浡泥國王叔薹的里哈盧等,及東洋馮加施蘭呂宋國,略【哈】密亦罕河衞等處朝貢使臣李宥等……宴"。此見燕京大學圖書館藏抄本 馮加施蘭即馮嘉施蘭,今人攷其地,謂即呂宋島西部濱海之 Pangasinan 省。見 China Review, Vol, 19, No. 4, p. 248 按馮嘉施蘭實錄作東洋國,明史馮嘉施蘭傳,亦言其爲東洋小國,見明史卷三二三頁二十 以地域及音譯察之,其作即今呂宋西部濱海之省者,蓋有可信。

自後久不至。

按明歷朝實錄及各書所載呂宋朝貢事,自永樂八年後多不詳,故傳文言其後久不至也。

萬曆四年,官軍追海寇林道乾至其國,國人助討有功,復朝貢。

按當時海寇之逃亡呂宋及爲官軍所追剿者,各書所載,多作林鳳,而未有作林道乾者。林鳳逃亡呂宋及官軍追剿事,明神宗萬曆三年十二月己卯實錄云:"提督兩廣凌雲翼,奏稱海賊林鳳,流突廣福,總兵胡守仁追至淡水洋,衝沉賊船二十餘隻,逃往西番。"卷四五 又萬曆四年三月癸丑實錄云:"總督兩廣侍郎凌雲翼,以廣賊林鳳棄衆投番,撫散餘黨三千,報下兵部議。謂鳳旣遠遁,宜聽便宜計取,或修備以待之。而賊黨盡散,地方寧謐,于例并得論功。因論鳳在呂宋,非閩中用間諭夷,豈有潛遁之日?及其黨回潮,非廣中相機諭撫,寧有底定之期?事在相左,實則相成,均宜查敘,爲苦心任事者勸。許之。"卷四八 又福建通志陸一鳳傳曰:"陸一鳳字子韶,常熟舉人,萬曆初同知,奉臺檄偕諸將討海酋林鳳於惠潮,大破之,覆其巢。諸將椎羊酒相賀,一鳳曰,'是且走海南諸國,伺我懈也',諜之果走呂宋,於是以兵躡之。''卷一三七頁十一　此於林鳳之走呂宋,昭然無可疑者。西人所著菲律賓史,記李馬奔(Lima-hong)侵犯呂宋事,言之甚晰。李馬奔今人考之,與林鳳原爲一人。見 Early Spanish Trade With Chin Cheo, By Geo. Philips; China Review, Vol, 19, No. 4, p. 246. 及燕京學報八期,斐律賓史上李馬奔 Lima-hong 之眞人考　則是林鳳走呂宋事,中西載籍所言正相同也。明史纂修,多據實錄,然萬曆三四兩年實錄,記述林鳳事,凡十數見,而於林道乾之爲寇,雖亦言及,然無逃亡呂宋之說。今傳文獨言林道乾,而於林鳳反略而不論,誠不能使人無疑。又呂宋助勦事,亦指林鳳言。明神宗萬曆四年九月丙申實錄云:''巡撫福建僉都御史劉堯誨奏報把總王望高等,以呂宋夷兵敗賊林鳳于海,焚舟斬級,鳳潰圍遁,復斬多級,并呂宋所賫貢文方物以進,下所司。''卷五四　又云:''禮部議賞呂宋番夷例以聞,報可。''同上　湖州府志云:''林鳳…………航海抵呂宋國,至玳瑁港。築城修戰艦,謀脅番人,復圖內逞。閩撫劉堯誨諭呂宋國王,破巢焚舟,賊衆大挫。''卷八三　據西人著述,亦稱林鳳於一五七四年(萬曆二年)冬,以戰艦六十二艘,水手二千人,士卒二千人,婦女千五百人。Chinese Repository, Vol. 7, p. 290　作戰艦七十艘,兵士二千人　以日人 Sioco 爲將官,攻馬尼剌,及呂宋西部濱海各地,後爲西班牙大將 Salcedo 所逐走。見 John Foreman: The Philippine Islands, pp. 47—51

又謂是時因追林鳳而至呂宋者,爲 Omoncon 氏。斐理伯於其西班牙與漳州通商之初期 (Geo. Philips: Early Spanish Trade with Chin Cheo.) 疑 Omoncon 爲胡守仁或呼良朋之對音。見 China Review, Vol. 19, No.4, P.249 李長傅於其菲律賓史上 Lima-hong 之眞人考補遺,燕京學報九期謂 Omancon 當爲王望高之對音。說雖無定,然所謂呂宋助剿者爲指林鳳而言,則無可疑。又呂宋朝貢事,萬曆四年正月己未實錄亦言及之,云:"至于呂宋雖非貢國,而能慕義來王,所獻方物,應爲代進。"卷四六 福建通志陸一鳳傳云:"呂宋果追逐鳳,有所俘獲,上獻,因請得入貢,比暹臘諸夷。臺下有司議,一鳳曰:'不聞職方氏有呂宋,奈何以小夷効小順,穢我大鴻臚,羈縻之可也。' 議者咸服。"卷一三七頁十一 西人著述,稱林鳳逃亡呂宋後,福建總督遣艦偵察,至呂宋。及返,西班牙總督遣二教士名 Martin Rada 及 Geronimo Martin 者,偕與俱來,意欲與華總督締結商約。華總督頗遇之以禮,然不願其久留於華,二教士遂返馬尼拉。見 John Foreman: The Philippine Islands, p.p.50—51 菲理伯西班牙與漳州通商之初期,稱當時來華者,除上述二僧人外,尚有軍士二人,一名 Pedro Sarimento, 一名 Miguel de Loarcha。四人先至廈門,後至同安,再後至漳州,以跪叩禮謁見該地長官。後留漳甚久,始轉至福州。其謁見官長,亦以跪叩禮。其來福州之意,欲與督撫商談在福建宣教及對華通商諸事,然均未見允。四人遂返漳州,一五七七年十月二十一日(萬曆五年九月十一日)自廈門返呂宋,二十八日(中曆九月十八日)抵馬尼拉 見 China Review, Vol. 19, No. 4, pp. 246—247. 則此次呂宋入貢,亦因剿平林鳳而來,與林道乾固無關也。以上所舉三事,已可證明逃亡呂宋者,爲海寇林鳳,不當作林道乾矣。又正氣堂續集俞大猷與凌洋山書云:"海賊林道乾,逃去西南番東埔寨,上山居住,似無復回之理,若回,勢亦不大,容易滅也。唯林鳳逃去東南洋呂宋港中,暫時泊船,勢必復回。但得六水寨二參將兵船齊整,何患不能撲滅乎。"卷一至三十 此明言逃亡東埔寨者爲林道乾,逃亡呂宋者爲林鳳,兩者各不相涉,尤可證林道乾無逃亡呂宋事。林鳳逃亡呂宋,西人稱在一五七四年,即萬曆二年,傳文作萬曆四年,然細審傳文文句,似混林鳳逃亡剿平及呂宋入貢三事爲一談,未可據以言其實際年月。再傳文所據,似爲萬曆四年實錄,而誤林鳳爲林道乾,然不知實錄之年月,係以當時疆臣奏疏而定,其未可據以言林鳳逃亡呂宋之年月,其理甚明。林鳳逃亡呂宋及被剿平之年月,吾國史籍所載,言之均未甚確,然據西人所述,大抵其至呂宋爲萬曆二年事,其被逐走爲萬曆三年事。傳文誤林鳳爲林道乾,後之讀史者,或以所記年代之差異,謂林道乾實有至呂宋事,蓋未審察之也。

林道乾: 潮州惠來人,於明嘉靖隆慶萬曆間,寇掠東南沿海各地,爲當時著名海寇之一。

時佛郎機强,與呂宋互市,久之,見其國弱可取,乃奉厚賄遺王,乞地如牛皮大,建屋以居,王不虞其詐而許之。其人乃裂牛皮,聯屬至數十丈,圍呂宋地,乞如約。王大駭,然業已許諾,無可奈何,遂聽之,而稍徵其稅如國法。

東西洋考呂宋篇云:"有佛郎機者,自稱干系蠟國,從大西來,亦與呂宋互市。 酋私相語曰,'彼可取而代也'因上黃金爲呂宋王壽,乞地如牛皮大,蓋屋,王信而許之。佛郎機乃取牛皮剪而相續之,以爲四圍,乞地稱是。 王難之,然重失信遠夷,竟予地,月徵稅如所部法。"卷五 卷一名山藏云:"初呂宋王有兄弟二人,武而有信,佛郎機互市其國,利其爲西洋諸番通貨之會,奉黃金爲呂宋王壽,從王乞地,地(?)如牛皮許大,許之。 佛郎機歸,而截牛皮縫長之,方四圍,呂宋王有難意,業許之,不得辭,歸地於佛郎機。"王亨記 呂宋篇 黃廷師驅夷直言云:"嘉靖初年,此番潛入呂宋,與酋長阿牛勝詭借一地,托名貿易,漸誘呂宋土番,各從其教,遂吞呂宋。"全文見破邪集卷三頁二九至三一 按洋考所稱干系蠟國,爲 Castilla 之對音,即指西班牙言,此於佛郎機傳註釋已詳言之。 其乞地如牛皮事,傳文所言,蓋據洋考之文,而洋考所據,則爲時人傳說。 和蘭佔據臺灣時,亦有同此之說,語詳和蘭傳註釋。 蓋當交通之初期,國人不明外情,言多出於敷會臆想,而載筆之士,據而書之,其不足徵信,自可想見。 西人稱西班牙佔據呂宋事,謂菲力第二即位後,奉信舊教甚篤,使駐墨西哥總督,遣兵往征菲律賓島,使悉歸服舊教。 後遣僧士 Andres de Urdaneta 及其徒侶五人與戰士 Miguel Lopez de Legaspi 率戰艦五艘,兵士及水手四百人,往征菲律賓島。 一五六四年十一月二十一日,自墨西哥出發,一五六五年二月十三日,即至菲律賓境。 先用兵南部諸島,諸島次第臣服,一五七〇年五月,Legaspi 遣其孫 Juan Salcedo 至呂宋,探視其地。 時與同行者,有 Martin de Goiti 及將士若干人。 此時 Tondo 之土酋名 Lacandola,而馬尼拉之酋，則爲其侄 Soliman 氏。當西班牙兵初至呂宋時，土酋頗敬愛之，甘願納土臣服，且揷血爲盟，締一修好條約。嗣後 Soliman 悔其所爲，聯合各部落，共事抵禦，且舉火焚馬尼拉，使不得爲西班牙兵所據有。時各土酋多坐觀其變，不予助力，Soliman 戰敗，復行歸順。後 Salcedo 復至 Bombon Lake 區域用兵，而 Goiti 則駐馬尼拉，以防不測。後 Salcedo 克服其地，然以身被箭創，遂返馬尼拉。時 Legaspi 駐兵 Panay 島，Salcedo (或作 Goiti) 親至其地，面陳克服呂宋經過，Legaspi 即與之同返 Cavite 島。當 Legaspi 至馬尼拉時，即於其地聲明正式佔領，且以馬尼拉爲羣島首都，並納諸島於西班牙王主權之下。見 John Foreman: The Philippine Islands, pp. 33—36. 如上所述，則知西班牙之最初用兵呂宋，爲一五七〇年事，即明隆慶四年也。至其克服全島，則爲此後數年之事。䮕夷直言言在嘉靖初年，語出無據。要之，呂宋被據當從西人之說，其作乞地如牛皮事者，均屬道聽塗說，無根之談也。

其人既得地，即營室築城，列火器，設守禦具，爲窺伺計。已竟乘其無備，襲殺其王，逐其人民，而據其國，名仍呂宋，實佛郎機也。

東西洋考云："佛郎機既得地，築城營室，列銃置刀盾甚具。久之圍呂宋，殺其王，逐其民入山，而呂宋遂爲佛郎機有矣。" 卷五頁一　名山藏曰："佛郎機有呂宋地，築城屋，列兵器，久之殺王兄弟，逐呂宋民入山中。凡中國以貨來者，皆主之。" 王享記呂宋篇　按是時呂宋島部落甚多，未爲統一之國，西班牙之克服全島，亦非一時之力，與上文之作一國視者，似有未合。大抵洋考及名山藏所言之呂宋國,爲指今馬尼拉附近地言,蓋其時華商之販呂宋者,以集於馬尼拉灣附近地者爲最多,而時人傳聞,亦以此地爲最詳,至其他商賈不至之地,無由記載,亦自非論述所及。

先是閩人,以其地近且饒富,商販者至數萬人,往往久居不返,至長子孫。

東西洋考云:"華人既多詣呂宋,往往久住不歸,名爲壓冬,聚居澗內爲生活,漸至數萬,間有削髮長子孫者。"卷五頁一　閩書云:"皇朝禁海舶不通諸番,其諸番入貢者至泉州,惟大琉球所貢番物,則市舶司掌之。成化八年,市舶司移置福州,而比歲人民,往往入番商呂宋國矣。其稅則在漳之海澄,海防同知掌之。民初販呂宋,得利數倍,其後四方賈客叢集,不得厚利,然往者不絕也。"卷三一九頁三四　名山藏云:"其地邇閩,閩漳人多往焉,率居其地曰澗內者,其久賈以數萬,間有削髮長子孫者。中國人衆,不能無生貪黠,而佛郎機輕侮役屬之。"王享記呂宋篇　天下郡國利病書云:"是時漳泉民販呂宋者,或折關破產,及犯壓各境不得歸,流寓土夷,築廬舍,操傭賈雜作爲生活。或娶婦長子孫者有之。人口以數萬計。"卷九三頁二九　又斐理伯西班牙與漳州通商之初期,引 E.J. Stanly 所譯 De Morga 語,謂西班牙初留居馬尼拉時,即有華人商船三隻駛至,內載貨物甚多,蓋華商每年均來此與島人貿易也。華船入港,先至西班牙總督處,領取允許證,總督允許後,即囑其國人,勿虐待華商。華商所攜貨物,多係日用品,其爲回教徒所樂用者,則爲大水瓶之類,此外如陶器銅鐵等物品,亦均有之。其爲土酋所樂用者,則爲絲綢瓷器之類,然亦非極貴品也。

時華商屢以極細緻之陶器攜至,而此種貨物,暢銷甚多,蓋西班牙人初至此島,貨幣多而器物少,一切所用,多賴華人之供給也。華商既獲重利,每隔七八月必泛海而來,而所攜珍貴貨物亦甚多。且將中國所產各種物品攜至,以示呂宋人,與之約定價目,代爲回國採辦。此種貨物,多係水銀火藥胡椒肉桂丁香糖鐵錫銅絲綢麵粉蠟,及其他他地未有之貨。華商有時亦將耶穌釘死十架雕形及新式棹椅等物攜至。此等器物,均受西班牙人之影響,蓋華商以在呂宋時所見西班牙人樂用器物,比歸告其國人,令之依式製作,藉此轉販,可獲厚利也"。見 China Review, Vol.19, No.4, pp. 243—244　按華人通商呂宋之原始,吾國史書,記述多不詳,然以理推之,其時當甚早。西人所著菲律賓史,多稱Legaspi初至馬尼拉時,已有華人一百五十人留居於此,則其前已早有通商之事,自可斷言。及至西班牙克服菲律賓羣島後,馬尼拉爲其東方重鎮,華人至此通商者,亦日增多,觀萬曆三十一年,以採金事,致華人被殺於呂宋者,凡二萬數千人(見後文),則可知西班牙平服呂宋後,華人至此通商者,爲數之多矣。如此,則洋考諸書所述,殆非虛妄。

佛郎機既奪其國,其王遣一酋來鎮,慮華人爲變,多逐之歸,留者悉被其侵辱。

按所言遣酋來鎮,指西班牙駐馬尼拉之總督言。自Legaspi 平定呂宋後,充第一任總督,迄崇禎之末,前後更易凡十一人,見西人所著菲律賓史,此從略註。

二十一年八月,酋郎雷敝裏系勝侵美洛居,役華人二百五十助戰。

東西洋考云:"萬曆二十一年八月,酋郎雷氏敝裏系勝,征美洛居,役諸流寓二百五十人,充兵助戰。"又註引政和堂集曰:"高甯爲把總,魏惟秀楊安頓潘和五洪亨五爲哨官,鄭振岳爲通事,郭惟太等爲兵。"卷五頁一 名山藏云:"美洛居者,海上國也,佛郎機酋征而奪之,揀中國人助戰,人以貳百餘。"王享記呂宋篇 菲律賓島史稱當Gomez Perez Dasmarinas (Chinese Repository, Vol. 7, p.296. 作Don Gomes perez das Marinas.) 任菲律賓總督期內(一五九〇至一五九三), Siao島(摩鹿加羣島之一)土酋,至馬尼拉納貢,幷因荷蘭之迫害,及Ternate島土人之侵擾,請求保護。(Chinese Repository, Vol. 7,p .298,稱先是西葡二國,因香料貿易之競爭,一與Ternate島酋交好,一與Tidore島土酋親善。至一五八〇年,西葡二國合併,此種競爭,卽行消滅。一五九一年,荷人東來,犯Ternate島,驅走葡人,葡人因此地去臥亞太遠,故至馬尼拉控訴,請求遣兵保護。按此所言與上不同,幷存二說。)總督遇之以禮,其同來之西班牙僧士,亦厚待之。且允派兵艦至摩鹿加島,驅逐荷人,及鎭壓Ternate島土人,使之不得恣意侵擾。此艦隊共百十數隻,上有西班牙七百人, Pampanga及Tagalog兩地銃手四百人, Visaya地之弓箭槍手千人,此外有中國人百人爲水手。(Chinese Repository, Vol. 7,p. 298作西班牙兵士千人,土兵四百人,華人水手四百人,戰艦百艘,與此異。)一五九三年十月六日(Chinese Repository. Vol.7,p.298作十六日),自Cavite出發。見John Foreman: The Philippine Islands, p.73. 按美洛居即今摩鹿加島,西班牙人之征討此地,蓋因受荷蘭人之侵略,此於和蘭傳註釋內,亦略言及。其事發生年代,西人或作一五九三年十月六日,或作是年十月十六日，洋考作萬曆二十一年八月，若以年論之，中西所記尙合，若以月日論，是年西曆之十月六日或十月十六日，當合中曆九月間，洋考作八月，未合。所役華人，西人或作百人，或作四百人，洋考作二百五十人，亦不合。時任總督，洋考作郎雷氏敝裏系勝，洋考後文，稱其子名郎雷貓吝，推其意即以郎雷爲氏，敝裏系勝爲名，非此七字爲一名也。傳文據洋考之文，而去'氏'字，致意不能明顯。然'郎雷'二字，與 das Marinas 或 Dasmarinas 之音均不合，'敝裏系'三字，與 Perez 音譯相同而'勝'字則無合者，當時音譯，何以若是，未詳。政和堂集所載諸人事蹟，今均無考。

有潘和五者，爲其哨官，蠻人日酣臥，而令華人操舟，稍怠輒鞭韃，有至死者。和五曰："叛死箠死等死耳，否亦且戰死，曷若刺殺此酋以救死，勝則揚帆歸，不勝而見縛，死未晚也"。衆然之，乃夜刺殺其酋，持酋首大呼，諸蠻驚起，不知所爲，悉被刃或落水死。和五等盡收其金寶甲仗，駕舟以歸。

按傳文所載，與東西洋考呂宋篇及皇明世法錄呂宋篇所載盡同。傳文及世法錄，均系錄自洋考。名山藏亦有此說，云："中國人稍懈，輒鞭箠或刺殺之，中國人皆怨。有潘利〔和〕五者，夜入酋臥內，刺殺酋，持酋首大呼，佛郎機人大驚起，不知所爲，悉被刃或落水死。利〔和〕五與其黨大載佛郎機貨物以歸。"王享記呂宋篇　菲律賓島史稱當西班牙艦隊自 Cavite 出發時，一部艦隊行駛較速，遂在 Punta de Azufre(Maricaban島以北之地)停駛，以待他艦。後各艦齊至，擬於翌日共同前駛，不意即於此夜，華人刺殺西班牙人之事發生矣。當夜深之際,西班牙人皆已酣睡,華人起而謀殺之。時西班牙兵士十八人及奴隸四人,躍海得免。總督聞聲驚起,華人持刀刺之。彼受創後,即退還寢室,手持彌撒經及馬利亞聖像,於六時後即死。其西班牙僧士及其他兵士之臥於下層艙內者,華人急閉其出口,使不得出。而在船面之西班牙人,及其他與華人不合者,悉被殺死。華人停此三日後,將船內未死之人,送之岸上,遂駕舟而逃。John Foreman: The Philippine Islands, p.74. 西人又稱華人充作水手者,因風向不順,行駛困難,又窺西人所攜財貨甚多,遂於十月二十五日夜間,起殺西人。時總督Don Gomes Perez das Marinas遇害,隨人八十人,得逃於難者,僅十八人云。見Chinese Repository, Vol.7, p.298. 按西人所記,與傳文略同。

失路之安南,爲其國人所掠。

東西洋考云:"失路之廣南,爲交酋所掠。"卷五頁二 名山藏云:"失水路誤入交,而交人掠之。"王享記呂宋篇 菲律賓島史亦稱華人叛殺西班牙人後,駕舟逃至安南(Co-chin China),安南王命其官吏,盡籍沒華人所攜貨物,云檢出墨西哥洋一萬二千圓,及其他原屬總督及其隨人之金銀珠玉多種。見John Foreman: The Philippine Islands, p.74.

惟郭惟太等三十二人,附他舟獲返。

東西洋考云:"獨郭惟太等三十二人走免,附舟返舍。"卷五頁一 名山藏云:"獨郭惟太等三十餘人走免。"王享記呂宋篇

時酋子郎雷貓吝駐朔霧,聞之,率衆馳至,遣僧陳父冤,乞還其戰艦金寶,戮仇人以償父命。

按貓客訴冤詞,見東西洋考註文,云:"'呂宋嗣王具文一道用金篋封識,另小書用紅羅包裹,付買舶攜來,內稱:'郎雷氏敝裏系勝是貓吝爺氏,奉干系蠟國主命,鎮守東洋呂宋等處。……伏望尊慈,鑒察其被害戰船,乞追軍器金銀寶貝,并究殺父之人償命,以警後人,以正法紀。從父巴禮,於舊年十月,駕船往貴省,奔訴父冤,萬里懸情,惟冀秉公嚴追究治。從兄巴禮,原遣歸國,感佩圖報。' 又訴詞一紙,爲辯明父冤事:'緣父守國,欲討美洛居,時有澗內唐民,願充助敵者二百五十人,自備行糧,立功給賞。時父與兵同船,開駕到交逸地方,有佛郎人與唐兵言競,父責番人,弔在船桅懲戒。原船裝載金銀莫計,同船番目,各帶寶貝銀錢數多。船進合萬門灣泊,父令唐人牽罟捕魚,共烹而食。臥至半夜,唐人心貪財寶,陰謀不軌,將父并番目四十餘命,盡行殺死,僅存巴禮書記二人報息,將本船寶貝駕逃。僕時奉命帶兵駐劄朔霧。各屬聞變,共議報冤,將城內舊澗拆卸。僕聞計同國勸諭,不許生端報怨,復議設新澗城外。慮及番兵橫爲擾害,著頭目四人,逐日在澗看守,以便唐人生理。不想起蓋未完,而日本報警,番目思見澗地接邇城郭,兼之唐人每有交通之情,恐招蕭牆之禍;再議移澗,此非本心。革回唐人,每船給米五十包資助,想來人必能道其詳者。激切含冤,伏望作主,轉達施行。" 卷五頁二　貓客訴詞,自萬曆實錄所載許孚遠奏疏觀之(見下文),爲萬曆二十二年事(一五九四)。其遣僧陳冤,自云在'舊年十月',則爲萬曆二十一年事,推其時即適在華人叛殺西班牙人之後也。貓客自稱爲郎雷敝裏系勝之子,證之西人之說,亦頗符合。

西人著述稱一五九〇年，Don Gomes Perez das Marinas 被派爲駐呂宋地總督，奉命與其子 Don Luis Perez das Marinas 東來。當總督爲華人殺害時，其子適駐兵 Zebu，聞父被害，即馳至馬尼拉，代行職權。見China Repository, Vol.7, pp.297—298。觀此則知貓吝即 Don Luis Perez das Marinas，可無疑意。貓吝與 Marinas 之音甚相合，當是此時商賈所傳之一種簡音，因而誤其爲全名也。

又貓吝先駐兵之地，洋考作朔霧。朔霧洋考亦言及之，云："朔霧俗名宿務，佛郎機未據呂宋時，先聚彼中，與其國人相親好；佛郎機之破呂宋，朔霧人有力焉。佛郎機德之，既奄有諸土，率虜使其民，獨與朔霧爲婚媾，城戍儼然，一大酋擁重兵守之。"卷五頁七 菲律賓島史亦稱一五六五年，Legaspi 克服 Cebu 島後，即於其地建立城堡，闢爲都邑。酋女亦曾嫁一西班牙人。見 John Foreman: The Philippine Islands, p.35. 兩書所言，大體均同，可證明朔霧即今Cebu島也。菲律賓島史之 Cebu 島，於 Chinese Repository 均作 Zebu，此二字與朔霧或宿務之音，均極相似。Chinese Repository 明言總督被害時，其子適在 Zebu，Zebu 既與 Cebo 爲一字，則所謂朔霧者，即今 Cebu 島，可斷言矣。

又貓吝訴詞之萬門灣，華書所載，多未能確指其地，以理推之，當即菲律賓島史所言之 Punta de Azufre 地方也。交逸當即 Cavite 港，說詳後。

巡撫許孚遠聞於朝，檄兩廣督撫，以禮遣僧，置惟太於理，和五竟留安南不敢返。

按許孚遠奏疏，見明神宗萬曆二十二年十月丁未實錄云:"福建巡撫許孚遠奏呂宋酋長之子,訟我奸民之隸其部而襲殺其父奪其寶逃者。兵部覆議,將獲犯正法,厚遣酋使,以堅內向之心,且藉偵王【日】本夷情,報可。"卷七八　又見東西洋考註文,云:許中丞疏略曰:'我民往販呂宋,中多無賴之徒,因而流落彼地,不下萬人。番首築蓋舖舍,聚劄一街,名爲澗內,受彼節制,已非一日。去秋彼酋抽取我民二百餘人爲兵,刑殺慘急,遂致激成此變。夫以番夷豺狼之性,輕動干戈,不戢自焚,固其自取,而殺其酋長,奪其寶貨,逃之交南,我民狠毒,亦已甚矣。"卷五頁二至三

許孚遠:字孟中,德清人,明史儒林傳有傳。

初酋之被戮也,其部下居呂宋者,盡逐華人於城外,毀其廬。及貓吝歸,令城外築室以居。會有傳日本來寇者,貓吝懼交通爲患,復議驅逐,而孚遠適遣人招還,蠻乃給行糧遣之。

按遣還華人事,詳於貓吝訴詞,已見前註。日本寇呂宋事,東西洋攷註引呂宋嗣王具文云:"蒙差官來探日本消息,招回唐人,日本近雖稱兵入境,然彼國有征伐之兵,敝國有備禦之固,況日本熟知敝國士卒精壯,遇敵無不爭鋒,何足以懼。"卷五頁二　又菲律賓島史稱葡萄牙自一五五七年佔據澳門後,即向中國沿海口岸及日本長崎通商,並在長崎建立其商業根據地。日本皇帝得知西班牙佔據呂宋之消息,即由彼等得來。一五九三年,日本皇帝遣使至呂宋,要求駐該地總督投降日本,否則即以武力來攻。時西班牙在東方之地位頗爲困難,對日本之要求,殊難處置。蓋此時和人侵略摩鹿加島,正遣艦隊往征,兼以此時

兵士不足,船隻短少,而戰具亦不備,故對日本之要求,不得不出以緩和手段應付之。日本使臣名 Farranda Kiemon, 在馬尼拉頗受西班牙之厚待。後西班牙總督覆日本皇帝言,彼乃西班牙王之臣屬,奉命鎮守東方疆土,防禦外人侵略,故對日本要求,無可承認。彼願與日本共謀雙方有益之關係,並請求訂一商約。西班牙總督遣僧士 Juan Cobo 及他一人,充呂宋使臣,至日本謁見皇帝。及抵日本京都後,皇命即命引見,並訂結一雙方滿意之條約。後西班牙之使臣及日本貴族數人,乘日本商船返呂宋,不憶中途遭風,人船俱沒。見 John Foreman: The Philippine Islands,p.64. 又西人或稱先年華人及日人商呂宋者,已有多人。一五九一年,有日人名 Faranda 者至馬尼拉。此人桀黠多詐,見西班牙在呂宋之勢力,尚未雄固,遂起覬覦之念。當其第一次回日本時,即以此消息,告於其王 Taiko Sana, 日本王之得諳悉西班牙在美洲及在呂宋之勢力,即原乎此。日王遣Faranda 賚書至馬尼拉,迫令呂宋臣服日本。其言曰:'奉我爲王,即來納土稱臣,否則即將與兵討伐。可轉告爾兼西葡二國之君王,謂凡犯我者,必不免危亡之禍,順我者則可安然無事;而爾等亦須以此語牢記於心。'日使至馬尼拉時,總督 Don Gomes Perez das Marinas 尚未爲華人所害。時呂宋之耶穌會士,因欲保護澳門葡人在東方商業之利益,勸令總督斷然拒絕日人要求。而馬尼拉之居民,因素日經商,只以墨西哥爲限,不願與澳門葡人共享對日通商之厚利,而欲獨擅其權,遂主張總督即遣使至日本,與之修好,共訂通商條約。總督從馬尼拉居民之意,雖耶穌會士力言對日通商爲葡人獨有之權，亦之不顧，遂遣 Juan Cobo 使日。Cobo於一五九二年，自馬尼拉航至日本，謁見日王於 Nangoya 地。當與日王談判時，Faranda 爲譯官，所言務求迎合日王之意。Cobo 頗受日人厚待，所求至日宣教及與通商事，亦獲允許。後 Cobo 乘日船返馬尼拉，中途遇風，後無所聞，大抵其所乘之舟，在台灣附近地毀壞也。後 Faranda 至馬尼拉，將 Cobo 出使經過，報告總督，總督甚喜，然恐日本失信，重啓釁端，故對 Faranda 頗爲禮遇。見Chinese Repository, Vol. 7, pp. 298—300 按傳文所謂日本來寇者，即指此言。又許孚遠差官探日消息，蓋因此時適値關白倡亂故也。孚遠遣人招還華商事，洋考言在萬曆二十二年（一五九四），云："明年（萬曆二十二年），閩撫遣買舶招回久住呂宋華人，曾爲給糧以歸。" 卷五頁二　此與前引貓客訴詞悉合。

然華商嗜利，趨死不顧，久之復成聚。

按後文採金呂宋之案，華人死者二萬五千，此去貓客給糧遣還華人事，相去不及十年，則知其間華商販呂宋者，仍不爲少數。

其時礦稅使者四出，奸宄蠭起言利，有閻應龍張嶷者，言呂宋機易山素產金銀，採之歲可得金十萬兩，銀三十萬兩，以三十年七月詣闕奏聞，帝卽納之。

東西洋考云："………其後又有機易山之事。自採金中貴，蠆尾四出，妄一男子張嶷，更爲新奇其說，上疏曰，呂宋有機易山，其上金豆自生，遣人採取之，可得巨萬，無禁。" 卷五頁二 高克正折呂宋採金議云："蕞爾敝邑，介在海濱，頻年驛擾，民困日甚，迺採金使者，又見告矣。澄民習夷，什家而七,問機易山未有能舉其處者,有金與否,果可望氣而知乎? 自卯使四出,所得金幾何,可按籍計也。 輒云海上開採,歲輸精金十萬,白金三十萬,將取之寄,抑輸之神乎? 夷德亡厭,好利更甚,安有瓦礫黃白,坐錮以待我者? 取之能必夷之不攘臂乎? 能必我之取不爲大盜積乎? 明命已頒,奸商已揚揚乘六而來耍,若曹亦未知澄事耳。………" 東西洋考卷十一頁十二 名山藏云:" 三十二年,天子採金方內,有妄男子張嶷上書,言呂宋有易機山 (易機二字書倒置) 其上金豆自生,可採也。" 王享記呂宋篇 閩書云:" 萬曆三十三年,卯稅役興,有男子張嶷妄上書,言夷中有機易山者,產金可採。" 卷三一九頁三四 天下郡國利病書云:" 而同安人張嶷者,謬奏言海有機易山,與福建相近,地產金,若採取之,可得成金無算。" 卷九三頁二九 按張嶷上書言採金事,蓋欲迎合皇帝心意,而妄言之耳。 自高克正之" 果可望氣而知 " 一語,即知爲張嶷之一種謬想。 其上書之年,名山藏屬之萬曆三十二年,閩書屬之萬曆三十三年,二書均出何喬遠手,所言已不同。 傳文屬之三十年七月,蓋從實錄溫純奏疏所屬之年月也。(疏見後文) 洋考載張嶷勘查呂宋產金事,屬之三十年四月(見後文),西人記載,以此事屬之一六〇三年,即萬曆三十一年 (見後文)。 夫溫純奏疏,實錄既屬之三十年七月,則張嶷之上疏言採金事,必先乎此可知。 大抵張嶷上書,在萬曆三十年以前。

機易山: 東西洋考呂宋篇形勝名蹟條云:" 加溢城: 初只一山,夷人以其要害地也,慮紅毛出沒,始築城伏銃其內。 賊至以銃擊之,敵不敢窺,張嶷所稱機易山,想即加溢之譌耳。"卷五頁五至六　西人記述,稱華人所言產金之地,即距馬尼拉不遠之Cavite。按機易加溢,同爲Cavite之對音,亦有作庚逸交逸者,均爲一字之數音耳。

命下,舉朝駭異,都御史溫純疏言:"近中外諸臣,爭言礦稅之害,天聽彌高。今雲南李鳳,至汙辱婦女六十六人,私運財賄,至三十巨舟三百大扛,勢必見戮於積怒之衆,何如及今撤之,猶不失威福操縱之柄。

按溫純字希文,陝西三原人。其奏疏見明神宗萬曆三十年七月丙戌實錄卷三七四,傳文卽據此删定,以其所載大體均同,故不復錄。所謂"雲南李鳳"一語,實錄只作李鳳,並無雲南二字。李鳳爲廣東稅使,無督稅雲南及他地事,已詳和蘭傳註釋。其奸汙貪賄事,亦見是年七月癸未實錄,云:"廣東巡按李時華,疏稅使借名進貢,公私踪蹟可疑,謹將節次查核有據底數,另本開坐上聞,伏乞聖明顯對李鳳原本,以驗虛實,以破奸欺事:內言'李鳳起解方物,用六十舡,當有三千擡,據鳳本三次揭,多不過三百擡,不知六十舡所盛,竟歸何處?又四十木桶,每桶銀八千,此外仍將銀易金,不知已進否?且私畜數十名姝,通澳夷,放白艚販米,詐職官,交沐昌祚,種種不法諸狀'。不報。"卷三七四　據此所言,均屬李鳳在廣東所爲,純疏所參,亦即此事,則李鳳爲廣東稅監,決無可疑。明史考證攟遺謂"'今雲南李鳳',雲南改廣東,"其說甚是。見本書卷四十頁十二

緬酋以賓井故,提兵十萬,將犯內地,西南之蠻,岌岌可憂。而閩中奸徒,又以機易山事見告,此其妄言,真如戲劇,不意皇上之聰明,而悞聽之。臣等驚魂

搖曳,寢食不寧,異時變興禍起,費國家之財,不知幾百萬,倘或剪滅不早,其患又不止費財矣。

按純疏所言緬酋以寶井故內犯事,明史萬曆三十年本紀及雲南土司木邦篇,均言及之。惟雲南土司稱其事在萬曆二十年見明史卷三一五頁二一,與本紀未合。明通鑑稱:"丙子(萬曆二十八年十月),雲南稅監楊榮請開採雲南阿瓦孟密寶井,從之。"卷七二頁十五 又云:"是月(萬曆三十年七月)緬甸犯騰越:初楊榮請開阿瓦孟密寶井,云歲可得數十萬。旣而所進不得什一,乃誣知府熊鐸侵匿,逮下法司。榮又奏請敕麗江土知府木增,獻地聽開採,遂有番漢居民焚廠殺委官之獄。至是緬人以稅使貪暴爲詞,攻陷蠻莫,宣撫司思正奔騰越,緬追及之,有司殺思正以謝,始解去。"卷七二頁二九此言楊榮請開寶井,在萬曆二十八年,緬人內犯,在萬曆三十年,與本紀所載同。雲南土司作二十年,當是三十年之誤。

臣聞海澄市舶高寀,已歲徵三萬金,決不遺餘力而讓利。即機易越在海外,亦決無徧地金銀,任人採取之理。安所得金十萬銀三十萬以實其言? 不過假借朝命,闌出禁物,勾引諸番,以逞不軌之謀,豈止煩擾公私,貽害海澄一邑而已哉。

按純疏所言福建稅監高寀事,見東西洋考稅璫考,原文論之甚詳,此從略。

昔年倭患,正緣奸民下海,私通大姓,設計勒價,致倭賊憤恨,稱兵犯順。今以朝命行之,害當彌大。及乎兵連禍結,諸奸且效汪直曾一本輩故智,負海稱王,擁兵列寨,近可以規重利,遠不失爲尉佗,於諸亡命之計得矣,如國家大患何? 乞急寘於理,用消禍本。"

按純疏所引奸民通倭事,詳明史日本傳,此從略。尉佗事,見史記南越尉佗傳。

言官金忠士曹於汴朱吾弼等,亦連章力爭,皆不聽。

萬曆三十年七月丙戌實錄云:"是時武弁及市井奸人,莫不紛紛言利,……閻應隆奏福建海澄縣機易山土產金銀,備船往淘,每歲可獻金十萬兩,銀三十萬兩,……科臣姚文蔚等,道臣金忠士史學遷湯兆京溫如璋朱吾弼等,各隨事交章,極言其釀禍害民,疏雖留中,然上未嘗不容其切直也。"卷三四七　按曹於汴字自梁,安邑人,朱吾弼字諧卿,高安人,明史有傳。金忠士事未詳。曹於汴之"於"字,明史考證攟遺謂當改"于"字。見本書卷四十頁十二。

事下福建,守臣持不欲行,而迫於朝命,乃遣海澄丞王時和百戶于一成偕嶷往勘。

按王時和于一成偕嶷往勘呂宋事,東西洋考呂宋篇及名山藏王享記呂宋篇均有其文。菲律賓島史亦載其事,謂西曆一六〇三年(萬曆三十一年),有中國官吏二人(Chinese Repository, Vol.7, p.471 作三人),奉皇帝之命,至馬尼拉謁見總督,言聞 Cavite 有一金山,特來勘查。總督遇之甚厚,並言其地絕無金山,勿誤聽人言,且導之親至其地查視。中國官吏,因勘查失實,旋即返國。見 John Foreman: The Philippine Islands, p.114. 按當時中國官吏至呂宋勘查者,爲王時和于一成二人,此外則爲張嶷一人。西人之作三人者,只舉時和一成而言之,其作三人者,則並張嶷而言之矣。

于一成事蹟無考。王時和瓊州人,歲貢,萬曆三十年任海澄縣丞,此見漳州府志秩官。

呂宋人聞之大駭,華人流寓者,謂之曰,"天朝無他意,特是奸徒横生事端,今遣使者按驗,俾奸徒自窮,便於還報耳。" 其酋意稍解,命諸僧散花道旁,若敬朝使,而盛陳兵衛迓之。

按此段傳文,亦見東西洋考呂宋篇及皇明世法錄呂宋篇,所載悉同乎此,不復錄引。

時和等入,酋爲置宴,問曰,"天朝欲遣人開山,山各有主,安得開? 譬中華有山,可容我國開耶? 且言樹生金豆,是何樹所生? 時和不能對,數視嶷,嶷曰,"此地皆金,何必問豆所自",上下皆大笑。留嶷欲殺之,諸華人共解,乃獲釋歸。

按此段傳文,東西洋考呂宋篇皇明世法錄呂宋篇亦有同此之記載。名山藏王享記呂宋篇亦言其事,然文較略省。又洋考稱此爲萬曆三十年四月事。

時和還任,即病悸死,守臣以聞,請治嶷妄言罪。

萬曆三十一年十一月甲子實錄云:"福建礦稅務太監高寀以奉旨差官過海,勘明機易不出金銀,因恭姦民張嶷與百戶閻應隆妄奏,詔以張嶷虛誑,着內官高寀會同撫按等官,差官拏解來京,與同百戶閻應隆一併究問。"卷二九〇

事已止矣,而呂宋人終自疑謂天朝將襲取其國,諸流寓者爲內應,潛謀殺之。明年,聲言發兵侵旁國,

厚價市鐵器，華人貪利盡鬻之。於是家無寸鐵，酋乃下令，錄華人姓名，分三百人爲一院，入即殲之。

按此語亦見東西洋考呂宋篇及皇明世法錄呂宋篇。菲律賓島史亦載其事，謂華使返國後，傳言華兵將犯呂宋，呂宋土著咸覺不安，總督令各修武備以自防。於是整軍械設防汛，儼然如臨大敵。時於僑居華商，防範亦極嚴密，言如果有華民前來，定先將彼輩殺盡。又疑華人暗藏軍器，不時搜檢，並言將於某日，一併殺盡華商。華商覩此情狀，咸懷不安，然亦無可如何。"見 John Foreman: The Philippine Islands, p.114. 又西人稱一六〇三年，華人寄居馬尼拉近地者約二萬人，而西班牙人之居於此者，尚不足八百人。是年春，有華官三人來呂宋，言聞有山產金，特來勘查。西班牙總督，雖允其勘查，然終無所得，遂疑其有窺伺之心，遂遣之歸。"見Chinese Repository, Vol.7, p.471. 按以在呂宋華人之數目與西班牙人相較，相去太遠，西班牙之存有戒心，即原乎此。及華官往勘呂宋，益觸動其疑心，是以有此次慘殺華人之變也。呂宋於皇明祖訓內，雖未列爲不征之國，然當時朝廷無征討之意，則殊明顯。東西洋考稱張嶷之去呂宋，"欲借朝命臨之，襲破其國"，在張嶷個人，亦或有此意念，而致起西班牙人之疑，以爲將侵奪其國也。

事稍露，華人羣走菜園，酋發兵攻，衆無兵仗，死無算。奔大崙山，蠻人復來攻，衆殊死鬬，蠻兵少挫。酋旋悔，遣使議和，衆疑其僞，撲殺之。酋大怒，斂衆入城，設伏城旁，衆飢甚，悉下山攻城，伏發，衆大敗，先後死者二萬五千人。

名山藏云:"夷人故虐侮中國人,至是益疑。會中國人被夷虐者,怨望出大言,夷益恐,盡買中國人手中鐵,雖機上刀竈上釜,悉厚倍其直。諸中國人鐵皆空,遂大殺中國人,死者二萬餘。"王享記呂宋篇　閩書云:"呂宋夷人,慮我欲圖其國,俟嶷去,盡市賈客家刀鐵,一日聚衆悉擒殺之。漳泉賈客,徒手受刃死者,以數萬計。"卷三一九頁三四　天下郡國利病書云:"有詔遣中貴人委官往勘視,而呂宋番聞之大恐,以中國將略取夷地,諸流寓人皆內應也,於建(?)盡坑殺漳泉民之在呂宋者以二萬人。"卷九三頁三九　漳州府志云:"三十年(萬曆)呂宋殺中國人在其國者二萬五千,海澄人尤多。"卷四七頁二七　菲律賓島史稱,華人慮禍將及,遂於城外建地自防。華人多商賈,素不習戰鬬,因遭迫害,離棄城內故有家園,移居他地,多有以此自殺者。聖法郎西斯日(Saint Francis Day)之前夕,華人奮起攻城(Chinese Repository Vol. 7, p. 472 作城外澗內華人,欲强迫城內信教華人,出城與之共集一地,以謀抵禦之計。)焚其房屋,並佔領 Binondo 地。時華人集於 Tondo 地,設防自衛,翌晨,退職總督 Luis Perez Dasmarinas 率兵來攻,初時華人尚能抵禦,嗣因供給缺乏,遂敗走。呂宋兵自馬尼拉沿 Laguna de Bay 來追,華人被擒殺者,凡數千人。呂宋追至 Batangas 省,華人退走 Morong(在今 Rizal 省)地,該地土人,亦乘勢起而掩殺,計此次事變,華人死者,凡二萬四千人。見 John Foreman: The Philippine Islands, pp. 114—115 按呂宋屠殺華人,數見菲律賓島史,此僅其最慘之一劇耳。漳州府志謂死者以海澄人爲尤多,以高克正"澄民習夷,什家而七"一語證之,其言蓋有可信。

大崙山：疑即西人所稱之Tondo地。

酋尋出令諸所掠華人貲,悉封識貯庫,移書閩中守臣,言華人將謀亂,不得已先之,請令死者家屬,往取其孥與帑。

按傳文所言呂宋酋移書閩中守臣,令死者家屬,往領孥帑,蓋從東西洋考說也。見本書卷五頁四 名山藏則作遣使入廣東香山澳,云:"酋猶慮中國興兵問罪,入廣東香山澳偵諜,中國乃寂然。"王享記呂宋篇 西人著述,亦不同其說,斐理伯西班牙與漳州通商之初期,引De Unigar之言,謂西班牙人屠殺華人後,自以所為過於殘忍,而華人死者數亦過多,深恐為中國所聞知。於是遣二人前至澳門,向該地長官,陳述華人叛變情形,及此次慘殺結果。當二人留澳之際,有販呂宋之漳州商人來會,即令齎回一函,曲陳慘殺華人種種苦衷。漳州商民,亦語呂宋使臣,謂屢勸其地居民,再至馬尼拉通商;蓋馬尼拉居民,日用所需,多取給華人,深恐因此事變,而致斷絕兩地貿易,故漳州商民以此告之。二人在澳事畢,即返呂宋。見China Review Vol.19, No. 4, p. 251. 又西人稱西班牙人慘殺華人後,深恐此次事變,影響中國與呂宋之通商,遂遣人至福建,陳述其殺戮華人之苦衷,藉以和緩華人情感。及呂宋使臣至福建,見其地長官,對於此次屠殺事,殊不關心,深為喜幸。福建長官之抱此態度,對中國呂宋間之通商,殊有關係,蓋翌年復有華舟十三隻,滿載貨物,至呂宋貿易,殊未以此次事變而禁絕也。見Chinese Repository Vol.7, p.472. 按此二說,以遣使至香山澳說,所言頗近確切,姑從之。又按西人所稱華官於此事變,殊不關心,證之當時情形,亦甚符合。有明一代,海禁甚嚴,其視販海者,均屬不良之人,素爲律令所禁絕。隆慶後,海禁稍弛,然於販海者,其賤視如故,則其遭受屠戮,不爲朝廷或疆臣所注重,自可想也。

巡撫徐學聚等亟告變於朝,帝驚悼,下法司議奸徒罪。三十二年十二月議上,帝曰,嶷等欺誑朝廷,生釁海外,致二萬商民,盡膏鋒刃,損威辱國,死有餘辜,即梟首傳示海上。呂宋酋擅殺商民,撫按官議罪以聞。學聚等乃移檄呂宋,數以擅殺罪,令送死者妻子歸,竟不能討也。

按張嶷以欺罔被誅,各書言之甚詳,可無再論。其議處呂宋事,吾國史書,言者甚少,茲取西人之說以補之。斐理伯西班牙與漳州通商之初期引菲律賓旅行記(Jager: Travels in The Philippines)載當時中國官吏致呂宋總督 Don Pedro de Acuna 書云:"自悉前去呂宋商民,痛遭屠戮之後,即行勘查事變原因,並奏請皇帝,對釁事蕃人,予以懲處,俾免將來復有類似之事發生。當予未抵任之前,有華商名Tioneg者,與華官三人,奉皇帝命,自呂宋至Cavite地,勘查產金之事。後因勘查失實,罪屬欺罔,予遂即奏請皇帝,對此妄言之Tioneg依法懲辦。當前任總督及稅監(原文作太監,實即指稅監高寀言)任事期內,Tioneg及其同夥 Yanglion 妄言採金,事如上述。及予抵任後,遂即奏請皇帝,將該案所涉文件,及所擬Tioneg之罪名,調齊審察。經詳審後,知Tioneg所言,實屬妄誕不經。予奏知皇帝,略謂因Tioneg妄言之故,致呂宋疑我將興師討伐,殺我商民三萬餘人。皇帝閱予奏後,對

Yanglion 雖予以懲罰,然所擬之罪,未至于死,而於Tioneg亦未處以斬刑或禁囚。至於寄居呂宋之商民,亦無法依律懲處。予與其他大臣,審思再三,復奏請皇帝,對此事變及他一事件,作最後決斷。所謂他一事件者,即此時有二英吉利(當是和蘭之誤)船,駛入漳州地界,此於中國,大有不利,故一併奏請皇帝辦理。予又上疏,懇乞皇帝對妄言採金及勾引英吉利商船之人,從重懲辦。後皇帝命下,謂英吉利二舟之至中國,意在掠奪財貨,着令即回呂宋。關於呂宋事件,可諭令干系臘人,對前往經商之浪人,及妄言生事之徒,切勿輕信。勾引英吉利來華之人,着即處以極刑。其他所奏事理,着予酌量處理。當予及總督稅監等奉命後,即轉告爾呂宋總督:爾等須知我中國皇帝,寬大爲懷,凡日月照臨之地,均其臣屬。亦當知我皇帝以天縱之資,統臨四海,從未有敢爲惡言者。近來日本雖犯高麗,然天兵一臨,彼即遁走。現高麗安堵如故,想爾呂宋人民,所共聞知也。先是因 Tioneg 妄言採金,致我華民所遭殺戮甚衆,我等守疆之臣,共議奏請皇帝,請示處理。原疏云:'呂宋小國,土地磽薄,原爲神怪出沒之地,後因華人到此,與干系臘人通商,此地始漸開發。中國商人(原作Sangleyes閩人商旅之稱也),爲之築城建屋,闢置田園,及其他諸善舉。奈何對我華民,非徒無感激圖報之意,反恣意屠殺之耶? 予等對此事變,凡三上疏,後皇帝命下,謂彼於此事,極爲震悼,然於呂宋不能興師問罪者,其故有三:一,干系臘原爲修好之國;二,如遽興師討伐,勝負未可敢必。三,所殺華人,多係素屬無賴,於我國無益,且係久背鄉井之人。有此三點,故於屠殺華人一事可勿視爲重要。且敕諭總督稅監及予三人,即諭令呂宋,謂中國皇帝,寬懷大度,對於屠殺華人一節,决不興師問罪,而於妄言採金之 Tioneg, 業經依法懲辦,以爲玩法者戒。爾等西班牙人,素屬聰慧,對於此次慘殺事,勿容畏懼。對於在境華人,因多係不良之徒,亦勿容愛憐。爾等干系職人,如能存心寬厚,於在境華人歸回時,將所欠舊債,及所籍財產,悉數交還,則兩國修好如舊,且即令華商,前往貿易如常。如若頑梗不馴,除禁止華商前往貿易外,當即興天師,並令所屬各國,共致討伐,决不稍貸"。見China Review Vol.7,No.4,pp. 251—253. 按書中所言 Tioneg 即張嶷, Yanglion 即閻應隆,而致書之人,則未明言。明神宗萬曆三十二年十一月丁亥實錄云:"兵部覆福建巡按徐學聚等,奏紅番闖入內洋,宜設法驅回,以清海徼。勾引奸民潘秀張嶷等,均應究處。上曰:'紅毛番無因忽來,狡僞叵測,着嚴行拒回呂宋也。着嚴加曉諭,毋聽奸徒煽惑,擾害商民。潘秀等依律究處。'"卷四〇三 細審二文所載,頗多相同,如以和蘭內犯與呂宋屠殺二事合疏,嚴拒紅番回呂宋,曉諭呂宋勿聽奸徒煽惑等語,均互見兩文。由此暗合,似此書出徐學聚手。是則對呂宋屠殺事,只有此一紙空文耳,並未有其他懲處之法,傳文所謂'竟不能討,'即此之謂也。

其後華人復稍稍往,而蠻人利中國互市,亦不拒,久之復成聚。

按中國對呂宋貿易,未因慘殺華人,而致斷絕,已見上文所引西人記載中。東西洋考亦言及之,云:"明年(萬曆三十二年),賈舶乃稍稍去,奸商黃某者,與酋善,槪冒領他貨,稱爲某子甲姻黨，細載乾沒云。"卷五頁四　則是華商仍販呂宋如故也。呂宋之於華商，雖欲與之貿易，然於其留居境內，終懷戒意。東西洋考云："釁隙而後，彼亦戒心，於我恐族類既繁，後復爲亂，輒下令每舶至人只二百爲率，毋溢額，舶歸所載回必倍，以四百，毋縮額。我人當放舟時，多詭入名充數，聽其查驗，中流輒逃回彼土。"卷五頁六　查西人所著菲律賓島史，於西班牙佔據菲律賓期內，屢有驅逐或屠殺華人之事，大抵西班牙人，禁絕華人繁殖其境，爲其固定之政策也。

時佛郎機已併滿剌加，益以呂宋，勢愈强，橫行海外，遂據廣東香山澳，築城以居，與民互市，而患復中於粵矣。

丁謙明史各外國傳地理攷證云："……此島（指呂宋言）自萬曆年間，爲日斯巴尼亞國（原注：一作西班牙）所據，至近年復見奪於美洲合衆國，明人當時不知有西班牙，而妄指爲佛郎機，誤也。美洛居滿剌加下均有傳，然據滿剌加者爲荷蘭國，據廣東香山縣之澳門者爲葡萄牙，均與佛郎機無涉，而牽混如此，中國疏於外情，由來久矣。"頁六　按此段傳文所載，語意雖近含混，然就西葡二國一五八〇年合併事言之，尚可以解。而丁氏所言之誤，則殊甚明顯。丁氏誤以明人所言之佛郎機即今法蘭西，遂指佛郎機佔據滿剌加呂宋香山澳等說爲誤，殊不知明人即以佛郎機呼西葡二國人，未嘗視爲今法蘭西，蓋其時法蘭西尚未東來，何得混用其名？至明人何以呼西葡二國人爲佛郎機，此詳佛郎機傳註釋。又言明人不知有西班牙，然干系臘之名，數見於明人著述,干系臘即西班牙,何得謂明人不知之乎?明人於葡萄牙有蒲都麗家之稱,於西班牙有干系臘之稱?雖有時不免混用,然若謂其不知則不可。又言據滿剌加者爲荷蘭,其言亦近於謬。按葡人佔據滿剌加遠在荷人之先,傳文舉滿剌加佔據事,在呂宋香山澳之先,則此時正值葡萄牙人據有滿剌加之時,丁氏以爲荷蘭誤甚。

補遺數則 本文所未補入之材料,而又確可考者,補之於下,以備參考。

(一)呂宋錢幣之流入中國。

東西洋考云:"……其御稅之規,有水餉,有陸餉,有加餉增。……加增餉者,東洋呂宋地無他產,夷人悉用銀錢易貨,故歸船自銀錢外,無他攜來,即有貨亦無幾。故商人回澳,征水陸二餉外,屬呂宋船者,每船更追金百五十兩,謂之加征。後諸商苦難,萬曆十八年,量減至百二十兩。"卷七頁二 又云:"銀錢:大者七錢五分,夷名黃幣峙,次三錢六分,夷名突脣,又次一錢八分,名羅料釐,小者九分,名黃料釐,俱自佛郎機攜來。"卷五頁六 又天下郡國利病書云:"錢用銀鑄造,字用番文,九六成色,漳人今多用之。"卷九三頁二七 按此當即所謂墨西哥洋。

(二)萬曆二十六(一五九八),呂宋人至濠鏡澳求貢市。

廣東通志云:"呂宋國從前未至,明永樂中一朝,萬曆二十六年八月初五日,徑抵濠鏡澳住舶,索請開貢,督撫司道,咸謂其越境違例,議逐之。諸澳番亦謹守澳門不得入。九月,移泊虎跳門,言候丈量。越十月,又使人言已至甲子門,舟破趨還,遂就虎跳門,徑結屋羣居,不去。海道副使章邦翰,飭兵嚴諭,焚其聚落。次年九月,始還東洋,或曰此閩廣商誘之使來也。"卷八頁三二　西人稱一五九八年,西班牙駐呂宋總督,聞日本將舉大兵取臺灣島,深以此事如屬非虛,則呂宋將繼受其迫害,遂遣 Juan Zamudio 率戰艦二隻,兵士二百人,至臺灣巡視,謂如果日軍來攻,即報知福建長官,共謀防禦。據稱此人未至臺灣,竟駛至廣州,並云得此地官吏之允許,得在距廣州十二海哩之 Piuala 地,設立西班牙通商之所云。見 Chinese Repository Vol. 7.p.469.　竊疑通志所載,或與 Zamudio 有關。

(三)崇禎十二年(一六三九)呂宋屠殺華人。

西人稱一六〇三年(萬曆三十一年),華人僑居呂宋者,雖大遭屠殺,然當 Corcuera 任總督時,來呂宋者,復達三萬三千之衆。據言一六三九年十一月,華人因賦稅苛重,起而叛亂,然文獻多佚,是否確爲賦稅之故,尙難攷知。呂宋屠殺華人,初起於 Laguna 灣,繼而延至馬尼拉及其他華人所在之地。華人手無寸鐵,欲抵抗而不得,而呂宋兵士,則肆意屠殺,凡華人得遇者,無或幸免。計此次屠殺,前後凡四閱月之久,而華人被害者,凡二萬二千人。見 Chinese Repository Vol. 7. p. 529.　按此次慘殺,吾國史書,言者甚少,而西人著述,則多所記載,以西班牙素妬視華人之態度推之,此事當不爲誣。

(四)崇禎末年,呂宋遣使入貢。

東華錄云:"初琉球安南呂宋三國,各遣使於明季進貢,留閩未還。大兵平閩,執送京師,命賜三國貢使李光輝等衣帽段布,仍各給敕諭,遣赴本國。"順治八頁十 國朝柔遠記稱:"順治四年夏六月,遣小呂宋使臣歸國:崇禎末,遣使入貢,使臣留閩未還。先年福建平,守臣送其入都,至是遣歸本國。"卷一頁五 按此使臣之名,及來華之年,無考。

第三卷

第三卷

明史卷三二五列傳二一三

和蘭傳

和蘭又名紅毛番。

東西洋考云:"其人深目長鼻,毛髮皆赤,故呼紅毛番云。"卷六頁一五 或曰紅毛夷,野獲編云:"以其鬚通赤,遂呼爲紅毛夷云。"卷三〇頁三五 紅毛番或簡稱曰紅毛,紅毛夷或簡稱曰紅夷,皆明人對和蘭之稱也。厥後英人繼和人東來,亦以"紅毛"或"紅夷"稱之。澳門紀略賀蘭篇云:"今又析其名曰英吉利。"卷下頁一二 是蓋誤以英吉利爲和蘭也。又於官守篇云:"先是紅夷英吉利者,頻年與呂宋搆鬪外洋。"此乃直以紅夷名英吉利矣。蓋英人髮色亦近赤,疑與和蘭同種,故均以"紅毛"或"紅夷"稱之。閩閩浙人俗稱西洋人咸曰紅毛,其說自和蘭始也。又東西洋考稱紅毛番一名米粟果。見卷六頁一五 米粟果於名山藏作粟果國,云:"有紅毛番夷,利【和】蘭也。深目長鼻,毛髮皆赤,故曰紅毛,一名粟果國。"王享記美洛居篇 按米粟果當即今摩鹿加島。黄廷師驅夷直言云:"其國係干絲臘,而米索果其鎮頭也。"全文見破邪集卷三頁二八至三一 蘇及寓邪毒實據云:"最近而呂宋,而米索果,而三寶顏,而鷄籠淡水,俱皆殺其王奪其民。"同上卷三,頁三二至三六 米索果與米粟果之音悉同,可知即爲一地。東西洋考美洛居篇云:"美洛居(今摩鹿加島)俗譌爲米六合。"卷五頁十一 米六合與米粟果米索果音亦近似，則米粟果亦即美洛居之俗譌，亦略可斷。麼鹿加島，於萬曆天啟間，西班牙和蘭二國，迭互雄長其地，海上商民，因而傳言各異，或歸之西班牙，或屬之和蘭，洋考與黃蘇兩文所誌不同者，蓋緣此耳。名山藏作粟果國，蓋沿洋考之文，而誤脫"米"字，並非別有所本。他書於粟果國，有作粟里國者，蓋又誤"果"爲"里"矣。

地近佛郎機。

野獲編云："紅毛夷自古不通中國，亦不知其國何名，其地何在。"卷三〇頁三四　天下郡國利病書云："向者夷從西方來，賈胡別種也。"卷九三頁四三　明熹宗天啟三年四月實錄云："按紅毛夷者，乃西南和蘭國遠夷，從來不通中國。"卷三三　此均不知其國之所在也。皇明法傳錄續紀云："紅夷篤居東海，去琉球不啻萬里，從來貢賦不通，九譯不達。"卷一一頁三四　東西洋考云："紅毛番自稱和蘭國，與佛郎機鄰壤，自古不通中華。"卷六頁一五　按明於佛郎機國境所在，或言近瓜哇，或言近滿剌加，均屬臆斷，其於和蘭，亦不能免乎此。法傳錄言其"居東海"，"去琉球萬里"者，蓋因和人東來時，停居於澎湖臺灣等地，明人名臺灣或曰琉球（小方壺齋輿地叢鈔本龔柴臺灣小志云：'臺灣本城名，今臺灣府是後人以名全島。閩人初呼爲大琉球，因其孤懸東海，遠望如琉球，而土地則更大也。'）故以流球爲言。本傳據洋考言其近佛郎機者，蓋因其體貌近同，且均來自西南大洋，均自古不通中國，故疑其相近，非實知其地理然也。

永樂宣德時，鄭和七下西洋，歷諸番數十國，無所謂和蘭者。

按此語本之史稿,史稿作者,不知鄭和下西洋時,和蘭尙未東來,故爲是言,本傳亦沿用之,似不爲當。

其人深目長鼻,髮眉鬚皆赤,足長尺二寸,頎偉倍常。

魯曾煜廣東通志云:"其人衣紅,長身赤髮,深目藍睛,足踵及趾,長尺二寸,猙獰可畏。"卷五八頁一四　野獲編云:"其人雙瞳深碧,舉體潔白如截昉。"卷三〇頁三五

萬曆中,福建商人,歲給引往販大泥呂宋及咬𠺕吧者,和蘭人就諸國轉販,未敢窺中國也。

大泥:亦作太泥,瀛環志略南洋各島圖作大哖。東西洋考云:"大泥卽古浡泥也,本闍婆屬國,今隸暹羅。"卷三頁一一　又曰:"吉蘭丹卽渤泥之馬頭也,風俗俱同渤泥。"卷三頁一二　海國聞見錄云:"由暹羅而南,斜仔六坤宋脚皆爲暹羅屬國,大哖吉連舟(當爲丹字之誤)丁噶呶彭亨諸國,沿山相續,俱由小眞嶼向西分往,水程均一百五六十更不等。"卷上頁二五　謝清高海錄云:"太泥國在宋卡(宋卡亦作宋脚,亦作宋踞勝,西人稱之曰 Sawng Kia 或曰 Sungora)東南,由宋卡陸路五六日,水路順風約日餘可到。連山相屬,疆域亦數百里,風俗上(當爲土字)產,均與宋卡略同。"又曰:"咭囒丹國在太呢東南,由太泥沿海順風約日餘可到,疆域風俗土產,略同太呢。"海外番夷錄本,頁四,按斜仔六坤宋卡大泥吉蘭丹丁噶呶彭亨均馬來半島東部濱海地也。大泥(西人作 Patani)北界宋卡,南界吉蘭丹,今屬暹羅。然明季閩人於"大泥""勃泥"二名,往往混爲一談,如洋考云"大泥卽古渤泥","吉蘭丹卽渤泥馬頭",前言吉蘭丹迫近大泥之南,

則此渤泥即大泥也。又稅璫考篇云:“澄商潘秀郭震等攜渤泥國王文。”卷八頁二 此文亦見紅毛番篇,云:“乃爲大泥國王移書閩當事,……俾潘秀郭震齎之以歸。”事同名異,當是意以渤泥大泥爲一地也。考吾學編四夷考稱:“浡泥本闍婆屬國,在西南大海中。”卷下頁一 西洋朝貢典錄浡泥國篇稱:“其國在占城西南,可六千里,其所統十有四州。”卷上頁一五 “闍婆”者爪哇舊稱,如浡泥即大泥,則去爪哇之地甚遠,似無爲其臣屬之可能;且言在西南大海中,乃一島國,非與大陸相連也。典錄言浡泥在占城西南六千里,其言雖未必無誤,然决非指去占城密邇之大泥而言;且自所統“十有四州”一語觀之,亦非彈丸之大泥所宜有,亦甚顯明。如此浡泥大泥似非一地。明史浡泥傳稱:“在舊港之西,自占城四十日可至。”卷三三五,頁六 舊港蘇門答拉地,其西卽今婆羅洲所在也。婆羅洲南近爪哇自“浡泥本屬闍婆”一語證之,浡泥亦當爲婆羅洲地。(未必爲婆羅洲之全部,或指其一部言,古時於海外地理智識不足,或以全島之名,當一國之名,或以一國之名,當全島之名,初無確定之稱)大抵閩人於此二音,讀之易混,而當時記述和蘭事跡,其言及浡泥者,時或誤爲大泥,自當分別觀之爲是。

咬𠺕吧: 瀛環志略云:“噶羅巴或作噶剌巴,又稱咬𠺕巴,又稱呀瓦,即爪哇國。”卷二頁一四 東西洋考云:“加留玘下港(本書下港指爪哇言)屬國也。”卷三頁四 荷人萊希登(Seyger Van Rechtern)一六二八年(明崇禎元年)之東印度紀行言爪哇人稱巴達維亞(Batavia)爲Jacoatra,支那人則稱之曰Calappa。見中西交通史料匯篇第二册,頁四五一 按噶羅巴噶剌巴咬嵧巴,加留把均爲 Calappa 一字之譯音,其爲指今之巴達維亞言無疑。瀛環志略言咬嵧巴即爪哇者,蓋以一地之名,誤爲全島之名。東西洋考言爲下港屬國,即指爪哇之一地言,誠是。巴達維亞之名,始於一六一九年,然咬嵧吧之名,亦相沿不廢。

給引:此所以限出洋之船也。明神宗萬歷十七年四月實錄云:"丙申,福建巡撫周寀言:'漳州沿海居民,往販各番,大者勾引倭夷,窺伺沿海,小者導引各番,刼掠商船。今列爲二欵:一,定限船之法:查海禁原議給引以五十張爲率,每國限船二三隻,今照原禁,勢所不能,宜爲定限。如東洋呂宋一國,水路稍近,今酌量以十六隻,其餘大率準此。以後商船告票造船,應往某國者,海防官查明,數外不准打造。……兵部覆東西二洋,各限船四十四隻。"卷二一〇此蓋因海患而發生者也。

閩商販大泥:明熹宗天啟三年四月實錄云:"……惟閩商每歲給引,販大泥國及咬嵧吧,該夷(指和蘭人言)就彼地轉販。"卷三三 東西洋考大泥篇云:"華人流寓甚多,趾相蹑也。舶至獻果幣如他國。初亦設食待我,後來此禮漸廢矣。貨賣彼國,不敢徵稅,惟與紅毛售貨,則湖絲百斤,稅紅毛五斤,華人銀錢三枚。他稅稱是。若華人買彼國貨,下船則稅如故。"卷三頁一三〇

閩商販呂宋:詳明史呂宋傳,此從略。傳言和蘭就呂宋地轉販,頗與當時情勢不合,蓋和蘭欲獨霸東洋商權,與西班牙人仇殺已久,呂宋既爲西班牙人所據,必不容許和人通商於此。然傳文似漫言之,未必確有所指也。

閩商販咬𠺕吧：明熹宗天啟三年正月實錄云："蓋夷(指和蘭人言)雖無內地互市之例，而閩商給引販咬𠺕吧者，原未嘗不與該夷交易。"卷三〇　東西洋考下港篇云："華船將到，有酋來問，船主送橘一籠，小雨繖二柄，酋馳信報王。比到港，用果幣進。王立華人四人爲財副，番財副二人，各書記華人諳夷語者爲通事，船各一人。其貿易王置二淵城外，設立舖舍，凌晨各上淵貿易，至午而罷。王日徵其稅。又有紅毛番來下港者，起士庫在大淵東，佛郎機起士庫在大淵西。二夷俱哈板船，年年來往。貿易用銀錢，如本夷則用鉛錢，以一千爲貫，十貫爲一包，鉛錢一包，當銀錢一貫云。下港爲四通八達之衢，我舟到時，各州府未到，商人但將本貨兌換銀錢鉛錢，迨他國貨到，然後以銀鉛錢轉買貨物。華船開駕有早晚者，以延待他國故也。"卷三頁五至六　按當時中國至爪哇通商者甚衆，吾學編四夷考爪哇篇云："……其國四鄉，初至杜板僅千家，二酋主之，流寓多廣東漳泉人，又東行半日至厮村，中國人客此成聚落，遂名新村，約千餘家。村主廣東人。番舶至此互市，金寶充溢，人富饒。"四考夷卷上頁四六至四七　荷人就地轉販，當即指彼等言也。

自佛郎機市香山，據呂宋，和蘭聞而慕之。

按和蘭東來，其主要原因，爲葡萄牙人斷絕其香料之供給。西史稱一五八〇年，西班牙與葡萄牙合併，共戴一君。其時適爲和人謀求獨立，反抗西班牙甚急之時，葡萄牙因與西班牙合併，遂視和蘭爲仇讎，舉凡前至葡京立斯本轉販香料之和商，概行阻絕。和人既失香料之供給，遂思自闢航路,直至東方購販,無恃乎葡人之接濟。其時西葡二國海上勢力,日漸衰落,和人遂乘機東來。此與本傳"聞而慕之"之文,蓋有不同。且和人之市大泥咬𠺕吧等地,遠在葡人入市香山西人佔據呂宋之後。本傳之文,似和人先在大泥咬𠺕吧通商,及葡人入香山西人佔呂宋,始生垂涎之念,來市中國,作者蓋有未明。

二十九年,駕大艦,攜巨礮,直薄呂宋,呂宋人力拒之,則轉薄香山澳。澳中人數詰問,言欲通貢市,不敢爲寇,當事難之。稅使李道即召其酋入城,遊處一月,不敢聞於朝,乃遣還。澳中人慮其登陸,謹防禦,始引去。

和人率艦薄呂宋:東西洋考紅毛番篇云:"佛郎機據呂宋而市香山,和蘭心慕之,因駕巨艦,橫行爪哇大泥(按此大泥當指婆羅洲言)之間,築土庫爲屯聚所,竟以中國險遠,垂涎近地。嘗抵呂宋,呂宋拒不納,又之香山,爲澳夷所阻歸,而狠卜累年矣。"卷六頁五 此於和人之至呂宋,年月未有確定,傳文據此而屬之萬曆二十九年,意有未明。按和人往薄呂宋,意欲阻絕中國與呂宋間之貿易,而獨獲市利之機。明熹宗天啓三年四月實錄云:"萬曆甲辰(萬曆三十二年西曆一六〇四年),有奸民潘秀買大泥國,勾引以來,據彭湖求市,中國不許,第令仍舊于大泥貿易。嗣因途遠,商船去者絕少,即給領該澳文引者,或貪路近利多,陰販呂宋。夷滋怨望,疑呂宋之截留其賈船也,大發夷衆,先攻呂宋。"卷三三 又兩朝從信錄載天啟二年十月兵部疏曰:"……十數年,大舟巨炮,截我商于交州呂宋之間者,殆無虛歲。緣綿貨物,悉爲彼有,而商亦稍稍避之。"卷一五頁七　是和人與呂宋之衝突,爲當時屢有之事。

和人轉薄香山澳：野獲編云："直至今上辛丑(萬曆二十九年西曆一六〇一年),始入粵東海中,因粵夷以求通貢,且於澎湖互市不許。"卷三〇頁三四　東西洋考引廣東通志云："紅毛鬼不知何國,萬歷二十九年冬,大舶頓至濠鏡。其人衣紅,眉髮連鬚皆赤,足踵及趾長尺二寸,壯大倍常。澳夷數詰問,輒譯言不敢爲寇,欲通貢而已。當道謂不宜開端。李榷使召其酋入見,游處會城,一月始還,諸夷在澳者,尋共守之,不許登陸,始去。"卷六頁一五　西人記載,稱明季和人至澳,其要者共有五次:一,爲一六〇一年,和人初至澳門,請求通商事。二,爲一六〇四年, Wybrand Van Warwick 東來,續求通商事。三,爲一六〇七年, Matelief 來華窺視澳門事。四,爲一六二二年 Kornelis Peyerszoon 攻取澳門,爲葡人所敗事。五,爲一六二七年,荷人企圖封鎖澳門事。見 Ljungstedt: the Portuguese Settlements in China, pp. 73-74. China Review. No. 13, pp. 161—206　野獲編記和人侵犯澳門共有二次:一爲萬歷辛丑年事,已見前文。二爲萬歷三十三年(西曆一六〇五年)事,云："次年(上文云萬歷甲辰三十二年,則次年自當作三十三年),復漂洋出粵東,迫近省會,粵人謀之香山澳諸賈夷,皆云,'彼火器即精工,萬無加於我曹,願首挫其鋒。'比舳艫相接,硝鉛互發,則香山夷大衂,所喪失以萬計。及誘之登岸,焚其舟,則伎倆立窮,自此相戒毋犯。澳夷因與講解議和,往來大浸,聽其販鬻,然終無敢以互市請者。"卷三〇頁三四至三五　按野獲編與洋考所言萬歷二十九年事,即西人所言一六〇一年,和人至澳要求通商事。野獲編所記萬曆三十三年事,即西人所稱一六〇四年 Warwick 東來事(萬曆三十三年爲西曆一六〇五年,此作一六〇四年,其原因見後文)。和人東來,欲與葡西二國,爭奪東方貿易,澳門爲葡人在中國之根據地,乃意所必取。然葡人居此已久,亦不可易去,西人稱荷人初至澳門時,受葡人潛害,後爲中國官吏所阻,當非虛也。

稅使李道: 李道,魯曾煜廣東通志作李鳳,云:"時稅璫李鳳召舶主入見。"卷五八頁一四至一五 考明史宦官傳梁永傳云:"……當是時,帝所遣中官,無不播虐逞兇者。湖口稅監李道劾降九江府經歷樊圃充,又劾逮南康知府吳寶秀,星子知縣吳一元,降臨江知府顧起淹。…… 廣東稅監李鳳劾逮鄉官通判吳應鴻等。鳳與珠池監李敬相仇,巡按李時華恃敬援劾鳳,給事中宋一韓言鳳乾沒五千餘萬,他珍寶稱是。吏部尚書李戴等,言鳳釀禍,致潮陽鼓譟,粵中人爭欲殺之,帝不問。"卷三〇五,頁一四 是李道爲湖口(江西地)稅使,李鳳爲廣東稅使,兩人各不相涉也。又明通鑑載李道事曰:"是歲(萬曆二十七年)南康知府吳寶秀及星子知縣吳一元,青山巡檢程資,亦以忤中官稅使李道被逮。"卷七二頁九 又曰:"夏四月(萬曆二十九年之四月)乙酉,……會江西湖口稅使李道奏奉【陳奉】水阻商舟,陸絕販運,剝民病國,上乃召奉還。"卷七二頁二 其載李鳳之事曰:"二月(萬曆二十七年二月)壬子,分遣中官劉成榷稅浙江,李鳳採珠廣州。時百戶張宗仁千戶陳保等請復浙江廣東並福建市舶司,詔成鳳兼領浙江廣東市舶司稅課。"卷七二頁

一　又曰:"壬辰(萬曆二十七年十月),命中官李鳳徵收廣東土物。"卷七二頁七又曰:"三月(萬曆三十年三月)甲申,……是時廣東李鳳,廣西梁永竝以礦稅激民變。"卷七二頁二八據通鑑言,李道爲湖口稅使,自萬曆二十七年至二十九年,似無移動。而李鳳之任廣東稅使,亦不聞有遷調之說。本傳據洋考引通志之文,疑通志之李榷使爲李道,蓋失考也。

海澄人李錦及奸商潘秀郭震久居大泥,與和蘭人習,語及中國事。錦曰:"若欲通貢市,無若漳州者,漳南有彭湖嶼,去海遠,誠奪而守之,貢市不難成也。"其酋麻韋郎曰:"守臣不許,奈何?"曰:"稅使高寀嗜金銀甚,若厚賄之,彼特疏上聞,天子必報可,守臣敢抗旨哉?"

海澄:　舊名月港,本龍溪縣八九都地,明世宗嘉靖四十四年,因倭寇之亂,講求海防,設縣於此。詳見佛郎機傳月港條下。

奸民勾引和商:　李錦潘秀郭震三人事跡,其詳不可考。其導和人入閩事,明神宗萬曆三十二年十一月實錄云:"兵部覆福建巡撫徐學聚等奏,'紅番闖入內洋,宜設法驅回,以清海徼,勾引奸民潘秀張嶷等均應究處。'上曰,'紅毛番無因忽來,狡僞叵測,着嚴行拒回呂宋也。着嚴加曉諭,毋聽奸徒煽惑,擾害商民,潘秀等依律究處。'"卷四〇三　兩朝從信錄載天啓二年十月兵部疏云:"紅毛夷部落種,殊不可考。萬曆三十三年(此誤,當作三十二年),實以兵船,泊閩之彭湖嶼,奸民潘秀等實勾引之。"卷一五頁七東西洋考紅毛番篇云:"澄人李錦,久駐大泥,與和蘭相習,而猾商潘秀郭震亦在大泥,與和蘭貿易往還。忽一日與酋麻韋郎談中華事,錦曰,'若欲肥而槖,無以易漳者,漳故有彭湖嶼在海外,可營而守也。'酋曰:'倘守臣不允奈何?'錦曰:'寀璫在閩,負金錢癖,若第善事之,璫特疏以聞,無不得請者,守臣敢抗明詔哉?'"卷六頁一五　按本傳所據,卽洋考之文,他書所載,雖文有詳略,然大體與洋考均同,則是奸民李錦等導和商入閩事爲不虛。實錄所載張嶷事,詳見東西洋考呂宋篇,特其所言爲倡言採金呂宋事,與導引和商入閩無關。

麻韋郎:和酋之名,東西洋考紅毛番篇與此同作麻韋郎,兩朝從信錄載南居益奏捷疏作韋麻郎,云:"紅夷之睥睨彭湖自韋麻郎始。"卷二三頁三八　從信錄又或作常麻郎粟葛,云:"自萬曆甲辰七月,紅夷常麻郎粟葛,聽高寀句外【勾引】,以千人爲巨船,索互市于彭湖,至毀軍門牌示。"卷一一頁三四　按"韋麻郎"當卽Wybrand之譯音。且以年代考之,與Wybrand Van Warwick東來之事正同。依此推斷,韋麻郎爲明人對Warwick之簡稱也。其作麻韋郎者,蓋爲"麻""韋"二字倒置之誤。其作常麻郎粟葛者,"常"字爲"韋"字之誤,而"粟葛"二字,疑爲誤增。

高寀:順天文安人,其使閩督稅,在萬曆二十七年。東西洋考稅璫考載其事甚詳,此從略。

酋曰,"善"。錦乃代爲大泥國王書,一移寀,一移兵備副使,一移守將,俾秀震齎以來。

東西洋考紅毛番篇云:"酋曰,'善'。乃爲大泥國王移書閩當事,一移中貴,一兵備觀察,一防海大夫,錦所起草也。俾潘秀郭震齎之以歸。"卷六頁一六 又稅璫考篇云:"三十二年(萬曆),澄商潘秀郭震等攜渤泥國王文,以和蘭夷求市爲請,稱渠錦囊所載舊浯嶼,元係彼國通商處所,乞循故事。"卷八頁二 按大泥國王無考,疑指和人駐守於此者言。洋考所言之"中貴人,"即傳文高寀。"防海大夫,"即傳文守將,指陶拱聖言。"兵備觀察,"即傳文兵備副使,其指何人言,待考。

守將陶拱聖大駭,亟白當事,繫秀於獄,震遂不敢入。初秀與酋約,入閩有成議,當遣舟相聞,而酋卞急不能待,即駕二大艦,直抵彭湖,時三十二年之七月,汛兵已撤,如入無人之墟,遂伐木築舍,爲久居計。

東西洋考紅毛番篇云:"防海大夫陶拱聖聞之大駭,白當道,繫秀於獄,震續至,遂匿移文不投。初秀與夷約,入閩有成議,遣舟相迎,然夷食指既動,不可耐,旋駕二巨艦及二中舟尾之而行。亡何,已次第抵彭湖,時萬曆三十二年七月也。是時汛兵俱撤,如登無人之墟,夷遂伐木築廠,自以鱗介,得窺衣裳矣。"卷六頁一六 西人稱:"和蘭人首至彭湖者爲 Wybrand Van Warwick 將軍,彼於一六〇四年六月二十七日(萬曆三十二年六月初一日),自大泥(Patanei)駛向中國,原擬至澳門,後因暴風所阻不得至,遂沿海東行,於八月七日(中曆七月十二日)停泊於澎湖西岸之港灣。" Campbell: Formosa under the Dutch, p.26. 按洋考所記,其年月與此悉同,惟至澎湖之日,洋考未載,然年月既同,其日亦當無誤,故和人至澎湖,當以是時爲始。又前引 Ljungstedt 之言,謂 Warwick

於一六〇四年至澳門續求通商,野獲編以此事置之萬曆三十三年即西曆一六〇五年,此則言欲至澳門而未得。疑 Warwick 先至澎湖,因通市未成,故轉薄澳門。其離澎湖之日,洋考稱在是年十月二十五日,則其泊駐澳門,當在萬曆三十二年與三十三年之交可知, Ljungstedt 稱其在一六〇四年者,爲東來之日也,野獲編稱在一六〇五年者,爲停舶澳門之日也, Campbell 未言其事者,略去故也。所舉不同,其事則一,固無可惑。

守將陶拱聖:陳壽祺福建通志云:"陶拱聖南昌舉人,萬曆間任。苦節自持,饘粥粗糲,恂然寒素。凡所措置,躬自綜覈。擢知延平府。"卷一三八頁八

錦亦潛入漳州偵探,詭言被獲逃還,當事已廉知其狀,并繫獄。已而議遣二人,諭其酋還國,許以自贖,且拘震與俱。三人既與酋成約,不欲自彰其失,第云我國尚依違未定。而當事所遣將校詹獻忠齎檄往諭者,乃多攜幣帛食物,覬其厚酬,海濱人又潛載貨物往市,酋益觀望不肯去。

東西洋考紅毛番篇云:"李錦徐挈得一漁舟,附之入漳偵探,詭云爲夷所虜逃還。當事者已廉知其蹤。詷議使錦秀諭令夷人還國,許以自贖,并拘郭震與俱。錦等旣與夷首謀,不欲自言其不售,第云我國尚在依違而已。材官詹献忠捧檄往,乃多攜幣帛瓜酒,覬其厚償。海濱之人,又有潛裝華貨往市者,夷益觀望不肯去。"卷六頁一六

詹獻忠:事無考。

當事屢遣使諭之,見酋語輒不競,愈爲所慢,而案已

遣心腹周之範詣酋,說以三萬金餽寀,即許貢市,酋喜與之盟已就矣。

皇明法傳錄續紀云:"九月(萬曆三十四年九月,傳錄有誤),稅監高寀私以紅毛夷人市貢:閩南路屬有紅毛夷,不知其何種,駕巨艦如山,至近島求市,且請金錢數十萬上供,而厚爲稅璫壽,璫大喜,私許其市。"卷六頁二二至二三 東西洋考紅毛番篇云:"……屢遣官諭之,比見夷,語輒不讋,夷視之如發蒙振落也。而寀璫已遣親信周之範馳諸海上,與夷訂盟,以三萬金爲中貴人壽,貴人從中持之,盟已就。"卷六頁一六 又稅璫考篇云:"夷舟徑趨彭湖,當事者嚴絕之,紅夷則遣人厚賂寀。大將軍朱文達者,與寀厚善,嘗以其子爲寀乾子,寀謀之文達曰:'市幸而成,爲利不貲,第諸司意有佐(?)佑(?),惟公圖之。'文達喇喇向大吏言,紅夷勇鷙絕倫,戰器事事精利,合閩舟師,不足攖其鋒,不如許之。寀遣周之範往報夷,因索方物,夷酋麻韋郎贈餉甚侈,并遣通事夷目九人赴省,候風未行。"卷八頁二

周之範:事無考

會總兵施德政令都司沈有容將兵往諭。有容負膽智,大聲論說,酋心折,乃曰:"我從不聞此言"。其下人露刃相詰,有容無所慑,盛氣與辨,酋乃悔悟。

沈有容宣諭和酋:東西洋考紅毛番篇云:"會南路總兵施德政遣材官沈有容將兵往諭。沈多才略,論說鋒起,從容謂夷曰:'中國斷不容遠人實偪處此,有誑汝逗留者,即是愚爾,四海大矣,何處不可生活。'嗣又聞璫使在此,更曰:'堂堂中國,豈乏金錢巨萬萬,爾爲鼠輩所誑,錢既不

返,市又不成,悔之何及'。 麻郎見沈豪情爽氣,歎曰:'從來不聞此言'。 旁衆露刃相語,曰:'中國兵船到此,想似要與我等相殺,就與相殺何如'? 沈厲聲曰:'中國甚慣殺賊,第爾等既說爲商,故爾優容,爾何言戰鬪,想是元懷作反之意,爾未覩天朝兵威耶'? 夷語塞。''卷六頁一六至一七 兩朝從信錄載兵部奏疏云:''……何以生心而至,何以未飽而颺(指和蘭來彭湖與去彭湖言),我不過憑降夷者之三寸,第聞沈有容以美食饋之,以甘言退之耳。''卷一五頁七 按兩書所載,語意不同,疑洋考有誇飾意。

施德政: 字正之,太倉人。 其與稅璫高寀事,皇明法傳錄續紀云:''……參將施德政聞之(指寀允和商通市言),謂此市開,是延寇也,力言于御史。 御史奏之,謂若許其入貢,禍閩將無已時,上可其奏。 璫大恨德政。 會德政召入禁旅,或語璫是其橐中多珍異,胠其篋可富也;且可釋憾。遣人禦之途,發篋,廪數金而已。 復藉以還之,而傳聞者,遂謂德政爲璫所攫云。''卷六頁二二至二三 又東西洋考稅璫考篇云:''……參將施德政已奉憲檄遣沈有容諭夷無爲細人所誤,德政整兵料羅,少候進止。 麻韋郎知當事無互市意,乃乘風歸,寀竟上疏,爲夷乞市,上俞中丞及御史言,置璫疏不納,海上人悉北向稱萬歲。 寀聞之頓足曰,'德政乃敗吾事',蓋從此思甘心之矣。 明年,德政擢神機營右副將軍後軍都督,文達(朱文達)私語寀,如許歸,裝悉異香大貝,寀心動,遣數百人邀之途,掠其裝以去,既胠篋,無他長物,始遣還。''卷八頁三

沈有容: 宣城人,事詳明史本傳。

令之範還所贈金，止以哆囉嗹玻璃器及番刀番酒餽寀，乞代奏通市，寀不敢應。而撫按嚴禁奸民下海，犯者必誅，由是接濟路窮，番人無所得食，十月末，揚帆去。

東西洋考紅毛番篇云："………恐爲之範所賣，乃呼之範索所餉金錢歸，只以哆囉嗹玻瓈器及夷刀夷酒遺璫將乞市夷文代奏，而都御史若御史各上疏請剿，於是德政嚴守要害，厲兵拭甲，候旨調遣。兵民從海外入者，一錢不得著身，挾錢者治如法。蓋接濟之路遂窮，又聲言預作火攻之策，夷度玆事，必無濟理，又且坐困，乃以十月二十五日掛帆還。"卷六頁一七 Campbell 稱 Wybrand Van Warwyk 停住澎湖甚久，蓋以待華官答覆，是否允其至內地通商也。後彼視通市之要求，終歸無望，遂於十二月十五日（一六〇四年）離澎湖而去。"譯自 Campbell Formosa under the Dutch p.26 按西曆之十二月十五日，適當中曆十月二十五日，洋考所載誠是。又和人於是年七月至澎湖，至十月二十五日去，以常年度之，蓋四月，然以是年閏九月，多出一月，合之當爲五閱月，而兩朝從信錄載兵部奏疏稱和人"六閱月揚帆而去"卷一五頁七，誤也。

巡撫徐學聚劾秀錦等罪，論死，遣戍有差。

陳壽祺福建通志："奸商引紅毛泊澎湖，求互市，倚高監稅寀爲奧援，學聚抗疏，陳八評五患，請毋輕縱，貽閩海禍。"卷一二九，頁六至七

徐學聚：浙江蘭谿人，金華府志云："徐學聚字敬輿，萬□【曆】癸未進士。任浮梁知縣，盜賊充斥，窨鎮無賴，多

窟穴其中,聚至設法解散之。調吉水,會連年水旱,斗米千錢,聚多方賑濟,民賴以生。葺文興閣,築河堤三十餘里,人稱爲徐公堤。特建仁文書院,及劍氣樓,各置用以贍學者。擢吏科給事中,疏請勤召對。建元良蚤諭教,又爲雪李督撫冤,裁黔國非分請,以暨究江西宗室暴横,當道忌之。出湖廣僉事,陞江西督餉參議,尋擢山東提學副使,陞河南按察,轉福建布政。奸民吳建糾白蓮數千餘人謀叛,旦夕將發,聚設計擒之,全閩底定。晉巡撫,賜白金文綺。漳有守備劉謀不軌,聚廉知捕之伏辜。奸民引紅毛駕夾板三艘,泊彭河〔湖〕,求互市,倚高稅監爲奥援,勢甚張,聚抗疏陳八誣五患,毋輕縱,致貽閩海禍。高監擅利,聚復疏其惡,而以稅額歸有司。漳泉海寇爲患,聚傳檄責問,數年不敢窺內地。七疏乞歸,閩人立祠尸祝焉。天啟間,贈副都御史,予祭葬,議諡。" 卷十七,頁二一至二二

然是時佛郎機横海上,紅毛與爭雄,復汎舟東來,攻破美洛居國,與佛郎機分地而守。

和蘭攻取美洛居地,見東西洋考美洛居篇云:"美洛居,俗譌米六合,東南海中,稍蕃富之國也。……先是佛郎機來攻,國人狠藉請降,赦其酋,令守舊爲政於國,歲輸丁香若干,不設兵戍,令彼國自爲守。和蘭既輈張海外,無安頓處,忽舟師直搗城下,虜其酋,語曰:'若善事吾,吾爲若主,殊勝白頸(原註:佛郎機皆白頸,故云)。'酋唯唯,又裨理國事如故。佛郎機聞之怒曰:'悔不殺奴,汙吾刃,奴故反耶?'亟治兵征美洛居,驅澗內華人,命當一隊,刑法酷急。華人中途殺夷王,駕其舟遯歸,事具呂宋考。王子自朔霧馳還呂宋,

嗣立爲王,飲恨久之,益出兵竟父所志。紅夷雖主美洛,每一二載,大衆輒返國,既去復來。呂宋王兵抵境外,值紅夷空國言返,斬關以入,遂殺美洛居酋,立所親信主之。紅夷繼至,復破呂宋酋,逐之去,更立美洛居酋子爲嗣。自是每歲征(?)鬬,遞爲勝負,華人某者,流寓彼中,慧而黠,有口辯,游說兩國間,分萬老高山山半爲界,山北屬和蘭,而山南屬佛郎機,各罷兵並雄玆土。" 卷五頁十一 按美洛居即今之摩鹿加島(Molucca),先於一五一一年爲葡萄牙所發見,一五二〇年,麥哲倫之艦隊,亦曾至此,自是以後,西葡兩國,爭之甚急。一五二九年,西班牙王査理第五(Charles V)與葡萄牙王約翰第三(John III)締結條約,葡王納三十五金得克(Gold ducats)於西班牙,西班牙即允將此島,歸屬於葡,不復相爭。一五八〇年,西葡兩國合併,其在東方之利益,亦自爲兩國所共有,於是西班牙亦得在摩鹿加島,通商貿易。和蘭最初奪取摩鹿加島,在其獨立成功之後,至其年代,則未能確指。西人稱一五九三年(明萬曆二十一年),西班牙鎮守呂宋之總督,因和蘭據摩鹿加不去,興師討之。此即洋考所稱役使華人征美洛居事也。一六〇六年(明萬曆三十四年),呂宋總督復遣Pedro Bravo de Acuna征摩鹿加島,降一與和蘭親善之土酋。此當即洋考所言"遂殺美洛居酋,立所親信主之"之事也。一六〇七年(明萬曆三十五年),和人復率舟侵摩鹿加,停舶於Ternate島,西班牙人聞之,遣Pedro de Heredia率兵攻之,擒其將領。一六一一年(明萬曆三十九年),呂宋總督Juan de Silva率艦至摩鹿加,敗和人於Gilolo島。以上所言多據 John Foreman: The Philippine Islands 大抵西班牙與和蘭在東洋之衝突,幾爲年所必有,至所謂分老萬高山山半爲界之事,未詳。

後又侵奪臺灣地,築室耕田,久留不去,海上奸民,闌出貨物與市。

侵奪臺灣: 余文儀臺灣府志引舊志云:"天啟元年,漢人顏思齊爲東洋國甲螺(原註:東洋卽今日本,甲螺卽頭目之類),引倭屯於臺,鄭芝龍附之,尋棄去。久之,荷蘭紅毛舟遭颶風飄此,愛其地。借居於土番,不可,乃紿之曰:'得一牛皮地足矣,多金不惜',遂許之。紅毛剪牛皮如縷,周圍圈匝已數十丈,因築臺灣城居之(原註:今安平城)。已復築赤嵌樓與相望,設市於城外,而漳泉之商賈集焉。"卷一頁六 又小腆紀年云:"天啟中,日本倭逐琉球而踞之,海澄人顏思齊者,謀奪日本國,計洩,與其黨楊天生陳衷紀等二十八人竄臺灣,鄭芝龍附焉。思齊死,芝龍領其衆。尋就撫。荷蘭紅毛夷遭風泊臺灣,乞於日本,以臺灣爲互市地,不許,則曰:'願得地如牛皮,多金不惜',許之,乃剪皮爲絲,圍城里許入居之。旋誘以天主教,逐日本而有之。"卷二〇頁七至八 此言和人之據有臺灣,係得之日本,且以詐術得也。按"得地如牛皮"之說,西班牙之據呂宋,亦同乎此,說見名山藏王享記呂宋篇,及東西洋考呂宋篇。其說發生之原因及年代,今無可考,然爲言荒誕,不足爲徵,則無可疑。日本先和蘭而至臺灣,自爲可信,蓋倭奴爲患,與明相終始,沿海島嶼,爲其巢穴,澎湖臺灣,尤爲出沒淵藪,其屯聚臺灣,遠在和蘭之先。然假地以居,則無可考。考和人停居臺灣,始自一六二二年(明天啟二年),而其據有此土,則自一六二四年(明天啟四年)始也。Campbell稱一六二二年六月間,和蘭水師將領Peyerszoon駛向澎湖,"時奉一緊急命令,必須於澎湖附近地,尋一駐紮之所,彼等遂於臺灣南端之地,與Tayouan島(今安平城所在地)相近處,尋港泊居。此地去澎湖約十二或十三英里,其食料供給,悉由小艇輸送。港內水深十一英尺,水程彎曲,大舟不能駛入,其居於此,不無困難。"譯自Camebell: Formosa under the Dutch. p. 27.按和人東來,初無定居之地,澎湖及東南沿海各島,爲其巢穴,臺灣去澎湖密邇,亦爲舟船所經,蓋有可信,然此時之停泊,僅爲暫時之居留計,尙無長期經營謀也。一六二四年,和蘭離澎湖而至臺灣,是爲和人久居臺灣之始。然其入居一事,據西人說,爲由於條約之允許(見下文),而在吾國史籍之所載,則言其退出澎湖,乃由於南居益之驅除(見下文),考和人移居臺灣,是否爲中國所預許,吾國載籍,未有明文。明熹宗天啟三年正月實錄載商周祚奏疏,內有"但不係我汛守之地,聽其擇便拋泊"一語。卷三〇　臺灣時不隸中國版圖,自非汛守之地,和人移至於此,亦自不在禁止之列。然五年四月實錄,載南居益題奏云:"……近據諜者言紅夷消息,尙泊數船於東番(指臺灣言),將有事於呂宋。夫呂宋我之屬國,今商民乘春水赴之者甚衆,遭於洋必無幸矣,可虞者一。東番倭寇之藪,今雖暫異於夷,久之啖夷利,勢將復合,小則刼洋,大則要市,滋蔓難圖,可虞者二。即亡論紅夷東番之寇,率倚陸梁,附於夷固爲我患,不附夷亦自能爲我患。"卷五八是蓋以和人據臺灣爲憂,似非先已知之者,尤非預允可知。按和人東來,盤據澎湖,要求互市,自天啟二年至天啓四年,其間與中國守土官吏商礎者,蓋不只一次,中國官吏,爲其速離澎湖計,或有暗許其退至臺灣之意,然必無所謂締結條約,如西人所言之確。至其最終退據臺灣,則實由於南居益之驅除,史有明文,無可掩矣。

爲久居計:和人自一六二四年移至臺灣,卽開始經營,至淸順治十八年(一六六一年)始爲鄭成功所逐出,其間蓋三十八年也。其經營臺灣,第一爲城堡之建築,余文儀臺灣府志載其所築之城堡曰:"赤嵌樓:在鎭北坊,荷蘭所築也,又名紅毛樓,雕欄凌空,鄭氏以貯火藥軍器,今漸圮。紅毛城:在安平鎭,亦名安平城,又名赤嵌城。荷蘭于一鯤身頂築小城,又遶其麓而周築之爲外城。城垣用糖水調灰疊磚,堅埒于石。凡三層,下一層入地丈餘,而空其中,凡食物及備用者悉貯之。雉堞俱釘以鐵。廣二百七十七丈六尺,高三丈有奇。女陴更寮,星聯內城。樓屋曲折高低,棟梁堅巨,灰飾精緻。瞭亭螺梯風洞機井,鬼工奇絕。近海屋牆,年久傾圮,潮水輒至城下。東南由瀨口陸行□鯤身三十里,可至鎭渡頭。……淡水砲臺:在淡水港口,荷蘭時築。鷄籠城:在大鷄籠島上,西南兩門,荷蘭時築。鷄籠砲臺:在鷄柔山社南屘尾莊界,與淡水港口砲臺對峙,荷蘭時築,以防海口。"卷一九頁一按赤嵌樓卽赤嵌城,在臺灣之南,與安平鎭相對。余文儀臺灣府志引舊志云:"辛丑(淸順治十八年,西曆一六六一年)鄭芝龍子成功,自江南敗歸,其勢日蹙,孤軍夏門,適甲螺何斌負債逃廈,誘成功取臺地,舟至鹿耳門,乘大霧駢進,荷蘭歸一王以死拒戰,成功告之曰:'此先人故物,今珍寶聽而載歸,地仍還我',荷蘭知不敵,乃遁去。成功遂入據之,改臺灣爲安平鎮,赤嵌爲承天府,總名東都。"卷一頁六　郁永河裨海紀遊云:"臺之民,土著者是爲土番,言語不與中國通,況無文字,無由記說前代事。迨萬歷間,復爲荷蘭人所有,建臺灣赤嵌二城,考其歲爲天啟元年。"又附註云:"臺灣城今呼安平城,赤嵌城今呼紅毛樓。"小方壺齋輿地叢鈔轉,第九帙,頁一五〇　林謙光臺灣紀略云:"赤嵌城亦係紅毛所築,在臺灣海邊,與安平鎮相向,其城方圓,不過半里。"同上第九帙,頁一三七　黄叔璥臺灣使槎錄云:"……第一鯤身上建安平鎮,……橫渡至赤嵌,乃爲水師戰艦商民舟楫止宿停泊之所。"其於安平鎮註曰:"城方圓一里",其於赤嵌註曰:"其城名曰紅毛樓,方圓半里,在海邊。"同上,第九帙,頁一四四　是安平與赤嵌爲兩城也,府志於紅毛下云:"亦名安平城,又名赤嵌城,以二城爲一城,誤。Campbell 稱:"一六五三年(清順治十年)荷人於臺灣之 Sakan 地,築一方城,名曰 Provintia,以防華人及番民。其地與 Zeelandia 堡,隔海相望。譯自 Campbell: Formosa under the Dutch.-p.388 Sakan 當即赤嵌之譯音,清臺灣府治之舊基也,和人築城於此,華人遂以地名名之,故曰赤嵌城,或曰赤嵌樓也。紅毛城一曰臺灣城,其名安平城者,爲鄭成功所改,西人名之曰 Zeelandia。其建城之地,中國名曰一鯤身島,西人曰 Tayouan 島。Campbell 載和人建城於此之事曰:"Tayouan 自西北向東南行,長約二零二分之一海里,寬約四分之一海里,田瘠多沙,僅可種植波蘿果樹等,然華人通商於此者近萬人,土著尚不與焉。一六三二年(明崇禎五年),和人於此島北部之一山上,建城名 Zeelandia。城方形,分內外二層,外層備陳防禦之具。城之西,別建小壘一所,以備海防。城之東,去一箭之地,別建一要堡曰 Utrecht,高約十六英尺,均以堅石爲之,外復繞以柵。其東爲一市鎮,亦爲和人所建,再東則爲海濱矣。"譯自 Campbell: Formosa Under the Dutch p. 8 林謙光臺灣紀略亦言其事,其說與府志同。蓋此爲和人在臺灣最先所築之城也。淡水砲臺:黃叔璥臺灣使槎錄云:"上淡水在諸羅極北,中有崇山大川,深林曠野,南連南嵌,北接雞籠,西通大海,東倚層巒,計一隅可二百餘里,洵扼要險區也。外爲淡水港,八里岔山在港南,圭柔(原注:一作雞柔)山在港北,兩山對峙,夾束中流。……圭柔山麓爲圭柔社,由山西下數里,有紅毛小城,高三丈,圍二十餘丈,今圮。"小方壺齋輿地叢鈔輯,第九帙,頁一四三　郁永河裨海紀遊云:"蓋淡水者臺灣西北隅盡處也。高山嵯峨,俯瞰大海,與閩之福州府閩安鎮東西相望,隔海遙峙,計水程七八更耳。山下臨江陴睨,爲淡水城,亦前紅毛爲守港口設者。"同上,第九帙,頁一五六　此所言之紅毛小城淡水城,即府志所稱之淡水砲臺也。雞籠砲臺:使槎錄云:"自淡水經楓仔嶼嶺,上下十里過港,至雞籠,山高多石,上即雞籠社,稍進爲雞籠港,港道狹隘,港口有紅毛石城,非圓非方,圍五十餘丈,高二丈。"同上,第九帙頁一四五　此言紅毛石城,即府志之雞籠砲臺也。雞籠城在大雞籠島,大雞籠島亦作大雞籠嶼,府志有圖可按。以上諸城堡,大抵皆言爲和人所築,然赤嵌安平兩城,其爲和人所築無疑,而淡水雞籠二小城,則另有他說。春明夢餘錄載給事中傅元初之奏疏云:"……海濱之民,惟利是視,走死地如鶩,往往至島外甌脫之地曰臺灣者,與紅毛番爲市,紅毛業據之以爲窟穴……而呂宋佛郎機之夷,見我禁海,亦時時私至雞籠淡水之地,奸民闌出者市貨。"卷四二頁三四 是雞籠淡水於和人佔據臺灣期內,亦曾爲西班牙所盤據也。西人稱西班牙人,於一六二六年(明天啓六年)入據雞籠,築山嘉魯城(San Salvador),一六二九年(明崇禎二年)復入淡水,築多㠠古城(San Domingo),意在與和人共競東方貿易。一六四二年(明崇禎十五年),淡水雞籠諸城堡,悉爲和人所據有。是淡水雞籠諸堡,先爲西班牙人所築,所謂和人築者,蓋非確論。和人據臺灣後,除武備上之構置外,尙闢荒萊,宣宗教,立學校,然吾國史書,多闕焉不詳,茲從略言之。

已又出據彭湖,築城設守,漸爲求市計。

出據彭湖: 明熹宗天啟三年正月實錄云:"福建巡撫商周祚言,'紅夷自六月(天啟二年六月)入我澎湖,專人求市,辭尙恭順。及見所請不允,實駕五舟,犯我六敖。六敖逼近漳浦,勢甚岌岌。該道程再伊,副總兵張嘉策多方捍禦,把總劉英計沉其一艇,俘斬十餘名。賊遂不敢復窺銅山,放舟外洋,拋泊舊浯嶼。此地離中左所,僅一潮之水,中左所爲同安海澄門戶,洋商聚集于海澄,夷人久垂涎,又因奸民勾引,蓄謀幷力,遂犯中左,盤據內港,無日不搏戰,又登岸攻古浪嶼,燒洋商黃金房屋船隻,已遂入泊圭嶼,直窺海澄,我兵內外夾攻,夷驚而逃。已復入夏門,入曾家澳,皆即時堵截,頗被官兵殺傷。……"卷三〇 吳聯薰漳州府志云:"天啓二年,紅毛據彭湖,由鷺門逼圭嶼,海澄知縣劉斯崍守計甚備,賊退。"卷四七頁二七 Campbell稱:"和蘭東印度公司因屢次通好中國,而志不得隨,遂於一六二二年,再遣Reyerszoon來華,意在奪取澳門或至漁人島(指澎湖言),尋視機會,以與中國通商。Reyerszoon奪取澳門,爲葡人所敗,且途中遭遇火藥炸裂,受損失亦甚鉅,於是率數舟於六月二十九日(中曆五月二十一日)舦往澎湖。" Campbell: Formosa under the Dutch p.27 按和人之入據澎湖,商周祚言在天啓二年六月,以Campbell所言證之誠是。Campbell記是年和人據守澎湖及侵犯福建沿海諸島事,言之甚詳,然所記島名及侵犯事,於吾書多不可考,姑從實錄說。

築城設守: 余文儀臺灣府志引赤嵌筆談云:"澎湖亦有紅毛城,久廢。"卷一九頁二 又府志樓堞篇云:瓦硐銃城(隸澎湖廳),和蘭所築,……城今圮。"同上 又山川篇云"紅毛城澳在廳治(澎湖廳治)北二里媽宮之後。" 卷一頁二一又澎湖廳圖有紅毛城介於紅毛城澳及瓦硐港澳之間。Campbell稱:"八月二十二日(指一六二二年言,中曆爲天啓二年七月十二日)和人(指舦向中國海岸者言)復舦回澎湖下椗,及至此,見留居該地之和人,正忙於建一堡壘,此堡壘成四角形,其上置大砲二十尊。"譯自Campbell: Formosa under the Dutch. p.28. 按府志所載之紅毛城瓦硐銃城,皆和人建以自衛者也。紅毛城澳,蓋因近紅毛城而得名者也。其建城之始,以Campbell之言考之,即在和人入居澎湖時。

守臣懼禍,說以毀城遠徙,即許互市,番人從之。

陳壽祺福建通志載商周祚宦績云:"商周祚,會稽人。………… 閩故無紅夷……天啟初,奸民潘秀賈大泥,引據澎湖(此作天啓初誤)。…… 其酋曰高文律,遣譯者來,有'與我市如濠鏡澳,不且騷而疆'。周祚檄將吏,飭兵爲備,於是大帥徐一鳴與戰銅山中左所,巡海道高登龍亦拮据防禦,俱有斬獲。周祚復諭夷使歸,遂俛首聽命,願市於咬𠺕吧。"卷一二九,頁七至八 明熹宗天啟三年正月實錄載商周祚奏疏云:"……於是遣人請罪(指和人言)仍復求市。蓋夷雖無內地互市之例,而閩商給引販咬𠺕吧者,原未嘗不與該夷交易。今許止遵舊例,給發前引,原販彼地舊商,仍往咬𠺕吧市販,不許在我內地,另開互市之名。諭令速離彭湖,揚帆歸國。如彼必以候信爲解,亦須退出海外別港以候,但不係我汛守之地,聽其擇便拋泊。惟嚴防要害,內固吾圉,倣北地清野之法,收斂人畜,伺其侵犯,或乘下艇,或誘登岸,以計擒之。如彼奉約無擾,我但治以不治。"卷三〇 按傳文所言"毀城遠徙,即許互市",指市咬留吧言,非通市內地也。守臣說夷事. Campbell稱:"八月二十三日(指一六二二年言,中曆爲天啟二年七月十七日),復有二小艇,自中國海岸駛回澎湖,言彼等於離中國海岸時,留一小舟,幷水手數名及所用武器等,藏於一地。且言彼等爲此,亦曾受中國人之助(當指勾引者言)。此數小艇之駛往中國海岸,蓋欲視察與中國通商之事,是否可能。然因中國官吏之遲緩,致曠誤日久,最後允遣一人至澎湖,詢問和人之意見。後所遣之人至澎湖,然於通商之事,終無結果,至此和人始知中國不欲其居留澎湖,而欲其移舟速去,然此則爲和人所大不喜也。"譯自 Campbell: Formosa under the Dutch, p.28 此言華官曾親至澎湖說夷也。按說夷事亦見商周祚之奏疏,謂"臣行南路副總兵張嘉策節次禁諭"(見後文),此與西文所記,是否爲一,未可知,然疑傳文所言守臣,或即張嘉策也。"番人從之"之文,西人所記無此語。明熹宗天啟三年九月實錄載南居益疏,稱:"紅毛一種,前撫臣商周祚殫心籌書,業已頫首就降,指天說誓,自謂拆城遠徙,而何彭湖之修築如故。"卷三八 是言和人曾欲移舟去也。再下文有商周祚紅夷遵諭遠徙之奏疏,亦似和人欲去。然考之當時情勢,和人無欲去澎湖之理,其時守臣與和商談判之情形,史文有闕,今不可考,然此語終不能無疑。

天啟三年,果毀其城,移舟去,巡撫商周祚以遵諭遠徙上聞,然其據臺灣自若也。

明熹宗天啟三年四月實錄云:"巡撫福建右僉都御史商周祚以紅夷遵諭拆城徙舟報聞,命該部知之。"又曰"……然此夷所恃巨艦大砲,便於水而不便于陸,又其志不過貪漢財物耳。既要挾無所得,漸有悔心,諸將懼禍者,復以互市餌之,彼拆城遠徙,故弭耳聽命,實未嘗一大創也。"卷三三 據此則和人果移舟遠去矣。然細考是年歷史,和人無離澎湖事,當是商周祚僅憑守臣之言,而於事實未加深察,即具遵諭遠徙之奏疏,實則和人未去也。

據臺灣自若:按此語於傳文凡數出,揣其意即以和人之經營臺灣,先於澎湖;且傳文先言"奪臺灣地,"而後言"出據澎湖,"則於此意尤爲明顯。然和人之據守澎湖,自天啟二年至四年,其間雖亦涉跡臺灣,然其中心地,則仍爲澎湖耳。至其正式經營臺灣,則自天啟四年和人之退出澎湖始,前已言之矣。疑作史者於此有未明。

商周祚:會稽人。萬曆戊戌進士,天啟間巡撫福建。

已而互市不成,番人怨,復築城彭湖,掠漁舟六百餘艘,俾華人運土石助築。

番人怨:明熹宗天啟三年六月實錄云:"巡撫福建候代商周祚奏言:'紅夷久據澎湖,臣行南路副總兵張嘉策節次禁諭,所約拆城徙舟及不許動內地一草一木者,今皆背之。犬羊之性,不可以嘗理測,臣姑差官齎牌,責其背約,嚴行驅逐。如夷悍不聽命,順逆之情,判於茲矣。惟有速修戰守之具,以保萬全,或移會粵中,出奇夾擊。但師行糧從,無餉則無兵,……上以紅夷久住,著巡撫官督率將吏,設法撫諭驅逐,毋致生患,兵餉等寺(事字誤),聽便宜行。'"卷三五　按和人本無去澎湖意,此言順而復叛者,蓋於和人有未明也。

復築澎湖:Campbell稱:"一六二三年三月三十日(中曆天啟三年二月三十日),和人獲華人二小艇,一小漁舟,及華人二十七人。五月間,復獲一艘向馬尼拉之華船,上載貨物甚多,并華人二百五十人。和人俱將彼等俘至澎湖,然此時澎湖被獲之華人,已數百名矣。此等被俘之華人,均蓄長髮,可自頂至踵。其髮綰於頂上,中貫一針,可不披散。(按此爲明人蓄髮之制)……當荷人俘擄華人至澎湖時,使之担土築堡,及堡築畢,則轉賣於Bantam爲奴隸,計被賣華人,凡千四百或千五百人也。譯自Campbell: Formosa under the Dutch. pp. 29—30　Ljungstedt稱:"和人於攻取澳門失敗後,即駛至澎湖,築堡自守,惟工人稀少,不足役使,遂至福建瀕海之地,奪獲小舟六十隻,而被俘華人,則不知凡幾。其因飢餓及虐使而死者不可計,而其發遣爪哇役爲奴隸者,約爲千四百人或千五百人。或言其死於虐使及飢餓者,爲數亦與此相等。"譯自 Ljungstedt: the Portuguese Settlements in China pp. 32—33. 按和人虐使華人助築澎湖事,亦見於御史游鳳翔之奏疏,明熹宗天啟三年八月實錄載其疏云:"臣閩人也。閩自紅夷入犯,就澎湖築城,脅我互市。及中左所登岸,被我擒斬數十人,乃以講和愚我,以回帆拆城緩我,今將一年所矣,非惟船不回,城不拆,且來者日多,擒我洋船六百餘人,日給米督令搬石砌築禮拜寺于城中,進足以攻,退足以守,儼然一敵國矣。"卷三七 此言役使者,僅六百餘人耳。傳文言"掠漁舟六百餘艘",蓋"六百餘人"之誤。西人記述,與此懸殊太甚,疑失實。

尋犯廈門,官軍禦之,俘斬數十人,乃詭詞求款,再許毀城遠徙,而修築如故。

犯廈門: 按各書所載,無天啓三年和人犯廈門事。前註和人"出據澎湖"條,引天啟三年正月實錄所載商周祚奏疏,內有紅夷犯中左所事,中左所即廈門也(説見下文),則其犯廈門爲天啓二年事。又天啓三年八月實錄載游鳳翔奏疏,內有'總兵徐一鳴冒矢石督戰中左所,副總兵張嘉策閉城自守,不肯應援"等語,見實錄卷三七然此亦指天啟二年事言也。周凱廈門志山川篇言鴻山"有前明天啟二年,福建都督徐一鳴,遊擊將軍趙頗,攻勦紅夷,石刻題名"。卷二頁九 又於舊事志言天啟二年"冬十月,福建總兵官徐一鳴率兵駐中左所,勦紅夷"。附註謂"見鴻山寺石刻"。卷十六頁三 則是徐一鳴之剿紅夷於中左所,爲天啟二年十月事,當無可疑。資治通鑑綱目稱:"三年(天啓),紅夷復入中左所曾家澳,官軍禦却之。"厦志卷十六頁三引　然綱目之文,即商周祚奏疏"已復入厦門,入曾家澳"之文。作者以其奏疏,實錄置之天啟三年正月,遂疑爲天啟三年事,不知此乃周祚追述二年語也。竊以爲傳文所據,乃爲游鳳翔疏"及中左所登岸,被我擒斬數十人……"之文(見上文復築澎湖條)。然此亦鳳翔追述語也,作者不察,漫然書之於此,致使讀者疑爲天啟三年事,蓋有未愼。

求欵:史澄廣州府志崔奇觀傳云:"……明年(天啟四年)正月,疏糾漳南道程再伊,謂紅毛頭目高文律密求互市,再伊詐取三萬餘金,置酒海上享文律,文律酬之。乃遣哨官,假爲再伊赴飲,文律潛遣再伊夜明珠珊瑚樹,爲海澄知縣蒐獲。"卷一二〇頁一一頁一二 Campbell 稱:"其後(指一六二三年五月以後)和人復遣一商人名 John Van Melderd 者,以使臣名義,至厦門修好。攜函一通,爲華文所書,用以說明其來厦之目的。當其至厦門時,即有人導至一室,室內陳七桌,桌上覆布直垂地下,而每桌之旁,有一華官在坐。華官要其先行跪叩之禮,而後始能商談通市事。Melderd 恐失基督徒之尊榮,拒不行,而願依其本國禮俗,行會見禮,後終如願行之。華官遇 Melderd 雖較優,然終迫令返回,而於遣來之使命,則無一成焉。Melderd 返回澎湖,以其出使結果,告之 Reyerszoon 將軍,Reyerszoon 欲親往以觀察華方情勢,遂與 Melderd 同赴厦門,復自厦門沿江而上至漳州府(原文作 Hokchiu 曾爲漳州府治)。當自厦門起行時,每行五六里,即有人導至行宮,以盛禮遇之。途經村市甚多,而華人觀之者亦甚衆。至漳州府後,邀入一華麗之第,第在城外,距府署約一英里半。第主爲華人,有妾十六人,各居一室。第主告曰,除離澎湖他去,决無談及通商可能。Reyerszoon 答以在未奉到巴達維亞命令前,實無權處此。最後約定和人即遣一舟及二小艇前往巴達維亞,與其總督商談,而華人則須於和舟去後,與和人修好。"譯自 Campbell: Formosa under the Dutch. pp. 31—32. 按崔奇觀所稱之高文律,當即指Reyerszon言(見後文),其所記是否與此悉同,因文有詳略,未敢遽斷,然是年和人求欵,請與通商事,則無可疑。

厦門:明爲中左所。其稱爲中左所者,厦門志引府志云:"二十年(洪武)江夏候周德興經略福建,抽三丁之一,爲沿海戍兵防倭,置衛所當要害處。城水澳爲永寧衛,領左右中前後五千戶所,又復設守禦千戶所,城厦門,移永寧衛中左二所兵戍守,爲中左所……。"卷二頁一 又稱浯嶼寨,厦志云:"景泰間,徙浯嶼水寨於厦門,仍其寨名,間稱浯嶼寨。"同上。

已又泊舟風櫃仔,出沒浯嶼白坑東椗莆頭古雷洪嶼沙洲甲洲間,要求互市,而海寇李旦復助之,濱海郡邑爲戒嚴。

泊風櫃等地:兩朝從信錄稱:"閩撫南居益塘報云:'看得夷情反復,既經投欵,復皆占據澎湖北港,往返宣諭,實爲無益,其停泊風櫃仔,乃澎湖信地,此外若語【浯】嶼白坑東椗莆頭古雷洪嶼沙洲甲洲等處,皆漳泉內地,亦敢於任情出入矣。每稱撥船往日本,旣明示我以勾倭之意,而互寇如李旦輩,又陰載以爲內向之媒,狡夷盤踞日久,變詐百出,要挾不已,必至狂逞,除行該道查審逃回商稍,以杜奸細,仍檄巡海各道,選將練兵,倍加提防,俟兵力稍充,相機進勦。"卷十九頁十一　按此即傳文所本。Campbell稱:"駛向巴達維亞之和舟(見前文),爲風所阻,不得前往,以致曠日甚久。時華人不能耐,復遣舟至馬尼拉通市,此爲和人所極惡,遂奪獲華人四舟,且復與華人啟釁。"譯自Campbell: Formosa under the Dutch.p.32　從信錄所謂"夷情反復"者,當即指此言也。

李旦通番:　秦炯詔安縣志載沈鈇上南撫臺移檄暹邏宜諭紅夷書云:"……想此酋暫泊大灣(臺灣),勢決未回,而遊棍李旦乃通酋許心素之流也。夙通日本,近接紅酋,玆以討私債而來,且祭祖爲名目,突入廈門,豈有好意? 不過乘官禁販,密買絲綢,裝載發賣諸酋,併爲番酋打聽消息者。宜留之爲質,俾貽書諸番,勿擾我邊海可也,徑聽其逸去何哉?,,卷一二頁九　又載沈鈇上南撫臺經營澎湖六策書云:"……自紅酋肆掠,洋船不通,海禁日嚴,民生憔悴,一夥豪右奸民,倚藉勢宦,結納遊總官兵,……且恐此輩,營生無路,東奔西竄,如李旦黃明佐之儔,仍走酋鄉,代爲畫策,更可慮矣。"卷一二頁一三至一四　明熹宗天啟五年四月實錄載南居益題奏云:"……今鎮臣俞咨皐言泉州人李旦,久在倭用事,旦所親許心素今在繫,誠習心素子,使心素往諭旦,立功贖罪,旦爲我用,夷勢孤可圖也。臣因進巡海道叅政孫國楨再四商確,遂聽其所爲,而倭船果稍引去,寇盜皆鳥獸散,夷子立寡援,及大兵甫臨,棄城遁矣。"卷五八　是李旦兼通夷倭者也。

風櫃仔:　余文儀臺灣府志作風櫃尾澳,云:"風櫃尾澳在廳治(指澎湖廳治言)南二十五里,可容小艇。"卷一頁二。

或簡稱風櫃,均指一地言。府志卷首有澎湖廳圖可按。

浯嶼: 屬同安縣,詳見佛郎機傳本條。

白坑: 未詳。

東椗: 島名,屬海澄縣。

莆頭: 未詳。

古雷: 島名,一曰鼓雷,前屬漳浦,今屬東山縣。

洪州: "洲"亦作州,屬詔安縣,爲縣治東南濱海地。

沙州: 島名,去古雷甚近,舊屬漳浦。

甲洲: "洲"亦作"州",屬詔安縣,爲縣治南濱海地。

其年,巡撫南居益初至,謀討之。上言"臣入境以來,聞番船五艘續至,與風櫃仔船合,凡十有一艘,其勢愈熾。有小校陳士瑛者,先遣往咬𠺕吧宣諭其王,至三角嶼,遇紅毛船,言咬𠺕吧王已往阿南國,因與士瑛偕至大泥,謁其王。王言咬𠺕吧國王,已大集戰艦,議往澎湖求互市,若不見許,必至搆兵,蓋阿南即紅毛番國,而咬𠺕吧大泥與之合謀,必不可以理諭。爲今日計,非用兵不可,"因列上調兵足餉方略,部議從之。

明熹宗天啟三年八月實錄云:"居益又言入境以來,有紅夷船六隻,見泊風櫃仔,隨又有五舟,自咬𠺕吧來,直入風櫃仔,共十一隻。所携客商,仍舊輪撥修城,而後至之夷,狀貌愈險,比前俛首受命之時局又變矣。又據千總陳士英稟稱:'蒙差同洋商黄合興二船,往咬𠺕吧宣諭,至三角嶼,遇夷船四隻,稱咬𠺕吧王已往阿南國去,未得回文。又發夾板船五隻,直抵彭湖,要來【求】互市,黄合興力止不允,撥番七名,將二船同夷船齊進大泥。瑛等謁大泥王,大泥酋稱咬嚁吧酋各處弔回夾板船,要往彭湖,若不允市,必動干戈。蓋阿南即紅夷國,而咬嚁吧大泥皆番種,結連情形,昭然可觀。' 若是則狡夷之反覆,必不可以理諭,互市之要求,必不可以苟從。而彼方依大海波濤之險,挾巨銃堅舟之利,盤據以築城,勾連以內向,而我積衰之兵,不完之器,汪洋澎湃之中,一彼一此,能操其必勝乎? 雖然羈縻之術已窮,天討之誅必加,申明大義,獎率三軍,就見在營寨之兵,聯爲戰爭之具。檄行各道將略,抽水兵之精銳五千,列艦海上,以張渡彭湖聲討之勢。仍分布水陸之兵,連營信地,以爲登岸豕突之防。第濱海數千里之長,額兵不及二萬,額餉僅三十二萬有奇,內又奉什一節省二萬二千零解充遼餉,奈何免捉襟露肘之虞。無已,于什一節省之數,還其故物,以備軍需。部覆如所請。''卷三七 又天啟三年九月實錄載兵部覆南居益疏云:"……惟是夷性最黠,明則奪我商賈,而陰或購我奸人,既斷糴船市舶于諸洋,將勾日本大泥于近地,寧可響邇乎? 但武備積弛,兵食難措,該撫欲嚴營寨,以覈軍實,列舟師以振軍聲,而又連營水陸,以防衝突,祇因見在之兵馬爲調度,殊省非例徵求,更請存本省節省庫銀,以佐軍興,庶可不時調募,此亦撫臣不得已之極思也。得旨,紅夷狡詐,爲患方深,巡撫官着督率將吏,悉心防禦,作速驅除,有不用命的,俱炤軍法處治。其奸徒倚勢,貽害地方,該【核】實重處。一切安攘事務,俱聽便宜行事,庫銀准炤前旨動支。該部知道。''卷三八 按陳士瑛事跡無考,其所稱之"阿南"即和蘭也,南人讀音有不同耳。三角嶼地,亦不詳。

四年正月,遣將先奪鎮海港而城之,且築且戰,番人乃退守風櫃城。居益增兵往助,攻擊數月,寇猶不退,乃大發兵,諸軍齊進,寇勢窘,兩遣使求緩兵,容運米入舟,即退去。諸將以窮寇莫追許之,遂揚帆去。獨渠帥高文律等十二人,據高樓自守,諸將破禽之,獻俘於朝,彭湖之警以息,而其據臺灣者,猶自若也。

渡海擊夷:兩朝從信錄云:"閩久受夷患,但向來飄泊海上,挾市搶掠,猶可追逐。惟據彭島築城,三載以來,進退有恃,兼以彭湖風濤,洶湧難戰,官兵憚涉,雖有中左之創,夷無退志。於是南撫臺力主渡彭搗巢之舉,移會漳泉,募兵買船,選委守備王夢熊諸將士,開駕于天啓四年正月初二。繇吉具突入鎮海港,且擊且築,壘一石城爲營,屢出奇攻,各有斬獲,夷退守風櫃一城。是月南院發二次策應舟師,委加銜都司顧思忠等統領,至彭湖鎮海會齊。嗣是攻打無虛,而夷猶然不去。南軍門慮師老財匱,于四月內又行巡海二道,親歷海上,會同漳泉二道,督發第三次接應舟師。委海道孫國楨督同水標劉遊擊(劉應龍),澎湖把總洪際元洪應斗駕船,于五月二十八日,到娘媽宮前,相度夷城地勢。風櫃三面臨海,惟蒔上嶼一線可通,掘斷深溝,夷舟列守,宜先攻舟,後攻城,舟不可泊,城必不能守矣。遂于六月十五,誓師進攻。夷恐羈留商民內應,盡數放還。適南軍門又授方略,齎火藥火器接應,即日運火硫登陸,令守備王夢熊等,直趨中墩札營,分布要害,絕其汲道,禦其登岸,擊其硫城夷舟。又令把總洪際元等移策應兵船,泊鎮海營前海洋,直逼夷船,候風水陸齊進。七月初二,夷計無復之,令夷目同通事,赴鎮海營面見,求開一路。孫海道(孫國楨)同劉遊擊嚴責夷目回,催速還信地,遲則攻勦無遺。初三日,我兵直逼夷城,改兵分三路齊進,而夷恐甚。牛文來律隨豎白旗,差通事同夷目至娘媽宮哀稟,牛文來律奉咬𠺕吧王差齎公文,赴投本院,并無作歹,乞緩進師,容運糧米上船,即拆城還地。孫海道恐攻急彼必死鬬,不如先復信地,後一網盡之爲穩,姑許之。夷果於十三日拆起,運米下船,止東門大樓三層,爲舊高文律所居,尙留戀不忍。乃督王夢熊等,直抵風櫃,盡行拆毁,夷船十三隻,俱向東番遁去。我師特角札營,防其復回,并議酌善後事宜。是役也,同心戮力諸臣,則有按臣喬(喬承詔),左右布政游漢龍陸完學,廉使朱身修,叅政朱一馮,副使高登龍,叅政孫國楨沈珣楊公榦,副使沈萃禎桂紹龍胡爾慥,僉事葛寅亮,知府潘師道,同知趙紓何舜齡,推官林棟隆簡欽文,知縣李爍然楊廷詔劉斯淶【𡑺】陳以瑞等。武臣則有鎮守副總兵謝弘儀,南路副總兵俞咨臯,遊擊劉應龍,都僉李應山,叅將陳文煬,遊擊鄭嘉謨,都僉吳從賓,彭湖把總洪際元,把總洪應斗,守備王夢熊,坐營張虎臣,把總陳營等。所宜分別功次陞賞,以慰効力疆場者也。計解生夷十二名,酋長高文律等,酋目而論那等。”卷二三頁三九至四〇 又載南居益奏捷疏云:“福建撫臣南居益遣兵破走紅夷,焚其城,獻俘奏捷,其辭曰:“紅夷之睥睨彭湖,自韋麻郎始,非一日矣。彼時賴良將講懾,猶能以三寸舌立功,而此番到彭湖,則酋長不止一人,番衆且以千數,築城據勝,實懷久假之心,鵰食啟疆,每作横敵之勢,海天風雨,盡染鯨氛,閩越上川,幾成腥界,安危所係,寧惟半壁藩籬,彊弱攸關,幾累靈長社稷。所幸廟靈默祐,將吏同心,共擊楫於中流,必滅此而朝食,往年中左之役,業半盡於殲俘,此日彭湖之師,遂全收夫掃蕩。壓壘而營者三閱月,固知釜有游魚,毁城而遁者十餘艘,已見冗無伏鼠,稍開一面,見天地之包荒,恢復寸疆,亦山河之增壯。蓋惟皇威赫震,神武丕揚,密勿定九伐之謨,樞府佐六師之命,臣等勉承重寄,幸効微勞,銷鋒鏑於中興,願爲蓄矢,慰冕旒之南顧,敢作遼除,謹露布以馳聞,知天顏之有喜也。"卷二三頁三八 此言和人之去彭湖,由南居益剿除功也。然西人則持異說,Campbell稱和人移往臺灣之事云:"一六二四年五月十二日(天啟四年三月二十五日),中國官吏,遣使齎書,往見和人,求通好。……厥後兩方諒解得成,即和人須離澎湖而去臺灣,中國官吏,則須促使其商民,至臺灣與和人互市。此時和人聞中國將以戰艦一萬五千隻,載石往塞澎湖諸港,和人懼,知留澎湖無益,不如移往臺灣,尚可與華商通市易之好,遂毁所築城堡而去。"譯自Campbell: Formosa under the Dutch.p.34. 按和人移往臺灣,是否曾爲中國所讓許,史無明文可據,然其離去澎湖,由於剿除之功,史有明文,不可掩沒,而西人所以獨略之者,蓋以喪師辱國,意欲隱飾之耳。

鎮海港: 余文儀臺灣府志作鎮海澳,云:"鎮海澳在廳治北六十里。" 按鎮海港爲鎮海嶼之一港口。鎮海嶼,府志亦稱在廳治北六十里,廳治指澎湖廳言也。兩朝從信錄稱"繇吉具突入鎮海港,"吉具,府志作吉貝,云"吉貝港在廳治北水程六十五里,此澳附于鎮海。" "具"字府志多誤作貝，是吉貝港即吉具港，因去鎮海港甚近，故言"突入"也。

風櫃：即風櫃仔，已註前文。

高文律：高文律被俘事，各書所載，未能盡合，本傳所稱，蓋據從信錄"計解生夷十二名，酋長高文律，酋目而論那等"之文而言也。然從信錄所言，殊欠明晰，如言"止東門大樓三層，爲舊高文律所居"，既稱爲舊，則似指已往事言。又言"而夷恐甚，牛文來律隧壁白旂，"牛文來律與高文律爲一人歟，抑爲二人歟？又陳壽祺福建通志稱："南居益字思受，……天啓間巡撫福建，紅夷自商周祚去任，復據澎湖，運土石築城，來者益衆。巡按喬承詔與居益合策，請用兵，報可。居益察舊帥兪咨皐習海上事，請授以副帥，於是將吏咸奮。詗知海上居民，爲夷耳目，其最黠者，曰洪燦仔池貴。以夷書至，獻明珠珊瑚番鏡，居益集被擒夷人於演武場焚之，並誅燦仔等。親至海上督戰，生擒高文律。令副將軍亟渡澎湖，遊擊將軍劉應寵【龍】，裨將王夢熊諸軍畢渡。新夷來文律自其國傷巨艦來，倭夷助之，夷城在內，舟環其外，居益發大舟，乘風疾赴，夷舟披靡，遂墮其城。夷登舟遁。數年盤據，至是一空，獻俘告捷，閩地以安。"卷一二九，頁八　此言高文律先澎湖之役而被俘也。來文律疑即從信錄牛文來律之誤，似身當澎湖之役，後高文律而東來者。周凱夏門志載天啓三年秋紅夷犯鼓浪嶼事引王氏家譜之言曰："鼓浪嶼與廈門帶水並峙，被紅夷燒燬。是秋復至，夢熊率親丁與戰，奪其三艘，夷敗走。復率大䑸，直逼內地，夢熊乃以小艇數十，扮漁舟，藏火具，潛迫其旁,乘風縱火,棄艇挾浮具泅歸,援以巨艦,焚甲板十餘艘,生擒大酋牛文來律欽等夷,脱於火者,咸溺於水。"卷一六頁三 是牛文來律又作牛文來律欽,而其被俘,又爲天啟三年秋事矣。又和人被俘事,西人稱在一六二三年十一月(天啓三年十月)間,Campbell稱:"一六二三年十月二十五日(天啓三年十月二日),和水軍將領Reyerszoon爲謀求中和變方諒解,及恢復舊日談判計,遂遣Franszoon將軍率數舟艇向漳州,意圖封鎖沿海之地,要脅互市,如不允許,即行宣戰。和舟於是日開艇,十月二十八日(中曆是年十月五日)行抵漳江口,復由此至塔島(原作Pagoda Island)。……十一月十三日(中曆是年十月二十一日),Franszoon決意率二舟名Muyden及Erasmus者,艇往廈門,餘二舟仍泊塔島下。翌日艇至。十一月十八日(中曆十月二十六日),停泊塔島下之和舟,艇向廈門,以察動靜。既至,見一和舟被焚,別一和舟,則爲滿載燃物之三華舟所困。Erasmus舟有華人五十餘名困之,然尚能倔強抵抗,而Muyden舟則飄失他往。和人詢Erasmus舟人,據言當和舟初抵廈門時,駐廈官即要求爲首者登陸接談。Franszoon託言無善舌人,不許,並要求一華人具有全權者至其舟。後駐廈官遣數人至,允華人前往臺灣,與和人通商,並所需絲貨,須敷和商轉販所需。…… 談既竟,華人登陸去,旋復返,言和人須遣數人隨至駐廈官處,用中和兩文,草定條約,以便廈官轉呈漳府批閲。和人遂遣Franszoon, Doedoe Floriszoon Kraag (Muyden舟之水手), Willem Van Houdaan (Erasmus舟首商), Jan Pielerszoon Reus (水手)及其他三十餘人往。……和之將領及隨人等,均爲華人所拘留,於是遂決定:一則謀食糧之應給,一則仍以三舟封鎖漳江口,不使華舟外出,並推水手 Bontekoe 爲艦長。此人於一六二四年 Reyerszoon 移往臺灣時,亦奉命返澎湖,旋復返巴達維亞。'' Campbell: Formosa under the Dutch. pp. 33—34. 按此所記諸被俘人姓名,與高文律牛文來律等名均不合;高文律音似 Cornelis (Reyerszoon 之全名爲 Cornelis Reyerezoon) 然據西人所記,此人無被俘事,亦難遽斷。初時華人於西人姓名,音譯不諳,記述多誤,姑誌之以待考。

崇禎中,爲鄭芝龍所破,不敢窺內地者數年。

鄭芝龍擊破紅夷,吾國載籍,言者尚多,周凱厦門志載明崇禎三年(一六三〇)紅毛犯中左所事引臺灣縣舊志云:"芝龍募龍溪人郭任功率十餘人,夜浮荷蘭船尾,潛入焚之,餘悉遁去,不敢窺內地數年。"卷一六頁五 陳壽祺福建通志載崇禎六年(一六三三)和蘭犯厦門事曰:"和蘭築城臺灣,與奸民互市,已而襲陷厦門城,大肆焚掠,遂自料羅窺海澄境,知縣梁兆陽率兵夜渡浯嶼擊破之。焚其舟三,獲舟九。維璉發兵,水陸並進,召芝龍赴援,和蘭乃泛舟大洋,轉掠青港荆嶼石澳,諸將禦之於銅山,連戰數日,始敗去。"卷二六七頁三四 又宦績篇鄒維璉傳云:"……明年(崇禎六年),紅夷攻閩霜山,維璉檄鄭芝龍急擊之,芝龍後期不至。紅夷突入中左所,焚戰艦,傷官軍,維璉授諸將方略,水陸並進;復乘小舟,出奇擊賊。芝龍自福寧來,亦誓死戰,斬獲無算,賊遁入大洋。" 卷一二九頁八 又載崇禎十二年(一六三九)夏六月鄭芝龍破紅夷事云:"和蘭首郎必即哩歌最驍健,先後刼掠浙閩,海上官軍,屢爲所敗,撫臣檄芝龍至湄洲外洋,與和蘭遇,夷船高大,官軍技無所施,傷者甚衆,芝龍退泊楓亭港口,募漁船貫水者五十人,以竹筒貯火藥,人各佩兩筒,撑以舟,急至夷船邊,釘筒發火,五十八者,浮浪而歸,焚夷船五艘,郎必即哩歌大警,自是不敢入閩境。" 卷二六七頁四四　是芝龍破紅夷,前後凡三次。

鄭芝龍: 福建南安人,其事跡各書言者甚詳,此從略註。

乃與香山佛郎機通好,私貨外洋。十年,駕四舶,由虎跳門薄廣州,聲言求市。其酋招搖市上,奸民視之若金穴,蓋大姓有爲之主者。當道鑒壕鏡事,議驅斥,或從中撓之。會總督張鏡心初至,力持不可,乃遁去。

按和人於崇禎十年至澳門求市事,傳文所據無可考,蔣擢磁州志稱:"……粵地濱海,番舶奸商,時勾海外諸番爲患。其叢山深谷,地界虔楚者,猺獞山寇,亦出沒不時。適紅番依省泊舟乞市,鎮臣陳謙豢之以爲利,鏡心至劾謙罷去。檄參將黎延慶駐師近省,而命以市貨給歸之,紅番遯去。乃環視地形,凡要害皆設兵守之,自是海上無警。" 卷一六頁一六　是則紅番求市事,蓋不爲虛。然各書所載,無是年和人入澳求市事,而求市者,乃英人 John Weddell事也。查 Weddell於一六三七年(明崇禎十年)六月二十七日抵澳門港外,於是年十二月二十九日離澳門去,其停居於廣東近海地凡六閱月。英人來廣之目的,即在請求通商,當其至澳門時,遣人探測廣州進口水道,並至廣州市易,請求通商等。後因爲澳門所阻,終不得成。(中西交通史料匯篇第二册,第五五〇至五六一頁,譯各家之文甚詳。蓋英人初至中國,華官以其人似和蘭,故以紅番稱之,修史者不知此來之紅番爲英吉利,遂誤入和蘭傳內,今以西人記述校之,實知其誤。至若所言"與香山佛郎機通好",亦僅臆斷而已。

張鏡心:字仲孝(魯曾煜廣州通志作字湛虛)磁州人。天啓壬戌科進士,授蕭縣知縣,後累陞至兩廣總都,磁州志載其事蹟較詳。

已爲奸民李葉榮所誘,交通總兵陳謙爲居停出入。事露,葉榮下吏,謙自請調用以避禍。爲兵科淩義渠等所劾,坐逮訊。自是奸民知事終不成,不復敢勾引,而番人猶據臺灣自若。

爲凌義渠等所劾:凌義渠崇禎十年十二月二十七日奸鎭通夷事露疏云:"爲奸鎭通夷事露,胎【貽】釁不小,乞敕督按諸臣及早消弭,加意偵備,以固海防事:臣頃見同官葉高標疏論廣東總兵陳謙載貨通夷等事,奉旨嚴查速奏,俟其查回得實,治該鎭以應得之罪,豈顧問哉?第念從來外夷之禍,未有不始於內地勾引之人;而邊海之防,亦未有不壞於二三壟斷之手。據疏稱誘夷船十餘萬金,入之帥府矣。夫旣誘之使入,豈復推之使出?夷船十餘萬金,固伊等之所剖腹而藏,不啻身命護之者也;肯拋却如許貲本,竟飄然而颺去乎?肯因此一番舉動,輒斂手而退聽乎?勢將挾貨生端,弄兵鼓釁,海上事終有不可言者。是惟該督按及該道府等官,以調馭之精心,運控縱之遠略,或設法善遣,以阻其開市之謀,或陳兵示威,以懾其狂突之魄,絕鯨鯢於境外,戢海波使不揚耳。聞閩中數年前夷禍,亦起於一攬頭騙銀入手。事發監斃,銀已花費無存,夷人索銀不得,索人又不得,遂至聯䑸內犯,沿海沸騰。今粵東竟以中軍為攬頭,公然騙銀入帥府,視閩海昔年,殆又甚焉。臣安得不凜凜懼乎? 因是而思行險嗜利之小人,爲可恨也。陳謙以庶姓賤孽,竊秉鉞之重寄,擁巨萬之雄貲,志滿氣揚,富貴已極,可以止矣;乃猶垂涎外夷非分之金錢,不顧內地眼前之實禍,人之無良,固有不可以常法律者。聞此事敗露,在本年(崇禎十年)八月,乃謙隨於九月內,突具聖主恩深罔極一疏,請調衝險用兵之地。臣初不解其故,或以緣此事機倪發動,首尾難掩,計無所出,姑爲是欺人大言,以塞舉朝觀聽乎? 其貪而且狡,大率類此。事後參詳,肺肝歷歷如見,諒難逃聖世斧鉞之誅者也。"“十一年正月初四日,奉聖旨,陳謙已有旨了。奏內事情,著速查明奏奪。該督按道府管【等】官仍一面嚴加偵備,多方消弭,毋得玩延貽患。該部知道。" 淩忠介公奏疏卷六,頁五至六

李葉榮陳謙事蹟不詳。淩義渠字駿甫,烏程人,明史有傳。

其本國在西洋者,去中華絕遠,華人未嘗至。

"本國"指和蘭言,即前言之"阿南"也。"西洋"指歐洲言,或作大西洋。利瑪竇初入中國時,自稱曰大西洋人,即歐人意也。其言"其本國在西洋者",以示與和蘭在東方之殖民地,如噶羅吧渤泥臺灣等地有別也。

其所恃惟巨舟大礮。舟長三十丈,廣六丈,厚二尺餘,樹五桅,後爲三層樓。旁設小牕置銅礮,桅下置二丈巨鐵礮,發之可洞裂石城,震數十里,世所稱紅夷

礮,即其製也。

東西洋考云:"或謂和蘭長技,惟舟與銃耳。舟長三十丈,横廣五六丈,板厚二尺餘,鱗次相銜。樹五桅艄上,以鐵為網,外漆打馬油,光瑩可鑑。舟設三層,傍鑿小窗,各置銅銃其中。每銃張機臨放,推由窗門以出,放畢自退,不假人力。桅之下置大銃,長二丈餘,中虛如四尺車輪,云發此可洞裂石城,震數十里,敵迫我時,烈此自沉,不能為虜也。"卷六頁一七 野獲編云:"……當此夷(和蘭)初至內地,海上官軍,素不習見,且狀貌服飾,非向來諸島所有,亦未曉其技能,輒以平日所持火器遙攻之,彼姑以舟中所貯相酬答,第見青烟一縷,此即應手糜爛,無聲跡可尋,徐徐揚帆去,不折一鏃,而官軍死者無算,海上驚怖。"卷三〇頁三四至三五 史澄廣州府志崔奇觀傳云:"三年(天啓)紅毛夷踞澎湖島,閩撫請剿之,廷議令粵會剿,奇觀言:'粵中瓊黎甫勦,連猺復叛,瘡痍未起,加以援遼死亡相繼,十室九空。…… 況澳夷築城澳門,以備紅毛為言,夷情叵測,尤不可不慮。至於制禦紅毛,亦無待濟師。紅毛舟廣三丈,其高倍之,上俱樓櫓如雉堞。我舟高大,不及彼五分之一,而欲與爭勝於稽天巨浸中,必無幸矣。卷一二〇頁一一至一二 兩朝從信錄載天啟二年十月兵部奏疏云:"……其船前後左右,俱裝巨炮,一發十里,當之無不立碎,我雖有利刃,勿可與敵,雖有銳兵,勿可與戰,倘或僥倖一勝,徒足厚彼勢,而損中國之威,無益也。"卷一六頁七 是知和人東來,其巨舟大砲,頗為中國所驚懼,所謂紅夷之禍,明人固未嘗輕視之也。

和蘭舟中國稱曰夾板船,余文儀臺灣府志云:"其船最大,用板兩層,斲而不削,製極堅厚,中國謂之夾板船,其實圓木爲之,非板也。又多巧思爲帆,如蛛網盤旋,八面受風,無往不利。"卷一九,頁四一至四二 澳門紀略稱其船有商舶戈船二種。其於商舶云:"商舶樓櫓數十重,環以飛廬。內舍大銃。百梯以藤結而上。窗牖以玻璨嵌之。艙以辟支緞舖之。舶腹凡數重,縋而下,有甜水井,菜畦。懸釜而炊,張錦棚白氈而臥。……帆以布凡七張之。其柁後置照海鏡,大徑數尺。"其於戈船云:"戈船有五桅九桅,首尾皆有柁。柁工分班駛風,惟視羅經所向。登桅視千里鏡,見遠舟如豆大,則不可及,若大拇指許,即續長桅而追之。桅有雌雄二竅,縋而楔之,益左右帆,數百里之遙,逾時可及。時時爲盜外洋。"卷下,頁一一 本傳所言和舟之制,蓋據洋考立言,實則當時和舟大小高低,均無定制也。

紅夷礮之命名,與佛郎機銃同,均由華人所呼其人之名而名其銃也。然吾國書內,散見"紅𡰣""紅彝""紅衣""紅裔"等礮之名甚多,蓋"𡰣"爲古"夷"字,紅𡰣礮即紅夷礮也。"彝""衣""裔"等字爲夷之諱字,當滿清入主中華後,諱"夷""狄"等字不言,故凡"夷"字皆以他字代之,故知紅彝紅衣紅裔等礮,亦即紅夷礮也。明末西洋之銃,有佛郎機紅夷呂宋三種,佛郎機銃傳自葡萄牙,紅夷礮傳自和蘭,呂宋礮傳自西班牙。然流行於中國者,則以佛郎機銃及紅夷礮爲最多,而呂宋礮之名,則僅見之耳。其製或以鐵爲之,或以銅爲之,然在當時,則以銅製者爲佳。

然以舟大難轉,或遇淺沙,即不能動,而其人又不善戰,故往往挫衄。

兩朝從信錄載天啟二年十月兵部奏疏云："又聞夷舟高大堅厚，利深涉，不利膠淺。其人利水擊，不利登陸。"卷一六頁七 所謂"不善戰"者，當即"不利登陸"之言也。

其所役使，名烏鬼，入水不沉，走海面若平地。

東西洋考云："其役使名烏鬼。常居高自投於海，徐出，行濤中如御平原。"卷六頁一七 廣東新語黑人篇云："……予廣盛時，諸巨室多買黑人以守戶，號曰鬼奴，一曰黑小廝。其黑如墨，唇紅齒白，髮鬈而黃，生海外諸山中。食生物。捕得時，與火食飼之，累日洞泄，謂之換腸。此或病死；或不死，即可久畜。能曉人言，而自不能言。絕有力，負數百斤。性淳，不逃徙，嗜慾不通，亦謂之野人。一種能入水者，曰崑崙奴。"卷七頁一四至一五 又於澳門篇云："……其侍立者，通體如漆精，鬚髮蓬然，氣甚腥，狀正如鬼，特紅唇白齒，略似人耳。所衣皆紅，多羅絨辟支緞，是曰鬼奴。"卷二頁八至十 澳門紀畧澳蕃篇云："……樓門皆旁啓，歷階級數十級而後入。窗牖詰屈，己居其上，而居黑奴其下。"卷下頁二一 又引張汝霖澳門寓樓即事詩云："……居夷眞不陋，翻愛日如年，居豈仙人好，家徒烏鬼奴。……"同上 又引尤侗荷蘭竹枝詞云："和蘭一望紅如火，互市香山烏鬼群……。"卷下，卷一二 按烏鬼當即指黑奴言，明季歐人東來，亦多役使之。至本傳所言"入水不沉，走海面若平地，"亦係據洋考立言，僅爲當時一種傳說，未可視爲確論。

其柁後置照海鏡，大徑數尺，能照數百里。

東西洋考云："柁後銅盤，大徑數尺，譯言照海鏡，識此可海上不迷。"卷六頁一七 澳門紀略引尤侗荷蘭竹枝詞云:"……十尺銅盤照海鏡,新封砲號大將軍。"卷下頁一二　按照海鏡究指何物言,未詳,然傳文謂"能照數百里",疑爲誇詞。

其人悉奉天主教。

按當時東來歐人,多屬天主教信徒,不獨和人然也。佛郎機傳稱葡萄牙人,"初奉佛,後奉天主教",此不復言奉佛者,蓋和人東來較後,明人知之較晰也。

所產有金銀琥珀瑪瑙玻璃天鵝絨瑣服哆囉嗹。

按此據東西洋考紅毛番篇之文,然洋考於銀作銀錢,於哆囉嗹下多刀一物,見東西洋考卷六頁一八與傳文稍異。又海島逸志載和蘭物產,有自鳴鐘,時辰表,水鏡,嗶吱,紗緞等物周凱廈門志卷八頁三二引,此均和人互市中國之商品也。洋考所載銀錢,當即和商所用貨幣,海島逸志云:"荷蘭以銀鑄圓餅,錢中有番人騎馬持劍,名曰馬劍,半者名曰中劍。有小而厚者,鑄荷蘭字,名曰帽盾,半者名曰小盾。有小而薄者,背甲板船,名曰搭里。而以黃金鑄者,中背番人持劍而立,名曰金鋍。其馬劍中劍大小帽盾,皆有以金鑄者,以兩爲觔,每圓抵銀錢十六。又有紅銅鑄者,中背雌虎,名曰鐳,以當錢文之用。"周凱廈門志卷八頁四一引　前引東西洋考下港篇,言和人市於此者,有銀錢鉛錢二種,則是和人錢幣傳入中土,由來已久矣。

國土既富,遇中國貨物當意者,不惜厚資。

東西洋考云:"彼國既富饒,華夷貨有當意者,輒厚償之,不甚較直,故貨爲紅夷所售,則價驟涌。"卷六頁一八春明夢餘錄載給事中傅元初疏云:"………諸夷皆好中國綾緞雜繒,其土不蠶,惟藉中國之絲,到彼能織精好段疋,服之以爲華好。是以湖綿百斤,値銀百兩者,至彼得價二倍,而江西磁器,福建糖品,皆所嗜好。"卷四二頁三四　按當時中國出口貨物,絲爲大宗,所稱"當意者,"此其一也。

故華人樂與爲市。

按和人東來,意在奪取東方市場,其於葡西二國之仇恨,蓋已久矣。華人通商於澳門呂宋及其他葡西二國之屬土者,無不橫被阻攔,或爲刼掠。明天啟崇禎間,葡西二國在東方之勢力,日漸凌替,和人勢力,日漸增大,而華人與其貿易之關係,亦漸增多,初非華人獨樂與之互市也。

第四卷

明史卷三二六列傳二一四意大里亞傳

意大里亞居大西洋中,自古不通中國。

按意大里亞(Italia)爲吾國古稱大秦之一部,今譯作意大利。本傳言在大西洋中,蓋指歐羅巴言。考"大西洋"一名,初見利瑪竇奏疏,稱"大西洋陪臣利瑪竇",而此名稱之由來,則因歐人稱印度洋爲小西洋,今大西洋在其西,故以"大"字别之。艾儒略職方外紀海道篇云:"……越大浪山,…… 過黑人國老楞佐島夾界中,又踰赤道,至小西洋南印度臥亞城。"卷五頁八 此言小西洋即印度洋也。夫既以小西洋名今印度洋,則今大西洋之稱"大西"爲"小西"之對稱可知。明人不知有大西洋,而稱印度洋爲西洋(明人以今婆羅洲以東稱東洋,以西稱西洋。東西洋考卷五文萊篇云:"文萊卽婆羅國東洋盡處,西洋所自起"即是),然無大小之别,其以"小西洋"名今印度洋,而以"大西洋"名今大西洋,蓋自西士東來後始也。大西洋或簡稱"大西",或簡稱曰"西洋",又或稱曰"泰西"。"泰西"之稱,李王庭誅邪顯據錄云:"我太祖高皇帝定鼎胡元,從古得天下之正,未有匹之者也。故建號大明,名稱實也。何物么麽,輒命名大西,抑思域中有兩大否? 此以下犯上,罪坐不赦,旋於"大"字下,以"西"字續之,隱寄西爲金方兵戈之象,則其思逞不軌,潜謀之素矣。……頃見中國名流輩出,力斥其妄,稍自知非,易以泰西。"全文見闢邪集卷下頁十六至十九　此言大西之改稱泰西，原於避大明之"大"字也。按沈漼參遠夷疏第一（見後文），亦以大西洋之稱，有與"大明"二字對抗之嫌，則是李王庭之言，蓋有可信。大西洋原爲海洋之稱，然當時中西人士，則往往假之以稱西人之居士，後人狃於聞見，轉相引用，遂與歐羅巴三字，互相並用，故各書所言之大西洋，多屬歐羅巴之代稱，本傳所言"居大西洋中"一語，亦即此意也。

又按傳言"自古不通中國"，蓋亦失考。丁謙明史各外國傳地理考證云："意大里亞即古羅馬，漢魏以來所謂大秦者是也。漢桓帝時，其王安敦曾遣使獻方物，至元代使命尤數，有馬可波羅者，父子入中國，均歷顯仕，云自古不通中國可乎？"浙江圖書館叢書本頁三十　丁氏言是。

又按本傳標題，以體例論，似與佛郎機和蘭兩傳不同。佛郎機傳專記葡萄牙人之事蹟，和蘭傳專記和蘭人之事蹟，而意大里亞傳所記，非爲意大里亞人之事，乃西洋教士事也。然西洋教士，不盡屬意大里亞人，此併以意大里亞統之，似有未妥。推其所以如此者，蓋因明季西士宣教之業，利瑪竇實開其始，利氏爲意大里亞人，故以此名統之，實則意大里亞與中國關係之複雜，遠非葡萄牙和蘭二國，專以擴大商權者比也。

萬曆時，其國人利瑪竇至京師，爲萬國全圖，

利瑪竇：　利瑪竇(Ricci Matteo)別字西泰，意大利人，生於一五五二年十月七日（嘉靖三十一年九月二十日），卒於一六一〇年五月十一日（萬曆三十八年閏三月十九日），艾儒略(Julius Aleni)有大西利先生行蹟，道其生平較詳。其來中

國及入京事蹟見後註。

萬國全圖：利瑪竇所爲萬國全圖，各書言者頗詳。萬國輿圖利氏自序云："壬午(萬曆十年，西曆一五八二)解纜東粵，粵人請圖所過諸國，以垂以【不】朽。彼時竇未熟漢語，雖出所攜圖册，與其積歲札記，紬繹刻梓，然司賓所譯，奚免無謬。"北平歷史博物館摹繪本 大西利先生行蹟云："……越明年癸未(萬曆十一年西曆一五八三年)，利子始同羅子(羅明堅 Miguel Ruggiero)入端州，新制臺郭公並太守王公，甚喜欵留，遂築室以居利子。間製地圖渾儀，天地球考，時晷，報時具，以贈於當道，皆奇而喜之，方知利子爲有德多聞高士也。"頁一 又云："利子向在端州時，畫有坤輿一幅，爲心堂趙公所得，公喜而勒之石，且加弁語焉，然而尚未知利子。時方開府姑蘇，而王宗伯(王忠銘)偕利子止居南都，趙公餽禮物，並其前所得輿圖以獻。王公奇之，示利子，方知利子作也。因作書以復趙公曰：'圖畫坤輿之人，今在是矣'，趙公喜出望外，即具車從邀利子，相得甚歡。"頁二至三 又曰："大司徒吳公左海，亦交利子，見坤輿圖而悅之。"頁三 又徐光啟跋二十五言云："昔遊嶺嵩，則嘗瞻仰天主聖像蓋從歐羅巴海舶來也。已見趙中丞吳銓部前後所勒輿圖，乃知有利先生焉。……"徐文定公集卷一頁十一 是知利瑪竇初入端州時，已製有萬國全圖，且趙心堂吳左海爲之勒刻於石矣。惜是石存佚不可知，而於其圖亦未之見，無由考其究竟。又艾儒略職方外紀序云："昔神皇盛際，聖化翔洽，無遠弗賓，吾友利氏齎進萬國圖誌。已而吾友龐氏(龐廸我 Didacus de Pantoja)又奉繙譯西刻地圖之命，據所聞見，譯爲圖說以獻，都人士多樂道之者，但未經刻本以傳。"見職方外紀序萬曆二十八年利瑪竇奏疏亦云:"謹以原攜本國土物，……萬國圖誌一册，……敬獻御前。"正教奉褒頁四引 李之藻刻職方外紀序云:"'萬曆辛丑(二十九年)，利氏來賓，余從寮友數輩訪之，其壁間懸有大地全圖，畫線分度甚悉，利氏曰:'此我西來路程也。' 其山川形勝土俗之詳，別有鉅册，已藉手進大內矣。因爲余說地以小圜處天大圜中，度數相應，俱作三百六十度。凡地南北距二百五十里，即日星晷必差一度。其東西則交食可驗，每相距三十度者，則交食差一時也。余依法測驗良然，迺悟唐人畫方分里，其術尚疎，遂爲譯以華文，刻爲萬國圖屏風。居久之，有潰呈御覽者，旅【歷】奉宣索，因其版已攜而南，中貴人翻刻以應。會閩稅璫又馳獻地圖二幅，皆歐羅巴文字，得之海舶者。而是時利已即世，龐熊(熊三拔 Sabatin de Ursis)二友留京，奉旨繙譯。龐附奏言地全形，凡五大洲，今闕其一，不可不補，乃先譯原幅以進。別又制屏八扇，載所聞見，附及土風物產，楷書貼說甚細。余以甲寅赴補，幸復覩焉。此圖延久未竟，會放歸，齎投通政司弗納，則奉致大明門外，叩頭而去，今尚庋中城察院云。而龐熊旋卒於途，其底本則京紳有傳寫者，然皆碎玉遺璣，未成條貫。"全文見徐文定公集卷六頁十一至十二又萬國輿圖利氏自序云:"……辛丑(萬曆二十九年西曆一六〇一年)來京，諸大先生習見是圖者，多不鄙棄覊旅而辱厚待焉。繕部我存李公，夙志輿地之學，自爲諸生，編輯有書，深賞玆圖。……歎前刻之隘狹，未盡西來原圖什一，謀更恢廣之。余曰此乃數邦之幸，因先生得有聞於諸夏矣，敢不廬意再加校閱。乃取敝邑原圖,及通誌諸書,重爲考定,訂其舊譯之謬,與其度數之失,兼增國名數百,隨其楮幅之空,載厥國俗土產,雖未能大備,比舊亦贍云。"北平歷史博物館舉給本 則知利瑪竇初入京都時,所進呈於皇帝者,爲萬國圖誌一册,此外別有懸圖一幅,即李之藻所爲譯刻者是也。龐熊二氏,奉命翻譯者,爲閩稅璫所進之西刻地圖,此外別製屏風地圖八扇未竟。大抵五洲之圖,當時流傳已廣,利瑪竇特開其始耳。

言天下有五大洲:第一曰亞細亞洲,中凡百餘國,而中國居其一。

職方外紀云:"亞細亞者,天下一大州也。人類肇生之地,聖賢首出之鄉。其地西起那多理亞,離福島六十二度。東至亞尼俺峽,離一百八十度。南起爪哇,在赤道南十二度。北至氷海,在赤道北七十二度。所容國土,不啻百餘,其大者首推中國。"卷一頁一

第二曰歐羅巴洲,中凡七十餘國,而意大里亞居其一。

職方外紀云:"天下第二大州,名曰歐邏巴。其地南起地中海,北極出地三十五度。北至氷海,出地八十餘度。南北相距四十五度,徑一萬一千二百五十里。西起西海福島初度,東至阿比河九十二度,徑二萬三千里。其大者曰以西把尼亞,曰佛郎察,曰意大里亞……"卷二頁一 又於以西把尼亞篇云:"歐邏巴之極西,曰以西把尼亞……疆域徧跨他國。世稱天下萬國,相連一處者,中國爲冠,若分散于他域者,以西把尼亞爲冠。"卷二頁七 按外紀以以

西把尼亞爲歐洲諸國冠,而傳文稱意大里亞居其一,蓋作者於外紀文有所删訂。

第三曰利未亞洲,亦百餘國。

職方外紀云:"天下第三大州,曰利未亞,大小共百餘國。西南至利未亞海,東至西紅海,北至地中海,極南南極出地三十五度,極北北極出地三十五度,東西廣七十八度。"卷三頁一

第四曰亞墨利加洲,地更大,以境土相連,分爲南北二洲。

職方外紀云:"亞墨利加第四大州總名也。地分南北,中有一峽相連。峽南曰南亞墨利加:南起墨瓦臘泥海峽,南極出地五十二度。北至加納達,北極出地十度半。西起二百八十六度,東至三百五十五度。峽北曰北亞墨利加:南起加納達,南極出地十度半,北至氷海,北極出地度數未詳。西起一百八十度,東盡福島三百六十度。地方極廣,平分天下之半。"卷四頁一

最後得墨瓦蠟泥加洲,爲第五,而域中大地盡矣。

職方外紀云:"先是閣龍諸人,旣已覓得兩亞墨利加矣,西士以西把尼亞之君,復念地爲圜體,徂西自可達東,向至亞墨利加而海道遂阻,必有西行入海之處。于是治海舶,選舟師,……命一強有力之臣名墨瓦蘭者,載而往訪。墨瓦蘭旣承國命,沿亞墨利加之東偏,紆迴數萬里。……于是舟人震懼,賈勇而前,已盡亞墨利加之界,忽得海峽,亘千餘里,海南大地,又復恍一乾坤。墨瓦蘭率衆巡行,間關前進,祇見平原漭蕩,杳無涯際。入夜則燐火星流,瀰漫山

谷而已,因命爲火地。而他方或以鸚鵡名州者,亦此大地之一隅。其後追厥所自,謂墨瓦蘭實開此區,因以其名命之曰墨瓦蠟尼加。爲天下之第五大州也。"卷四頁十一至十二　按墨瓦蘭今譯作麥哲倫,墨瓦蠟尼加即今麥哲倫海峽以南之地。其地今屬南美,本不甚大,職方外紀首圖,將南極之地悉屬之,蔚然爲一大洲,蓋於當時地理,亦不甚諳悉也。

其說荒渺莫考,然其國人充斥中土,則其地固有之,不可誣也。

接艾儒略所著職方外紀,誠不免有神異夸飾之語,四庫提要謂"所述多奇異,不可究詰,似不免多所夸飾,"蓋公論也。然其所論五洲之勢,除墨瓦蠟尼加不合於今之地理情勢外,餘就大勢論之,與今地理所述,大致尙同,則不得謂之"荒渺"也。明季西士東來,所有地理上之貢獻,固不爲小。如利馬竇之萬國全圖,艾儒略之職方外紀,均爲吾國世界地理之先導。當時確信其說者,固亦有人,然大多數則仍抱信疑參半之態度,甚或別有誤解。魏濬利說荒唐惑世篇云:"近利瑪竇以其邪說惑衆,士大夫翕然信之。……所著輿地全圖,及洸洋窅渺,直欺以其目之所不能見,足之所不能至,無可按驗耳。眞所謂畫工之畫鬼魅也。毋論其他,且如中國于全圖之中,居稍偏西,而近於北,試于夜分仰觀北極樞星,乃在子分,則中國當居正中,而圖置稍西,全屬無謂。…… 焉得中國如此蕞爾居居如圖之近北,其肆談無忌若此。信之者乃謂其國人好遠遊,斯非遠遊者談也。談天衍謂中國居天下八分之一,分爲九州,而吾中國爲赤縣神州,此其誕妄又甚於衍矣。''全文見聖朝破邪集卷三頁三七此於五州之說,極端懷疑者也。大抵當時人士,同抱此種態度者,不在少數。虞德園銓部與利西泰先生書云:''側聞先生降神西域,渺小釋迦,將無類我魯人詆仲尼東家丘,忽于近也。''天學初函本辯學遺牘卷首 王肯堂鬱岡齋筆塵稱:''余見西域歐羅巴國人利瑪竇出示彼中書籍……''卷四頁十六汪廷納坐隱奕譜稱:''乙巳歲,不佞於京師會西域歐邏巴國西泰利瑪竇……''明季之歐化美術及羅馬字注音引 是誤歐羅巴爲西域地也。吾國素於西域疆界,雖無定限,然至以歐羅巴爲西域之一部,其於當時地理情勢之不明可見。沈㴶參遠夷疏第三云:''臣近又細詢閩海士民識彼原籍者云,的係佛狠機人。其王豐肅(Alphonse Vagnoni)原名巴里狠嘗。先年同其黨類,詐稱行天主教,欺呂宋國王而奪其地,改號大西洋。然則閩粵相近一狡夷爾,有何八萬里之遙。''全文見破邪集南宮署牘頁一四至一七黃廷師驅夷直言稱:''夫天主一說,誕謬不通,朝野諸先生名士,擯之詳矣,但未有詳其夷種原繇者,余今謹將夷種夷奸,一一說破可也。按此種出于東北隅,爲佛狠機,亦爲貓兒眼,其國係干絲蠟,而米索果其鎖頭也。原距呂宋不遠,所謂數萬里者僞耳。''全文見破邪集卷三頁二九至三一蘇及寓邪毒實據云:''今姑舉邪毒異慘,一一親見聞者,實而據之:(一)此夷(指西洋教士言)詐言九萬里,夫詐遠者,令人信其無異志,而不虞彼之吞我耳。不知此番機深謀巧,到一國必壞一國,皆即其國以攻其國,歷吞亦有三十餘(原注:有篇疏云,彼西洋隣近三十餘國,奉行此教是也)。遠者難稽其踪,最近而呂宋,而米索果,而三寶顏,而雞籠淡水,俱皆殺其王奪其民,只須數人便壓一國,此其實實可據者歟。"全文見破邪集卷三頁三二至三六 按沈㴶黄廷師蘇及寓所述,均以西班牙一國之事,與西洋教士相混。且言其地近閩粵呂宋,所言八萬里或九萬里者僞。夫八萬里或九萬里之說,固屬不確,然言近閩粵呂宋,則誠大謬。蓋明人於歐西地理,始終不明,而於西士所言及其著述,亦始終疑爲僞妄。傳文所言,殊可爲明人一般態度之代表。

大都歐羅巴諸國,悉奉天主耶穌教,而耶穌生於如德亞,其國在亞細亞洲之中,西行教於歐羅巴。

職方外紀歐邏巴總說云:"凡歐邏巴州內,大小諸國,自國王以及庶民,皆奉天主耶穌正教,纖毫異學,不容竄入。"卷二頁一 又如德亞篇云:"亞細亞之西,近地中海,有名邦曰如德亞。…… 經典中第一大事,是天主降生,救拔人罪,開萬世升天之路。預說甚詳,後果降生于如德亞白得稜之地,名曰耶穌,譯言救世主也。…… 所化國土,如德亞諸國爲最先,延及歐邏巴利未亞,大小千餘國。"卷一頁七至八

其始生在漢哀帝元壽二年庚申,閱一千五百八十一年,至萬曆九年,利瑪竇始汎海九萬里抵廣州之香山澳

利瑪竇來華,艾儒略大西利先生行蹟云:"西泰利先生瑪竇者,大西歐羅巴意大里亞國人也。其父居官,甚有懿德,奉天主甚虔。其受業之師孟尼閣者,亦名賢也。利子得此賢親及師,從幼見聞,俱合正道。且穎異聰敏,十

餘歲時,即有志精修。父以科第期之,冀紹其家聲,送到羅瑪京都,就名師習諸科學之蘊奧。既三年,欲遂脩道夙懷,不願婚娶涉利名,求入耶穌顯修會,時年十九矣。因致書於父,具言此意,父驟聞未之許也。欲往羅瑪阻之,及起程,忽得病,不果往。稍愈又欲行,又病而回,如斯者三,父乃翻然改曰:"是殆天主所默眷,欲使其傳道於四方也歟?我安可使功名一途,加諸欽崇天主上乎?'復書具述屢往屢病之由,諄諄加勉。利子入會,既於文科理科,無不卓然,復於道科日精日進。歷考七次,至撒責爾鐸德之尊品。嗣後立志航海,廣傳聖教於東方,遂請命會長,面辭教宗,於天主降生後一千五百七十七年,閱數國,迺至大西海濱名邦波爾都瓦爾。利子入見其王,王欵甚厚。航海東來,歷怒濤狂沙,掠人啖人之國,不災不害。次年泊小西洋,易舟而東。又次年爲萬曆九年辛巳,始抵廣東香山澳。"頁一 按利瑪竇來華,或作萬曆十年,即西曆一五八二年。

又按九萬里之說,當時亦無定論。職方外紀亞細亞總說稱"其(指中國言)距大西洋路幾九萬。"卷一頁一 西方要紀稱:"西洋總名爲歐邏巴,在中國最西,故謂之大西。以海而名,則又謂之大西洋。距中國計程九萬里云。"頁一 此均言九萬里也。利瑪竇貢表稱"時歷三年,路經八萬餘里。"正教奉褒頁四引 龐迪峨七克自序云:"迪我八萬里外,異國之旅。"此又言爲八萬里矣。職方外紀海道說,曾略述及當時繞非洲南端及繞南美之東西兩航路,幷明言'西來之路經九萬里,'然是否爲精確之計算,則未敢言。海道說見外紀卷五頁八　西方要紀路程篇稱"小西離大西六萬餘里"本書頁二，如從其九萬里之說，則小西去中國近三萬里矣。然此亦僅言其略耳，未可視爲確論。總之九萬或八萬里之說，均爲當時海程之大概推斷，推斷不同，說亦各異，未可強論之也。

其教遂沾染中土。

按明季西士傳教中華，聖方濟各沙勿略實開其端，惜彼於一五五二年（明嘉靖三十一年），死於廣東上川，其教終未行於中土。澳門自爲葡人所據，其間天主教頗盛行，華人亦有信向之者，然僅此一隅，此外則無濡染信奉者。迨利瑪竇東來，誓欲宣揚其教，其教始得傳入中土。艾儒略大西利先生行蹟云："越明年癸未（萬曆十一年西歷一五八三年），利子始同羅子（羅明堅）入端州（肇慶），新制臺郭公（郭應聘，福建莆田人，進士，萬曆十一年由右都御史兼兵部侍郎任）並太守王公甚喜欵留，遂築室以居利子。……其居端州幾十載。初時言語文字未達，苦心學習，按圖畫人物，倩人指點，漸曉語言，旁通文字，至於六經子史等篇，無不盡暢其意義，始稍著書，發明聖教。日惟勤懇泣下，默禱天主，啓迪人心，端其信向，朝夕不輟。且多方誘掖，欲使人人識認天上大主，萬民之大父母。時有鐘銘仁黃明沙者，粵中有志之士也，慕利子之天學，時依從之。頁一　此言利氏始開教于肇慶也。又云："其後司馬節齋劉公（即劉繼文江南靈璧人，進士，萬曆十六年以兵部侍郎兼僉都御史任），開府端州，知利子欲進內地，以廣宣其教，遂移文韶州府，命於南華寺居停。利子請附城河西官地，建天主堂棲止焉。其端州舊堂，則劉公取爲生祠,薄酬價於利子,力辭不受,劉公愈高之。……厥後到南雄府,大京兆王公玉沙諱應麟,適宦南雄,一見利子,深相愛慕。少司馬石公(未詳),亦敬愛利子,遂攜利子之南都。…… 比抵南都,未逢知己,心殊悵然。…… 乃舍南都而轉江右焉。適有醫士王繼樓者,過覯利子德容,心竊異之,遂延至家,而館利子。入告中丞陸仲鶴公(未詳),邀見甚喜,談論數日。利子因傳記含之學,順逆背誦之法,公益相敬愛。…… 遂留駐利子於洪州(南昌)。而同會蘇瞻卿(即蘇如漢 Juan Soerio)羅懷中(羅如望 Jean de Rocha)自大西至,亦共處焉。”頁二 此言利氏繼開教於韶州南雄南昌三地也。又云:“越二十六年戊戌(西曆一五九八年),王大宗伯忠銘者,素聞利子名,將入京,欲攜偕往,過韶州,遂攜郭子仰鳳(郭居靜或作郭居敬 Lazarus Cattaneo),共到豫章,偕利子之京都。…… 趙公命衙官護送之京師,適關白倡亂,朝鮮多事,未有朝見之機,利子復同郭子南回。時冬日河凍,暫留郭子於山東,獨回蘇州,與故人瞿太素之南都。…… 而郭子自山東回,相與共謀築室矣。戶部劉公斗墟者,見利子問曰:‘聞子欲卜宅居此,信乎?’ 利子曰:‘然。’” 公曰:“昔於洪武崗嘗構數椽,不意爲魔所據,吾子若不懼魔,甘心售之,毋論値也。” 利子曰:‘吾自少奉天地眞主,受庇良多,況天主聖像,爲魔所極畏者,不必懼也。’ 因偕劉公往觀,殊愜意,捐貲買之。是日於廳間立臺,奉天主聖像於其中,以聖水洒淨一室,夜同郭子及鐘念江(鐘銘仁父)等居之,魔絕無影響。”頁二至三 此言利氏繼復開教於南京也。按利瑪竇於萬曆十一年(一五八三)開教肇慶,十七年(一五八九年四月)轉往韶州,二十二年(一五九四),趨南雄南京,轉往南昌,二十六年(一五九八)復自南昌趨南京北平,轉往蘇州,二十七年(一五九九)開教南京,二十八年十二月一日(西歷一六〇一年一月四日),始自南京入覲。此後寄居京都凡十年,建堂宣教,一時士大夫信向者,頗有其人,而天主教在中國之基礎,亦由此始立。沈德符野獲編云:"今中土士人,授其學者遍宇內,而金陵尤甚。蓋天主之教,自是西方一種釋氏,所云旁門外道,亦自奇快動人,若以爲窺伺中華,以待風塵之警,失之遠矣。"卷三十 野獲編成於萬曆末年,則此所言,亦爲萬曆末年事。自'授其學者遍宇內'一語,略可想見當時天主教之情勢。

又沈㴶參遠夷疏凡三上(引於後文),於當時南京教務之情形,有所陳述,而於第三疏引萬曆四十四年龐迪我熊三拔疏揭之文,稱當時宣教西士,言'南京各省有十三人。'考當時西士行教中國,在南京者爲王豐肅(後改稱高一志)謝務錄,別有林斐理(Felic da Silva)一人,於萬曆四十一年(一六一三)六月內病故。此見南宮署牘會審王豐肅等犯一案(見後文)。其在北京者,爲龐迪我熊三拔二人,沈㴶參遠夷疏第一,謂"在京師則有龐迪我熊三拔等"(見後文)是。其在杭州者爲郭居靜,南宮署牘載被逮三郎供詞,稱"祖父鄒思化送杭州開教處郭居敬處讀書"(見後文)是。其在南昌者爲羅如望,南宮署牘載被逮游祿供詞,稱'因羅儒望之勸,在南昌入教,四十四年(一六一六),五月間,爲儒望送書,至南京被捕'(見後文)是。其在南雄者爲陽瑪諾(Emmanuel Diaz),南宮署牘會審王豐肅等犯一案,謂"于四十二年(一六一四)十二月內,仍往南雄居住,並未回還本國”是也。其在韶州者爲費奇觀,南宮署牘載被逮蔡思命供詞,稱“費奇規【觀】(Gaspard Ferreira)亦西洋人,曾在韶州傳教”(見後文)是。統上所述,當時開教之地,有北京,南京,杭州,南昌,南雄,韶州等地,而宣教者,有王豐肅謝務祿龐迪峩,熊三拔郭居靜羅儒望陽瑪諾費奇觀八人耳。此外可考者,有蘇如漢(Jean Soerio) 麥安東(字立脩)(Ant d'Almeida) 石方西(Fr. de Petris) 龍華民(Nicolas Longobardi) 畢今梁(卽畢方濟)(Francois Sambiaso) 史建修(卽史惟貞)(Pier Van Spiere) 與艾儒略七人,均於萬曆四十四年前來華,事見大西利先生行蹟。又有金尼閣(Nicolas Trigauelt)一人,見丁志麟楊淇園先生超性事蹟,云:‘歲辛亥,(萬曆三十九年)我存(李之藻)官南都與利先生同會郭仰鳳金四表交善,比告歸,遂延郭金二先生入越。’見代疑篇後 此所言金四表即金尼閣,四表爲其字耳。以此八人合之上述八人,共爲十六。然王韜所輯泰西著述考,列舉萬曆四十四年(一六一六)前來華西士,除上述十六人及已死亡或回國之可考者外,尙有巴範濟,孟三德(Eduard de Sande) 李瑪諾(Emmen Diaz) 黎寗石(Pierre Ribeiro) 杜祿畝(Barthel Tedeschi) 駱入祿(Jerome Rodrignez) 曾德昭(或作魯德昭原名Alvarus de Semedo)等七人。龐迪峩之疏揭,吾未之見,其中所言十三人者,究屬何指,亦未之詳。大抵十三之數,不能盡括當時西士,其中有所脫落,當所不免。

沈潅三疏之後,朝廷明令禁教,當時南京教徒,多被逮捕,而西士亦俱遯跡隱形,宣教事業,遂暫歸衰落。天啓初年,東虜事急,一時需用銃礮甚急,遂弛教禁,令在澳西士,入都鑄造西銃，宣教事業，亦由此復振。王朝式罪言云："願查南宮署牘，爾時狡夷入中國者，纔十三人耳，今則指不勝屈矣。建事天堂，聚衆惑民，止留都洪武岡一處耳，今則景教（卽天主教）之設，延及數省矣。擦聖油淋聖水者特八九擔竪，今則縉紳先生且爲其書弁首綴尾，頌功揚德，加吾中國聖人數等矣。"全文見破邪集卷三頁二六至二八　又黃貞請顏壯其先生闢天主教書云："艾氏（艾儒略）言會友二十人來中國開教，皆大德一體也。今南北兩直隸浙江湖廣武昌山東山西陝西廣東河南福建福州興泉等處，皆有天主教會堂，獨貴州雲南四川未有耳。嗚呼！堂堂中國，鼓惑乎夷邪，處處流毒，行且億萬世受殃，而今縉紳大老士君子入其邪說，爲刊刻天主教書義，爲撰演天主教序文，貞目覩所及甚多，此其可憤可慨者五也。"全文見破邪集卷三頁八至十一以上兩文，均撰於崇禎間，所論當時天主教分佈之情形，與萬曆間比較觀之，亦可略見天主教發展之概況。

又利類思(Louis Buglio)不得已辯云："且西士在中國行教，自利瑪竇始。萬曆辛巳年（九年）入中國，朝見神宗，献天主像等方物，於宣武門建天主堂，著書譯經，發明天主教正理，至今八十七載。接踵而至者，浙江杭州郭居靜，癸未（萬曆十一年西曆一五八三）；江西南昌府蘇如漢，甲申（萬曆十二年西曆一五八四）；建昌府費奇規【觀】，辛卯（萬曆十九年西曆一五九一）；江南江寧府高一志，松江府黎寧石，壬辰（萬曆二十年西曆一五九二）；陝西西安府金尼閣，己亥（萬曆二十七年西曆一五九九）；閩福州府艾儒略，壬寅（萬曆三十年西曆一六〇二）；山西絳州曾德昭，甲辰（萬曆三十二年西曆一六〇四）；河南汴梁畢方濟.丁卯（天啟七年西曆一六二七年）；各居本堂傳教。"頁六六　按本文所有甲子多誤。郭居靜開教杭州事,本文言在萬曆十一年,依大西利先生行蹟所載,是年利瑪竇初同羅明堅自澳門至端州開教,去內地開教之年尚早,郭氏無至杭州開教之可能。王韜所輯泰西著述考,謂郭居靜於明萬曆二十二年（一五九四）甲午來華,見本書頁二如從其言,則萬曆十一年時,郭氏尚未來華。此作癸未誤。蘇如漢開教南昌事,本文言在萬曆十二年,泰西著述考稱如漢於萬曆二十三年（一五九五）乙未來華,見本書頁二與此亦不合。又大西利先生行蹟稱利瑪竇駐居南昌時,如漢亦自大西至。依利瑪竇貢表,自稱淹留肇慶韶州十五年,其移居南昌,在離去韶州之後,以年計之,如漢無於萬曆甲申開教南昌之可能。費奇規【觀】開教建昌事,本文言在萬曆十九年,泰西著述考稱費奇規【觀】於萬曆三十二年（一六〇四年）來華（見本書頁二）,與此亦不合。又南宮署牘載被逮蔡思命供詞,稱"二十二歲,廣東廣州府新會縣人,於三十七年（萬曆）間,同陽瑪諾費奇規【觀】來京"（見後文）,似奇觀於萬曆三十七年前,無宣教他地事。高一志開教南京與黎寧石開教松江事,本文均屬之萬曆二十年。泰西著述考稱高一志於萬曆三十三年（一六〇五）乙巳來華見本書頁三,南宮署牘會審王豐肅等犯一案條,錄豐肅供詞,稱"于萬曆二十七年（一五九九）七月內,前到廣東廣州府香山澳中。"……于萬曆二十九年（一六〇一）三月內,前到南京西營街居住。"（見後文）按署牘所載,出於豐肅自供,其言自較可靠,故豐肅來華之年,以萬曆二十七年爲近是,開教南京之年,以萬曆二十九年爲近是。黎甯石開教松江事無考,泰西著述考稱其在萬曆三十二年(一六〇四)甲辰來華,與此亦不合。金尼閣開教西安,本文言在萬曆二十七年,泰西著述考稱其于萬曆三十八年庚戌(一六一〇)來華見本書頁四,與此不合。艾儒略開教福州事,本文言在萬曆三十年。儒略來華,據其大西利先生行蹟自述,謂"浮海東來,而利子是年(萬曆三十八年)沒矣",似於萬曆三十八年來華。泰西著述考稱其於萬曆四十一年(一六一三)癸丑來華見本書頁四,似不足據。如此則儒略於萬曆三十年開教福州事,未免過早。又黃貞破邪集自序稱"始自癸酉(崇禎六年西曆一六三三)艾儒略之入吾漳也",知儒略開教漳州,爲崇禎六年事。福州去漳甚近,則其開教福州,亦當去此不遠。於此亦可證明利類思之言有誤。曾德昭開教山西絳州,本文言在萬曆三十二年,泰西著述考稱其在萬曆四十一年(一六一三)癸丑來華見本書頁五,亦與此不合。畢方濟開教河南開封事,本文言在天啟七年,是否有誤,未詳。利類思所言甲子雖誤,而各地宣教事,則爲事實。大抵明之末年,西士開教之業,已遍國內,特書文有闕,未能詳言之耳。

至二十九年,入京師,中官馬堂以其方物進獻。

明神宗萬曆二十八年十二月甲戌(五日)實錄云:"天津稅監馬堂奏遠夷利瑪竇所貢方物,暨隨身行李,譯審已明,封記題知。上令方物解進,瑪竇伴送入京,仍下部譯審。"卷三五四又萬曆二十九年二月庚午朔實錄云:"天津河御用監少監馬堂解進大西洋利瑪竇進貢土物并行李。"卷三五六 大西利先生行蹟云："萬曆二十八年庚子，遂與同會龐順陽(龐迪峨)以禮科文引，躬詣闕廷，貢獻方物。諸當道欵接如禮，而山東開府心同劉公，閱貢物倍加優待。乃越黃河抵臨清，適督稅內官馬堂，邀功攔阻，悉將貢物奏章，自行上達。奉旨起取赴京，利子始偕伴八人，出入燕都。獻天主聖像，聖母像，天主經典，自鳴鐘大小二具，鐵絃琴，萬國圖。皇上欣念遠來，另【召】見便殿，垂簾以觀。命內官學習西琴，問西來曲意，利子始譯八章以進。復蒙賜問大西教旨，凡民風國政等事。于是欽賜官職，設饌三朝，宴勞利子等。固辭榮祿，受廩餼。上奉聖像于御前，置自鳴鐘於御几，復命畫工圖形進覽。"頁四 野獲編云："利瑪竇字西泰，以入貢至，因留不去。…… 往時予遊京師，曾與人【之】鄰，果異人也。初來即寓香山澳，學華言課華書者凡二十年，比至京已斑白矣。入都時，在今上庚子年(萬曆二十八年)。途經天津，爲稅監馬堂所譏訶，盡留其未名之寶，僅以天主像及天主母像爲獻。"卷三十頁三五 又萬曆二十八年十二月二十四日利瑪竇貢表云："大西洋陪臣馬利竇謹奏。爲貢獻土物事：臣本國極遠，從來貢獻所不通，逖聞天朝聲教文物，竊欲霑被其餘，終身爲氓，庶不虛生。用是辭離本國，航海而來，時歷三年，路經八萬餘里，始達廣東。緣音譯未通，有同暗啞，就居學習語言文字。淹留肇慶韶州二府十五年，頗知中國古先聖人之學，於凡經籍，亦略誦記，粗得大旨。乃復越嶺，由江西至南京。又淹五年。伏念堂堂天朝，方且招徠四夷，遂奮志徑趨闕廷。謹以原攜本國土物，所有天主圖像一幅，天主母圖像二幅，天主經一本，珍珠鑲嵌十字架一座,報時自鳴鐘二架,萬國圖誌一册,西琴一張等物,敬獻御前。此雖不足爲珍,然自極西貢至,差覺異耳;且稍寓野人芹曝之私。臣從幼慕道,年齒逾艾,初未婚娶,都無繫累,非有望幸。所獻寶像,以祝萬壽,以祈純嘏,佑國安民,實區區之忠悃也。伏乞皇上憐臣誠愨來歸,將所獻土物,俯賜收納,臣益感皇恩浩蕩,靡所不容,而於遠臣慕義之忱,亦少伸於萬一耳。又臣先於本國,忝與科名,已叨祿位。天地圖及度數,深測其秘。製器觀象,考驗日晷,並與中國古法脗合。倘蒙皇上不棄疎微,令臣得盡其愚,披露於至尊之前,斯又區區之大願,然而不敢必也。臣不勝感激待命之至。謹奏。"正教奉褒頁四至五　按利馬竇自南京入都貢獻,或作萬曆二十八年,或作二十九年,傳文所載,蓋據萬曆二十九年實錄也。又夏燮明通鑑攷異言利氏入京爲三月事,云:"利馬竇入貢,明史本紀書于二十八年之末,蓋据馬堂奏聞年月也。利入京師,明史意大里亞傳,系之二十九年,紀事本末書于是年二月,證之傳中言'候命五月,未賜綸音',禮部遂于八月復請遣還,則以爲三月者近之。西人書中,言利至京師,亦云二十九年,今仍据傳書之。"卷七二頁一　通鑑所引,即傳文所載八月禮部題請事,然據是年實錄所載,則屬之是年七月十一日(見後文),則知傳文誤引實錄,所謂八月者非是。夏燮不據實錄,即以傳文推算,改稱利入京師,爲三月事亦有未當。

馬堂:　其監稅事,詳見神宗實錄,各書所載,並稱爲臨清與天津稅監者,以其兼轄兩地也。

自稱大西洋人。禮部言會典止有西洋瑣里國,無大西洋,其真僞不可知。又寄居二十年,方行進貢,則與遠方慕義特來獻琛者不同。且其所貢天主及天主母圖,旣屬不經,而所攜又有神仙骨諸物。夫旣稱神仙,自能飛昇,安得有骨?則唐韓愈所謂凶穢之餘,不宜入宮禁者也。況此等方物,未經臣部譯驗,徑行進獻,則內臣混進之非,與臣等溺職之罪,俱有不容辭者。及奉旨送部,乃不赴部審譯,而私寓僧舍,臣等不知其何意?但諸番朝貢,例有回賜,其使臣必有宴賞,乞給賜冠帶還國,勿令潛居兩京,與中人交往,別生事端。不報。

禮部奏疏: 按禮部疏文,明神宗萬曆二十九年二月實錄卷三五六及野獲編卷三十頁三六至三七均載其文,文句雖間有不同,而其大旨,則與此悉同,不復錄。

西洋瑣里: 實錄稱"會典止有西洋國及西洋瑣里,"野獲編稱"會典止有瑣里國",按大明會典所載,有西洋(見卷九六,頁八至九)西洋瑣里瑣里(見卷九七頁十及卷一〇一頁五)三國,禮部旣欲引會典之文,以證大西洋不列王會,則當以西洋國與西洋瑣里並擧,不當只言西洋瑣里也。傳文言"會典止有西洋瑣里國",蓋誤省西洋國也。野獲編只稱瑣里,蓋爲西洋瑣里之省文,然不知會典別有瑣里國,易與比相混也。考西洋國一名,明代記述海外諸國之載籍,如星槎勝覽瀛涯勝覽西洋朝貢典錄殊域周咨錄皇明四夷考東西洋考象胥錄等書,均無其名。明成祖實錄,數見"西洋"二字,如永樂三年三月癸亥實錄,稱:"賜女直把剌答琉球西洋暹羅使臣三吾良亹等宴於會同館。"燕京大學

圖書館藏抄本　又三年九月癸巳實錄稱："賜西洋爪哇東里江元朝貢使臣，及舊港等處頭目宴之。"同上　又三年九月辛酉實錄稱："賜麻里…………及西洋古里蘇門答剌爪哇諸國朝貢之使宴。"同上　又三年十月丁丑實錄稱："賜西洋古里蘇門答剌加爪哇哈密等處使臣及歸附韃靼頭目宴。"同上　然此所言之西洋，疑爲對西南海洋之泛稱，非專指一國而言。永樂四年十月丁酉實錄稱："東洋馮加施蘭土酋加馬艮等來朝，賜鈔幣有差。"同上　又八年十一月丁丑實錄稱："賜浡泥國王叔蔓的里哈盧等及東洋馮加施蘭呂宋國…………等處朝貢使臣………。"同上　按馮加施蘭（即 Pangasinan 爲今呂宋之一省）呂宋均屬東洋之國，則此東洋二字，爲指明兩國所在之地，非別爲一國可知。然則西洋二字，亦爲指明其下列一國或數國之隸屬西洋，以示與東洋有別，亦可由此推知。會典據祖訓，列西洋國於不征諸國之內，究何所指，未詳。西洋瑣里及瑣里，皇明四夷考（見鄭曉吾學編）列爲二國，分述其事，殊域周咨錄只有瑣里，且謂"瑣里國又曰西洋瑣里國，古里國又曰西洋古里國，或爲二國，或爲四國，會典諸書，所載各異……。"卷八頁二四　是西洋瑣里瑣里爲一國，抑爲二國，在昔已有疑義。明史外國傳，亦列西洋瑣里瑣里爲二國，蓋從四夷考及會典說也。瑣里一國，今人考之，謂即印度科里倫河口 Soli 之地，即元時馬八兒 (Malabar) 舊地也。見輔仁大學叢書中西交通史料匯篇第六册頁五一三　按殊域周咨錄稱："其國與伽藍洲獅子國相鄰。或云南距柯枝，西瀕海，自柯枝海行，可三日至。"卷八頁二五　伽藍或作唄喃，或作葛蘭，或作俱藍，均爲印度西部瀕海 Quilon 地之譯音。獅子國即今錫蘭島,柯枝爲今印度西部瀕海 Cochin 地。今按印度地圖,馬八兒適在柯枝之北,瑣里既爲馬八兒舊壤,則其距柯枝不遠可知,所謂"可三日至"者,蓋有可信。至於所謂"與伽藍洲獅子國相鄰"者,蓋自遠方人視之,三地相距殊密邇也。西洋瑣里國境,他書無載,皇明四夷考云:"西洋瑣里近瑣里,視瑣里差大,物產大類瑣里。"卷下頁三七至三八 然查馬八兒近海地,無類西洋瑣里之地,且細審四夷考之言,亦以非確有所據。查明太祖洪武五年正月壬子實錄,稱:"瑣里國王卜納的遣其臣撒馬牙茶嘉兒斡的亦剌丹八兒山奉金葉表,貢馬一匹…………上謂中書省臣曰,'西洋瑣里世稱遠番,涉海而來,難計年月,其朝貢無論疏數,厚往而薄來可也。'"卷七二 前稱瑣里,後稱西洋瑣里,一國二名,蓋以西洋瑣里即瑣里也。又西洋諸國,多有冠以"西洋"二字者,如古里之作西洋古里,各書無以西洋古里別作一國者,則西洋瑣里之不當別爲一國,蓋亦可信。竊疑會典所載西洋瑣里瑣里爲一地之誤,時人不諳海外情勢,遂析爲二耳。

八月,又言"臣等議令利馬竇還國,候命五月,未賜綸音,毋怪乎遠人之鬱病而思歸也。察其情詞懇切,真有不願尙方錫予,惟欲山棲野宿之意。譬之禽鹿久羈,愈思長林豐草,人情固然。乞速爲頒賜,遣赴江西諸處,聽其深山邃谷,寄跡怡老。"亦不報。

明神宗萬曆二十九年七月丙午實錄,云:"甲午,禮部復題:'利瑪竇涉遠貢琛,乃其一念芹曝,臣等議擬賞賜之外,量給所進行李價值,并給冠帶回還,蓋亦參酌事理,上聽裁奪,迄今候命不下者五閱月矣。無怪乎本夷之鬱病而思歸也。察其情詞懇切,眞有不願尙方錫予,惟欲山棲野逸之意。譬諸禽鹿久羈,愈思長林豐草,人情固然。委宜體念。乞准所請頒給,遣回江西等處,聽其深山邃谷,寄跡怡老,下遂遠人物外之踪,上彰聖朝柔遠之政。'不報。''卷三六一 按傳文所據即此,惟實錄置此事於二十九年七月丙午(十一日),傳文則置之八月,二者不合,當是傳文誤引。

又傳文言利氏鬱病思歸事,大西利先生行蹟云:"利子以旅人浮海東來,觀光上國,住中華二十餘年,頗識文字,與他夷來賓爲名利者不同也。具疏請命,或兩京或吳越,乞賜安插。禮部並爲題覆,未蒙報可。''頁四 是知利瑪竇初入京時,尙無久留意也。

已而帝嘉其遠來,假館授粲,給賜優厚。

大西利先生行蹟云:''內官出諭利子曰:'勿固辭,主上方垂意,若固辭,則上心滋不喜。'于是禮部趙公邦靖,周旋其間,利子始安意京師,僦龐子僦屋以居,至於日用飲食所需,取給于光錄,遵上命也。''頁四

公卿以下,重其人,咸與晋接,瑪竇安之,遂留居不去。

野獲編云:''利西泰發願,力以本教誘化華人……性好施,能緩急,人人亦感其誠厚,無敢負者。飲啖甚健,所造皆精好。不權子母術,而日用優渥,無窘狀,因疑其工爐火之術,似未必然。其徒有龐順陽名迪義【我】,亦同行其教,居南中,不如此君遠矣。''卷三十頁三七至三八 大西利先生行蹟云:''趙公(邦靖)後因他事去官,利子唁焉,對而爲之泣。趙公曰:'吾僚友或以冷情視我,子獨爲我相知之深也,其

異世俗之交乎!' 其後趙公歸里,虔視利子,所著實義一部,朝夕拜奉,以誌不忘。相國沈公蛟門一貫,時爲設醴,且饋賚斧焉。而大宗伯馮公琢庵琦,屢叩所學,深相印可,大有志于天主正教。時求所譯經典,且數數上疏排擊空幻之流,欲章明聖教,竟賫所志以歿,惜哉! 于時相國文忠葉公,太宰李公,司馬趙公,少司寇王公,少宗伯祝公,僉都馮公慕岡應京,都給諫曹公于汴,大參吳公龔公,都水李公之藻我存,相與質疑送難而成書,名曰天學實義。……馮公爲文弁其首。…… 大宗伯徐公玄扈,博學多才,欲參透生死大事,惜儒者未道其詳。諸凡玄學禪學,無不拜求名師,然於生死大事,竟無着落,心終不安。萬曆二十八年庚子到南都,見利子而略道其旨。"頁四至五 王應麟利瑪竇墓碑記云:"是時大宗伯(禮部尚書)馮公琦,討其所學,則學事天主,俱吾人禔躬繕性,據義精確,因是數數疏義,排擊空幻之流,欲彰其教。嗣後李冢宰(吏部尚書)曹都諫(給事中)徐太史(翰林院)李都水(工部郎中)龔大參(布政使)諸公問答,勒板成書。至於鄭宮尹(詹事府)彭都諫(給事中)周太史(翰林苑)王中秘(翰林院)熊給諫(給事中)楊學院(學政)彭柱史(御史)馮僉憲(按察司副使)崔銓司(吏司部員)陳中憲(按察司副使)劉茂宰(知縣)同文甚都,見於叙次,衿紳秉翰墨之新,槐位貢行館之重,班班可鏡矣。"正教奉褒頁六至七引

以三十八年四月卒於京,賜葬西郭外。

王應麟利瑪竇墓碑記云:"適庚戌(萬曆三十八年)春,利氏卒,迪我偕龐具奏請卹。詔議。禮部少宗伯(侍郎)吳道南公署部事,言其慕道遠來,勤學明理,著述有稱;且迪我

等願以生死相依,宜加優䘏。伏乞勅下順天府查給地畝,收葬安插,昭我聖朝柔遠之仁。奉聖旨是。宗伯迺移文少京兆(順天府府丞)黃吉士,行宛平縣,有籍歿楊內官(太監)私剏二里溝佛寺房屋三十八間,地基二十畝,牒大司徒(戶部尚書)稟成[illegible]而畀之居。覆奏蒙允。”正教奉褒頁六至七引大西利先生行蹟云:“利子以異地之身,積勞成瘁,自得病首日,即謂諸會士曰:‘茲我去世之期也’,遂依聖教善終規則行之。諸奉教者,利子無不喜容接之,而加慰勉焉。時時仰祈天主,垂佑中華,俾人人盡識聖教,得沾洪恩。復念皇上體䘏遠人,思所以報答涓埃者,望天主玄默福祐,得以闡揚大道,此尤病中惓惓致意者也。越數日,利子臨終,再告解請領聖禮,鐸德依禮捧至寢所,利子奮力強起,投地叩奉不已。同會以病篤勸其安寢,利子不敢纖毫褻越焉。有頃,忽閉目如有所思,乃安然坐逝矣。時萬歷庚戌年四月也。李公我存經其喪事,市堅木爲棺,會士阻之不得。匠人欲速其工,懼天炎而體變,李公曰:‘勿亟,爾第加工,利子雖百日不壞’。越兩日始就木,諸縉紳來弔者,無不極口稱讚。……利子歿後,中朝諸公,議欲請葬地,而龐子順陽熊子有綱具疏奏請,命下禮部題覆。今相國吳公,以少宗伯署部事,偕正郎林公,員外郎洪公,主政韓萬象公,具言其慕義遠來,勤學明理,著述有稱,伏乞收葬等情。上報可。吳公牒下京兆王公吉士,有籍沒楊內官私創二里溝佛寺,房屋三十八間,地基二十畝,畀葬利子,并爲龐熊諸子恭敬天主焚修祝釐之所。”頁六至七 按利瑪竇之死,正教奉褒作萬曆三十八年閏三月十八日,見頁五大英百科全書記利氏事作五月十一日,(中曆爲三月十九日)相差一日。墓碑記稱庚戌春,與此相合,若行蹟稱是年四月,則爲夏,不當爲春,與上言均乖矣。

其年十一月朔,日食,曆官推算多謬,朝議將修改。

野獲編:"萬曆庚戌(三十八年)十一月朔壬寅日食。初欽天奏稱日食七分有餘,未正一刻初虧,申初三刻食甚,酉初初刻復圓。春官正戈謙亨等又稱未正三刻初虧,已互異矣。旣而兵部員外范守己駁之,謂親驗日晷,未正一刻不虧,至正二正三正四刻俱然,直至申初二刻,始見西南略有虧形,至申正二刻方甚,且不止七分有餘,蓋曆官前後俱誤也。"卷三十頁三一至三二

明年,五官正周子愚言大西洋歸化人龐迪我熊三拔等,深明曆法,其所攜曆書,有中國載籍所未及者,當令譯上,以資採擇。禮部侍郎翁正春等,因請倣洪武初設回回曆科之例,令迪我等同測驗。從之。

野獲編云:"禮部因言自萬曆元年至今,日食已十餘次,其差或一二刻以至四刻。前代如漢修改五次,魏至隋修改十三次,唐至五代周修改十六次,宋修改十八次,金至元末修改三次。本朝二百餘年,未經修改,豈能無訛?今范守己及按察使邢雲鷺精通曆學,雲鷺有古今律曆考,□採詳密,可照先朝給事樂濩主事華湘改光祿少卿,提督欽天監。又檢討徐光啓員外李之藻,俱究心曆理,以及大西洋歸化陪臣龐迪我熊三拔等,俱攜有彼國曆法諸書。乞照洪武十五年命翰林李翀吳伯宗,靈臺郎海達兒,回回天師馬黑亦沙等譯修西域曆法事例,盡錄其書,以補典籍之

闕。庶歷法詳明,有光前代。疏上不報。似此訛舛,不急改訂歷律,不知所終矣。"卷三十頁三一至三二 沈潅參遠夷疏第一云:"說者又謂治曆明時之法,久失其傳,臺監推算,漸至差忒,而彼夷所製窺天窺日之器,頗稱精好,以故於萬曆三十九年,曾經該部具題,欲將平素究心曆理之人,與同彼夷開局繙譯。"全文見破邪集卷一頁五至十 春明夢餘錄載李之藻,請譯西洋歷法疏:"伏見大西洋國歸化陪臣龐迪我龍化民熊三拔陽瑪諾等諸人慕義遠來,讀書談道,俱以穎異之資,洞知歷法之學,攜有彼國書籍極多,久漸聲教,曉習華音,在京仕紳與講論其言,天文歷數,有我中國昔賢談所未及者,凡十四事:一曰天包地外,地在天中,其體皆圓,皆以三百六十度算之。地經各有測法,從地窺天,其自地心測算,與其地面測算者,皆有不同。二曰地面南北,其北極出地高低度分不等,其赤道所離天頂亦因而異,以辨地方風氣寒暑之節。三曰各處地方所見黃道,各有高低斜直之異,故其晝夜長短,亦各不同,所得日影,有表北影,有表南影,亦有周圍圓影。四曰七政行度不同,各自爲一重天,層層包裹,推算周徑,各有其法。五曰列宿,在天另有行度,以二萬七千餘歲一周,此古今中星所以不同之故,不當指列宿之天,爲晝夜一周之天。六曰月五星之天,各有小輪,原俱平行,特爲小輪旋轉於大輪之上下,故人從地面測之,覺有順逆遲疾之異。七日歲差,分杪多寡,古今不同,蓋列宿天外,別有兩重之天,動運不同。其一東西差出入二度二十四分,其一南北差出入一十四分,各有定算,其差極微,從古不覺。八曰七政諸天之中心,各與地心不同處所,春分至秋分多九日,秋分至春分少九日,此由太陽天心與地心不同處所,人從地面望之,覺有盈縮之差,其本行初無盈縮。九曰太陰小輪,不但算得遲疾,又且測得高下遠近大小之異,交食多寡,非此不確。十曰日月交食,隨其出地高低之度,看法不同,而人從所居地面南北望之,又皆不同,兼此二者,食分乃審。十一曰日月交食,人從地面望之,東方先見,西方後見,凡地面差三十度,則時差八刻二十分,而以南北相距二百五十里作一度,東西則視所離赤道以為減差。十二曰日食與合朔不同,日食在午前,則先食後合,在午後則先合後食,凡出地入地之時,近於地平,其差多至八刻,漸近於午,則其差時漸少。十三曰日月食所在之宮,每次不同,皆有捷法定理,可以用器轉測。十四曰節氣當求太陽眞度,如春秋分日,乃太陽正當黃赤二道相交之處,不當計日勻分。凡此十四事者,臣觀前次天文歷志諸書,皆未論及,或有依稀揣度,頗與相近,然亦初無一定之見,惟是諸臣能備論之。不徒論其度數而已,又能論其所以然之理。蓋緣彼國不以天文歷學為禁,五千年來,通國之俊曹,聚而講究之,窺測既核,研究亦審,與吾國數百年來,始得一人,無師無友,自悟自是,此豈可以疎密較者哉。"卷五八頁四一至四三 按來華西士言天文曆法之學者,利瑪竇實開其首,然在當時僅為私授之學與夫談笑之資耳,而在朝廷則未採其說,用以治曆授時也。萬曆三十九年,禮部疏請徐光啟李之藻輩,與西士同議譯西法,中國之以西法治曆自此始。惜當時朝廷未深加注意,開局之事,遷延未行,至萬曆四十四年,南京教案發生,在華西士,奉旨遣回,龐熊輩因之離京,治曆之事,亦即告中止。

周子愚: 未詳

翁正春: 閩侯官人,字兆震,明史有傳。

龐迪峨 (Didcus de Pantoja): 泰西著述考云:"龐迪我字順陽,依西把尼亞國(西班牙)人。明萬曆二十七年己亥至,即同西泰利先生進朝,遂留都中傳教。後同粵卒(西人言其卒於萬曆四十六年),葬在香山嶴。所著各書:七克七卷,人類原始,龐子遺銓二卷,實義續編,天神魔鬼說,受難始末,辯揭一卷。" 頁二至三 按龐迪峨於南京教案發生後之翌年,即萬曆四十五年,押送廣東。

熊三拔 (Sabatin de Ursis): 泰西著述考云:"熊三拔字有綱,意大理亞國人。明萬曆三十四年丙午至,傳教北京。天啟年間,欽取修曆,後同廣東,卒(西人言其卒於泰昌元年)。葬在香山嶴。所著各書:泰西水法六卷,簡平儀,表度說。" 頁三 按熊三拔與龐迪峨均於萬曆四十五年押同廣東。事見沈㴶南宮署牘南京都察院回咨。其修曆爲萬曆間事,此言"天啟年間欽取修曆,後同廣東"誤。

自瑪竇入中國後,其徒來益衆,有王豐肅者居南京,專以天主教惑衆,士大夫暨里巷小民,間爲所誘。

王豐肅 (Alponse Vagnoni): 南宮署牘會審王豐肅等犯一案錄豐肅之供詞云:"王豐肅面紅白,眉白長,眼深鼻尖,鬍鬚黃色,供稱年五十歲,大西洋人。幼讀夷書,繇文考理,考得中多耳萬,即中國進士也。不願爲官,只願結會,與林斐理等講明天主教。約年三十歲時,奉會長格老的恶之命,同林斐理陽瑪諾三人,用大海船在海中行走二年四個月,于萬曆二十七年七月內,前到廣東廣州府香山縣香山澳中。約有五月,比陽瑪諾留住澳中,是豐肅同林斐理前至韶州府住幾日,又到江西南昌府住四月,于萬曆二十九年三月內,前到南京西營街居住。先十年前,有利瑪竇龐廸峨郭居靜羅儒望等,已分住南京等處。利瑪竇要得進京貢獻,寄書澳中,到王豐肅處,索取方物進獻。是豐肅攜自鳴鐘玻璃鏡等物前來。比時利瑪竇先已進京,隨將方物等件,寄進京貢獻訖。比時羅儒望將家火交與王豐肅,遂在此建立天主堂,聚徒講教,約二百餘人。每遇房虛昂星日一會,寅聚辰散,日以爲常,並未他往。其林斐理于四十一年六月內病故,其屍棺見停天主堂內。其陽瑪諾向住澳中,亦于先年移住南雄府,約有幾月,前到南京,與豐肅同住兩年,又往北京三年,仍復回南同住。于四十三年十二月內,仍往南雄居住,並未回還本國。一向王豐肅所用錢糧,自西洋國商船帶至澳中,約有六百兩。若欲蓋房,便增至千金。每年一次,是【至】各處分教龐廸峨等分用等語。又審得謝務祿面紅白色,眼深鼻尖,黃鬚,供年三十二歲,大西洋人。曾中多耳蕩。不願爲官,亦只會友講學。于先年失記月日,自搭海船前到廣東澳中,約有三年六個月等語。據此看得謝務祿面貌與豐肅相同,其爲遠夷無疑。陽瑪諾雖未回還本國,據稱現在南雄,則非潛匿此中明矣。"

破邪集卷一頁一九至二一——泰西著述考稱:'高一志(卽王豐肅爲南京敎案後之改稱)字則聖意大理亞國人,明萬曆三十三年乙巳至(按此與王豐肅供詞不合),傳教山西,崇禎某年卒,墓在絳州南門外,所著各書:西學修身十卷,西學齊家五卷,西學治平,四末論四卷,聖母行實三卷,聖人行實七卷,則聖十篇,十慰,斐錄彙答二卷,勵學古言,童幼教育二卷,譬學,寰際格致二卷,寰宇始末二卷,教要解略二卷。"頁三　按王豐肅於萬曆四十五年押回廣東,後改稱高一志傳教山西。

士夫小民信奉:　按傳言士夫信奉,語見沈㴶叅遠夷疏第一,云"其說浸淫人心,即士君子亦有信向之者。"　徐光啟辨學疏疑㴶爲指己言,云:"南京禮部叅泰西陪臣龐廸峩等,內言'其說浸淫,即士君子亦有信向之者。'　又云'妄爲星官之言,士大夫亦墮其雲霧。'　曰士君子,曰士大夫,部臣根株連及,略不指言,然廷臣之中,臣嘗與諸陪臣講究道理,書多刊刻,則信向之者臣也。　亦嘗與之考求曆法,前後章疏,具在御前,則與言星官者亦臣也。"全文見正教奉褒頁十引　考此時士大夫奉教,而爲沈㴶所素悉者,除徐光啟外,尚有李之藻楊延筠兩人。　之藻杭州仁和人,其歸依天主,在萬曆三十八年。　大西利先生行蹟云:"庚戌歲(萬曆三十八年)……時忽患病(指李之藻言),京邸無家眷,利子朝夕於床第間,躬爲調護。　及病甚篤,已立遺言,請利子主之。　利子力勸其立志奉教,得幡然于生死之際而受洗,且奉百金爲聖堂用,而李公之疾痊矣。"頁六　楊廷筠浙西錢塘人,其奉教事,丁志麟楊淇園先生超性事蹟云:"……領洗之規,首遵十誡,誡中一嚴邪淫,第一夫婦爲正,毋二色也。　襄公因乏嗣,故置側室,公子二,由庶出。　比公固請聖洗,而先生(指金尼閣言)未許,公躊躇且久,私謂我存公曰,'泰西先生乃奇甚,僕以御史而事先生,夫豈不可,而獨不能容吾一妾耶?　若僧家者流,必不如是。'　我存公喟然嘆曰,

'于此知泰西先生,正非僧徒比也。聖教誡規,天主頒之,古聖奉之,奉之德也,悖之刑也。德刑昭矣,阿其所好,若規誡何? 先生思救人,而不欲奉己,思挽流俗,而不敢辱教規,先生之德也,其所全多矣。君知過而不改,從之何益乎?'公忽猛醒,痛改前非,屏妾異處,躬行教誡,于是先生鑒其誠,領聖洗焉。"此文附代疑編後 淮浙烏程人,與之藻廷筠同里,故知之甚悉。然當時士大夫奉教者,不只此三人,如瞿汝夔馮應京輩,西人皆稱其奉教,惜書文有闕,未能一一考稽之耳。

又按"里巷小民間爲所惑"事,王豐肅供詞,稱南京一地奉教者二百餘人,然此二百餘人之姓名事跡,久已湮沒無考。南宮署牘載南京教案發生時之被逮者,多係閭里小民,頗可藉以覘察當時小民奉教之情形。其第一次逮捕,爲萬曆四十四年七月二十一日事,被逮者除王豐肅謝務祿外,餘爲華人十七名:一曰鍾明仁,年五十五歲,廣東廣州府新會縣人。二曰曹秀,年四十歲,江西南昌府南昌縣人。先時在京,結帽爲生,因妻染病,五年不愈,遂于萬曆四十年三月間入教。三曰姚如望,年六十一歲福建興化府莆田縣人。挑脚爲生。於甲寅正月十六日入教。因王豐肅等事發,手執黃旗,口稱願爲天主死,遂被獲。四曰游祿,年五十三歲,江西南昌府南昌縣人。鬆頭爲生。因羅儒望之勸,在南昌入教。四十四年五月間,爲儒望送書至南京被捕。五曰蔡思命,年二十二歲,廣東廣州府新會縣人。於三十七年間,同陽瑪諾費奇規【觀】來京,投入王豐肅家,專管書柬,兼理茶房。六曰王甫,年三十一歲,浙江湖州府烏程縣人,王豐肅處看園。七曰張元,年三十二歲,江西瑞州府人。結帽爲生,爲傭於天主堂內。八曰王文,年三十歲,江西九江府湖口縣人。補網爲生,萬曆四十三年進教。九曰劉二,年三十九歲,江西南康府都康縣人。木匠爲生。因爲天主堂中修理做工,遂信奉教。事發被獲。十曰周可斗,年二十七歲,江西九江府湖口縣人。結帽爲生。四十四年六月十二日入教。爲王豐肅送帽被獲。十一曰王玉明,年二十九歲,福建邵武府邵武縣人。在天主堂煮飯。十二曰三郎,年十五歲,松江府上海縣人。父鄒元盤。於萬曆四十三年,因母病故,祖父鄒思化送杭州開教處郭居靜處讀書,因交遊不暇,轉送王豐肅處讀書。十三曰仁兒,年十四歲,北直保定府人。被賣於龐迪峩,龐迪峩復轉送於王豐肅處。十四曰龍兒,年十四歲,北直保定淶水縣人。父故,被賣於龐迪峩,迪峩將彼與仁兒,一倂送至南京王豐肅處。十五曰本多,年十四歲,廣東東莞縣人。父將其僱與王豐肅處下燒火。十六曰熊良,年十四歲,江西南昌人。父熊廷試久住南京,木匠生理。時在王豐肅家做工,帶良出入,偶豐肅與錢五十文買雞,送進被獲。見破邪集卷二頁一三至一九會審鍾明仁等犯一案 十七曰王桂,南宮署牘會審鍾明禮等犯一案湯洪供詞云:"余成元向洪云,'你母舅王桂,捉在監中,你可幫送揭帖,救你母舅'等語。"見破邪集卷二頁八 其第二次逮捕,爲萬曆四十四年八月十四日事,被逮者八人:一曰鍾明禮,供年三十四歲,廣東新會縣人,父鍾念山……幼時曾在香山澳中。…… 鳴禮(明禮或作鳴禮)失記年月,不知何年分,有利瑪竇龐迪峩王豐肅郭居靜羅儒望等,從西洋國入澳,緣將天主教,愈加講明,要得行教中國,是父鍾念山率鳴禮兄弟,往拜從之。……萬曆二十七年(當作二八年),利瑪竇龐迪峨前往北京,有鳴仁(即鍾明仁)從之同往,鳴禮自住江西。於萬曆三十三年間,鳴禮來至南京,與王豐肅同住天主堂內,兄鍾明仁亦自北來,一同居住。及萬曆三十九年(當作三十八年),利瑪竇死,鳴禮兄弟,同往北京會葬。葬畢,仍復來京。…… 凡天主堂中,有來從教者,或鳴仁或鳴禮先與講說,然後引見王豐肅。一向無異。至今年五月內,鳴禮前往杭州,與郭居靜會話。八月初二日,知王豐肅事發,兄鳴仁已被拘獲。又聞浙江軍門,亦將緝拿郭居靜,鳴禮即於初十日到京。……當有兵馬官前來擒獲。"二曰張寀,"供年二十六歲,山西平陽府曲沃縣。於萬曆四十二年二月內,前往北京,推水過活,因見同鄉人說稱天主教極好,遂拜從龐迪峨門下。……今年七月二十一日,龐迪峨見南京王豐肅事發,要得救解,與寀盤費銀二兩,交包袱一個,內書揭一大封,差寀送南京天主堂中開拆。寀於八月初八日到南京,……因商量刻揭情緣,十一日刻起,十四日刻完,隨于本夜刷印裝訂,共成一百本,約十五日習儀處所投遞,不意二更時,即被拘獲等情。"三曰余成元,"供年二十九歲,原籍江西,本京府軍右衞人,住鷹揚倉地方。向與王甫同院居住,合種一園。萬曆三十九年十一月內,有表叔曹秀先從天主教,勸余成元亦入教中。"四曰方政,"供年三十二歲,徽州府歙縣人。描金生理。先於三十八年十一月二十日,有不在官叔方文榜向從天主教,政因此拜從王豐肅。"五曰湯洪,"供年三十二歲,上元縣人。……　有故兄湯應科向在天主堂中,每向洪勸誘,應科即於四十年十一月率洪到堂中,先見鍾明仁,即叩王豐肅四頭,擦頭淋水如常。"　六曰夏玉,"供年三十三歲,南京府軍右衛人,住本衛平倉地方。賣糕生理。萬曆四十四年十月內,前往帽子店曹秀家做帽子,曹秀因說天主生天生地生萬物,汝何不從之。有鍾鳴仁等與玉講說天主道理,……又將夷書十五本,付玉誦讀,隨進天主堂,擦油淋水。"　七曰周用,"供年六十八歲,江西撫州府東鄉縣人。一向在南京居住,開設書舖,并刷書生理。萬曆三十八年正月內,王豐肅雇用刷天主經,因與用說,你年紀老大,何不從天主教,日後靈魂,可昇天堂,用遂入教。"　八曰吳南,"供年二十四歲,羽林左衛人。平生刷印爲生,並未從天主教中。"以上引文見破邪集卷二頁五至十二南宮署牘會審鍾明禮等犯一案　按二次被逮者,多係低級社會之人,說者謂當時西士宣教,多注意上流社會縉紳之士,由此觀之,其於閭里小民,亦未嘗忽也

禮部郎中徐如珂惡之,其徒又自誇風土人物,遠勝中華,如珂乃召兩人,授以筆劄,令各書所記憶,悉舛謬不相合,乃倡議驅斥。

徐如珂處西人王豐肅議:"議得王豐肅等竊處中國久矣,中國習以爲無足慮,而司世君子,必欲驅而絕之,此其罪果安在耶?　夫以彝亂華,釀爲不可知之患者在異日,以邪亂正,倡爲不可訓之教者在目前,則請就目前折之。　按王豐肅以利瑪竇之餘黨,習天主教之妄談,居中國者二十年,惑人心者千百計。莫尊于上帝,而謂爲彝女之所生,繪

像圖形,眞同傀儡。莫親于祖宗,而謂非本教之所尙,匱饗乏祀,不異路人。以中國之無耦,而抗之以大西國,儼然域中有兩大;且動稱貴國,則其傲慢之尤者也。以大明之中天,而詭之以西天主,隱然宇內有眞人,至刋布一經,則其僭妄之甚者也。指掌談天,能使君子入於其術,即私習天文弗顧矣。況言之而未必能行,則原非本業,自供甚明。揮金布地,能使小人沒于其利,即要結人心弗嫌矣。況與之而未必不取,則私相饋遺,交通甚密。堅無樑殿于通都大邑之中,洪武崗王地,豈容虎踞其右。聚羣不逞于暮夜晦冥之候,大一統盛時,安用烏合其羣。且其來自西洋,誰爲識其西洋,蹤迹詭秘,幾于聲東而指西。身在白下,未必專心白下,黨與絡繹,每見乍南而倏北。若曰觀光上國,則貢琛而來,何不航海而去?若曰樂附內地,則慕化而至,何必分教而馳?若曰中無他腸,則陽招陰至,誘我良民者何意?若曰原無足慮,則此呼彼應,捷于谷響者何爲?若曰蒙古色目,亦皆內屬,何不傾心向化,而乃甘處于頑民?若曰倭蠻四夷,各有所館,何不束躬待命,而乃分布于中外?若曰西人不可以中國之治治也,則中國可以西人之治治乎?惑世誘民,謂之妖言,煽亂鼓簧,謂之左道。狂謀未逞,遽難坐以奸細,邪說已熾,實難任其橫行。蓋容之非矣,而驅之逐之,恐于此解散,于彼糾合,亦未爲得策也。安置善地,禁錮終身,俾不得成羣結黨,斯有瘳乎?噫!及今圖之,尙費處分,況遲之數年以後,而其禍可勝言哉?謹議。”乾坤正氣集卷二九輯徐念陽公集卷一,頁三至四

四十四年,與侍郎沈㴶,給事中晏文輝等合疏,斥其

邪説惑衆,且疑其爲佛郎機假託,乞急行驅逐。

沈漼參遠夷疏: 其第一疏在萬曆四十四年五月,云:"奏爲遠夷闌入都門,暗傷王化,懇乞聖明申嚴律令,以正人心,以維風俗事:職聞帝王之御世也,本儒術以定紀綱,持紀綱以明賞罰,使民日改惡勸善,而不爲異物所遷焉。此所謂一道同風,正人心而維國脉之本計也。以太祖高皇帝長駕遠馭,九流率職,四夷來王,而猶諄諄於夷夏之防,載在祖訓及會典等書。凡朝貢各國有名,其貢物有數。其應貢之期,給有勘合,職在主客司。其不係該載,及無勘合者,則有越渡關津之律,有盤詰奸細之律。至于臣部職掌,尤嚴邪正之禁,一應左道亂正,佯修善事,煽惑人民者,分其首從,或絞或流。其軍民人等,不問來歷,窩藏接引,探聽境內事情者,或發邊充軍,或發口外爲民,律至嚴矣。夫豈不知遠人慕義之名可取,而朝廷覆載之量,可以包荒而無外哉? 正以山川自有封域,而彼疆我理,截然各止其所。正王道之所以蕩平,愚民易與爲非,而抑邪崇正,昭然定于一尊。乃風俗之所以淳厚,故釋道二氏,流傳既久,猶與儒教並馳。而師巫小術,耳目略新,即嚴絶之,不使爲愚民煽惑。其爲萬世治安計,至深遠也。不謂近年以來,實有狡夷自遠而至,在京師則有龐迪峩熊三拔等,在南京則有王豐肅陽瑪諾等,其他省會各郡,在在有之。自稱其國曰大西洋,自名其教曰天主教,夫普天之下,薄海內外,惟皇上爲覆載照臨之主,是以國號曰大明,何彼夷亦曰大西? 且既稱歸化,豈可爲兩大之辭,以相抗乎? 三代之隆也,臨諸侯曰天王,君天下曰天子,本朝稽古定制,每詔誥之下,皆曰奉天,而彼夷詭稱天主,若將駕軼其上者,然使愚民眩惑,何所適從?臣初至南京,聞其聚有徒衆,營有室廬,卽欲修明本部職掌,擒治驅逐。而說者或謂其類實繁,其說浸淫人心,卽士君子亦有信向之者;況于閩左之民,驟難家諭戶曉。臣不覺喟然長嘆,則亦未有以尊中國大一統人心風俗之關係者告之耳。誠念及此,豈有士君子而忍從其說乎? 說者又謂治曆明時之法,久失其傳,臺監推算,漸至差忒,而彼夷所製窺天窺日之器,頗稱精好,以故萬曆三十九年,曾經該部具題,欲將平素究心曆理之人,與同彼夷開局繙譯。(自說者又謂治曆明時之法,至此已引前文) 嗚呼! 則亦不思古帝王大經大法所在,而不知彼之妖妄怪誕,所當深惡痛絕者,正在此也。臣請得言其詳:從來治曆必本於言天,言天者必有定體,堯典敬授人時,始于寅賓寅餞,以日爲記,如日中星鳥,日永星火,宵中星虛,日短星昴,蓋日者天之經也,而月五星同在一天之中,月之晦朔弦望,視日之遠近,而星之東南西北,與日之短永中相應,是故以日記日,以月記月,以中星記時。舜典在璇璣玉衡,以齊七政,解之者以天體之運有恒,而七政運行于天,有遲有速,有順有逆,猶人君之有政事也,則未聞有七政而可各自爲一天者。令【今】彼夷立說,乃曰七政行度不同,各自爲一重天,又曰七政諸天之中心,各與地心不同處所,其爲誕妄不經,惑世誣民甚矣。傳曰日者衆陽之宗,人君之表,是故天無二日,亦象天下之奉一君也。惟月配日,列象於后,垣宿經緯以象百官,九野衆星,以象八方民庶,今特爲之說曰,日月五星各居一天,是舉堯舜以來中國相傳綱維統紀之最大者,而欲變亂之,以爲奉若天道乎？抑亦妄干天道乎？以此名曰慕義而來，此爲歸順王化乎？抑亦暗傷王化乎？夫使其所言天體，不異乎中國，臣猶慮其立法不同，推步未必相合，況誕妄不經若此，而可據以紛更祖宗欽定聖賢世守之大統曆法乎？臣又聞其誑惑小民，輒曰祖宗不必祭祀，但尊奉天主，可以升天堂免地獄，夫天堂地獄之說，釋道二氏皆有之，然以之勸人孝弟，而示懲夫不孝不弟造惡業者，故亦有助於儒術爾。今彼直勸人不祭祀祖先，是教之不孝也。繇前言之，是率天下而無君臣，繇後言之，是率天下而無父子，何物醜類，造此矯誣，蓋儒術之大賊，而聖世所必誅，尙可蚩蚩然驅天下而從其說乎？然閭左小民，每每受其簧鼓，樂從其教者，聞其廣有貲財，量人而與，且曰天主之教，如此濟人，是以貪愚之徒，有所利而信之，此其胸懷叵測，尤可惡者。昔齊之田氏，爲公私二量，公量小，家量大，以家量貸民，而以公量收之，以收民心，卒傾齊國，可爲炯鑒。劉淵入太學，名士皆讓其學識，然而寇晉者劉淵也。王夷甫識石勒，張九齡阻安祿山，其言不行，竟爲千古永恨，有忠君愛國之志者，寧忍不警惕于此。猥云遠夷慕義，而引翼之，崇奬之，俾生其羽毛，貽將來莫大之禍乎？伏乞勅下禮兵二部，會同覆議，如果臣言不謬，合將爲首者，依律究遣，其餘立限驅逐。仍復申明律令，要見彼狡夷者，從何年潛入，見今兩京各省有幾處屯聚？旣稱去中國八萬里，其貲財源源而來，是何人爲之津送，其經過關津去處，有何文憑，得以越渡？該把守官軍人等，何以通會盤詰？嚴爲條格。今後再不許容此輩闖入，違者炤大明律處斷，庶乎我之防維旣密，而彼之踪跡難詭,國家太平萬萬年,無復意外之虞矣。臣不勝激切待命之至。"破邪集卷一,南宮署牘頁五至十 其第二疏在萬曆四十四年八月,云:"奏爲遠夷闌入都門,暗傷王化,懇乞聖明申嚴律令,以正人心,以維風俗事:先該臣於本年五月間,具題前事,候旨未下,頃於七月十九日,接得邸報,又該禮部覆題,亦在候旨間。臣有以仰體聖心,未嘗不留念于此事也,則臣言有所未盡,而機務原不可不熟思爾。夫左道惑衆,律有明條,此臣部職掌當嚴也。裔夷窺伺,潛住兩京,則國家之隱憂當杜也。聖明自爲社稷計,豈其不留念及此乎? 惟是兩京事體,稍有不同,而王豐肅等潛住南京,其盤詰勾連之狀,尤可駭恨。則臣前疏尙有言之未盡者,何也? 京師爲陛下日月炤臨之所,即使有神姦潛伏,猶或上憚於天威之嚴重,而下怵於舉朝之公論,未敢顯肆猖狂,公行鼓扇。若南京則根本重地,高皇帝陵寢在焉,山川拱護,因爲臣庶之瞻依,而門殿閎清,全在紀綱之振肅,所以譏防出入,而杜絕夫異言異服者,尤不可不兢兢也。而豐肅神姦,公然潛住正陽門裏洪武岡之西,起蓋無樑殿,懸設胡像,誑誘愚民。從其教者,每人與銀三兩,盡寫其家人口生年日月,云有咒術,後有呼召,不約而至,此則民間歌謠遍傳者也。每月自朔望外,又有房虛星昴四日爲會期,每會少則五十人,多則二百人,此其自刻天主教解要略中,明開會期可查也。蹤跡如此,若使士大夫峻絕,不與往還,猶未足爲深慮,然而二十年來,潛住既久,結交亦廣,不知起自何人何日,今且習以爲故嘗,玩細娛而忘遠略,比比是矣。臣若更不覺察,胡奴接踵於城闉,虎翼養成而莫問,一朝竊發,患豈及圖？尤可恨者，城內住房既據洪武崗王地，而城外又有花園一所，正在孝陵衛之前，夫孝陵衛以衛陵寢，則高廟所從遊衣冠也，龍蟠虎踞之鄉，豈狐鼠縱橫之地，而狡夷伏藏於此，意欲何爲乎？更可駭者，臣疏向未發抄，頃七月初纔有邸報，而彼夷即於七月初旬具揭，及至二十一日，已有番書訂寄揭稿在王豐肅處矣。夫置郵傳命，中國所以通上下而廣宣達也，狡焉醜類，而橫弄線索於其間，神速若此，又將何爲乎？頃該巡視東城御史孫光裕查照會題事理，行令兵馬司拘留彼夷候旨，猶有愚民手執小黃旗，自言願爲天主死者，幸而旋就拘獲，然亦可見事機之不可失，而處分之明旨，更不可後矣。臣查得大明律例，凡化外人犯罪者，並依律擬斷，註云俱要請旨，除王豐肅係化外人，臣謹遵律令明文，候旨處分外，其餘同居徒衆，妄稱天主教，煽惑人民，見在本所搜獲者一十三名，一面行提鞫審，此外更不株連一人。今小民洗滌門戶，不復從邪，正可嘉與維新，而都士大夫，尤曉然知狡夷不可測，臣乃得昌言以畢其愚慮。惟恐遠聽者不審其情形，而猶惑於術數之小知也，且龐迪峩熊三拔久在輦下，傳送既速，簸弄必巧，遷延日久，線索橫出，則亦事機之不可不慮者也。伏乞陛下念根本重計，蚤賜批發該部覆請速咨臣等，將夷犯從法依律擬斷，其原參未獲陽瑪諾等者，行提緝獲，庶乎明旨昭然，而人心大定，道化歸一，而風俗永清，不惟臣部職掌得申，而國家之隱憂亦杜矣。臣不勝激切待命之至。”破邪集卷一南宮署牘頁十至十四　其第三疏在萬曆四十四年十二月，云：“奏爲遠夷情形甚詭，留都根本當防，懇乞聖明蚤賜處分，以清重地，以正人心事：臣聞邪不干正,而左道惑衆者必誅,夷不亂華,而冒越關津者必禁,方其萌窺伺,則以禮教防之而有餘,及其黨與勾連,則將干戈取之而不足。竊炤夷犯王豐肅等,詐言八萬里之遠,潛來南京,妄稱天主教,扇惑人民,非一日矣。先該臣兩次具題,又該禮部及南北臺省諸臣,先後題催,未奉明旨。陛下豈猶未悉彼夷情形之詭乎? 夫其術之邪鄙不足言也;據其所稱天主,乃是彼國一罪人,顧欲矯誣稱尊,欺誑視聽,亦不足辨也;但使止行異教,非有陰謀,何故於洪武岡王氣所鍾,輒私盤據? 又何故於孝陵衞寢殿前擅造花園? 皇上試差官踏勘,其所蓋無樑殿,果於正陽門相去幾里! 是否緣城近堞,蹤跡可疑? 南京各衙門,月給報房工食,蓋謂兩京事體,奉旨施行,欲其呼吸相通爾。其他鄉官士民皆不能得。而彼夷人亦給工食與報房人,意欲何爲? 尤可異者,各衙門參彼之疏,尙未得旨,而龐迪峩熊三拔等,亦造疏揭,差其細作鍾鳴禮張寀等齎持前來,詐稱已經奏進,刋刻投遞。臣觀疏揭內,公然自言兩京各省有十三人,殊爲可駭。夫利瑪竇昔年進京始末,此廷臣所知,原未嘗有如許彼衆也。皇上怜其孤身,賜之葬地,此自柔遠之仁,與成祖當年賜渤泥王葬地相同。若使渤泥王蒙恩賜葬,而渤泥國臣民遂借爲口實,因緣竊入,散布京省,成祖置之不問否? 彼乃欲借皇上一時柔遠之仁,而潛藏其狐兎蹤跡,勾連窺伺,日多一日,豈可置之不問也? 臣近又細詢閩海士民識彼原籍者云,的係佛狼機人,其王豐肅原名巴里狼當,先年同其黨類,詐稱行天主教,欺呂宋國主,而奪其地,改號大西洋。然則閩粤相近一狡夷爾,有何八萬里之遙?(自臣近又細詢閩海士民,至此已引前文) 臣雖未敢即以此說爲據然而伏戎於莽,爲患叵測,總之根本重地,必不可容一日不防者也。伏乞皇上即下明旨,容臣等將王豐肅等依律處斷,其扇惑徒衆,在本所捕獲鍾明仁等,及續獲到細作鍾明禮張寀等,或係勾連主謀,或係因緣爲從,一面分別正罪,庶乎法紀明而人心定,姦邪去而重地亦永清矣。臣無任激切待命之至。"破邪集卷一南宮署牘十四至十七

晏文輝疏: "臣惟天地開闢以來,而中國之教,自伏羲以迄周孔,傳心有要,闡道有宗,天人之理,發洩盡矣。無容以異說參矣。嗣是而老氏出焉,楊墨出焉,好異者宗之,然不過竊吾儒之緒餘,以鳴其偏見,故當時衞道者,力闢焉而不使滋蔓。乃今又有倡爲天主教,若北有龐迪峩等,南有王豐肅等,其名似附於儒,其說實異乎正,以故南北禮卿參之,北科道參之,而南卿寺等巡視等衙門,各有論疏也。今一概留中而不下,豈皇上悉未省覽耶? 豈謂此輩未見其顯害,而姑優容耶? 夫龐迪峩等在輦轂下,誠不知其詳,王豐肅等在南中,臣得畢其說。豐肅數年以前,深居,簡出入,寡交游,未足啟人之疑,民與之相忘,即士大夫亦與之相忘。邇來則有大謬不然者:私置花園於孝陵衞,廣集徒衆於洪武岡;大瞻禮,小瞻禮,以房虛星昴日爲會約;灑聖水,擦聖油,以剪字貼戶門爲記號;迫人盡去家堂之神,令人惟懸天主之像;假周濟爲招來,入其教者,即與以銀,記年庚爲恐嚇;背其盟者,云置之死;對士大夫談則言天性,對徒輩論則言神術;道路爲之喧傳,士紳爲之疑慮,祖宗根本之地,教化自出之區,而可令若輩久居乎? 以故禮臣沈㴶,據

其今日行事,虞其將來禍患,發憤疏聞,誠大有裨於世道人心者。其時臣巡視門禁,亦於合疏中,附名以上請,而御史孫光裕羈之以候旨,皆爲地方爲王化計也,豈好爲是激聒哉? 且天帝一也,以其形體謂之天,以其主宰謂之帝,吾儒論之甚精。而彼刻天主教要畧云,天主生於漢哀帝時,其名曰耶穌,其母曰亞利瑪(當作瑪利亞);又云被惡官將十字枷釘死;是以西洋罪死之鬼爲天主也,可乎不可乎? 將中國一天,而西洋又一天耶? 將漢以前無天主,而漢以後始有天主耶?據斯謬譚,直巫覡之邪術也。孔氏有言曰,攻乎異端,斯害也已,今正其攻之之時矣。更民心易於從邪,亦易於返正,自王豐肅被論被羈之後,聞從其教者,一時盡裂戶符,而易門對矣;安家堂而撤夷像矣;悔非遠害,散黨離羣,無復可虞矣。惟是王豐肅等,尚在羈縶之中,未蒙處分之旨。

守候既久,結果無時,萬一自斃,其如法之未明何? 烏在其爲尊朝廷而懾裔夷哉? 伏乞速下部議,或飭我皇綱,從重究治,或恢我皇度,從輕驅逐,庶風教維而政體肅矣。"

沈㴶: 浙江烏程人,明史有傳。

晏文輝: 待考

禮科給事中余懋孳亦言自利瑪竇東來,而中國復有天主之敎,乃留都王豐肅陽瑪諾等,煽惑羣衆,不下萬人,朔望朝拜,動以千計。夫通番左道,並有禁令,今公然夜聚曉散,一如白蓮無爲諸敎,且往來壕鏡,與澳中諸番通謀,而所司不爲遣斥,國家禁令安在。

余懋孳: 安徽婺源人,明史有傳。

帝納其言,至十二月,令豐肅及迪峨等,俱遣赴廣東,聽還本國。

按禁教令頒於萬曆四十四年十二月二十八日,云:"這奏內遠夷王豐肅等,立教惑衆,蓄謀叵測,爾部移咨南京禮部,行文各該衙門,速差員役,遞送廣東撫按,督令西歸,以靜地方。其龐迪峩等,去歲爾等言曉知曆法,請與各官推演七政,且皆係向化來京,亦令歸還本國。該部院知道。"

破邪集卷一頁二六至二七

命下久之,遷延不行,所司亦不爲督發。

萬曆四十五年八月南京都察院咨禮部文云:"南京都察院爲遠夷久羈候旨,懇乞聖明速賜處分,以維風教,以肅政體事:據巡視京城監察御史郭一鶚趙紱孫光裕呈'據指揮李鉦劉仕曉等齎回總督兩廣軍門今陞南京戶部尚書侯代周揭帖前事,內開:'……又准南京禮部咨前事,'煩爲查炤禮部題奉欽依事理,將狡夷王豐肅謝務祿委官的當收管,及查本部原叅夷犯今回住南雄府陽瑪諾,一併提行,'等因。并據差官解到夷犯王豐肅謝務祿二名,俱經案發廣東布政司會同按都二司,將二犯譯審,果否西洋國人?於何年月日,從何處入中國?從何路入南京?今旣奉旨遣還,仍從何路歸還本國?陽瑪諾見在何處?曾否先回?龐廸峩計不及解到,應否候其同歸?其在濠境澳各夷,有無相識?應否責成澳夷伴送歸國,取具的確口詞?酌議通詳,及將未獲陽瑪諾,嚴去緝拿,去後。今據該司呈稱:'廣州府署印同知林有棅,'審看得夷人王豐肅等以左道簧鼓人民,麾之使去,是治以不治之治也。……問二夷去向,大抵欲入澳也。 但一入澳,去與不去,難以鈐制,合就省內另擇一所羈候,日撥營兵二名防護之,五日一換,禁絕通息,即牌令澳中探有大西洋船欲回時,隨就省差指揮官二員,帶兵押至船,直待其開駕回報,以便轉文。 龐廸峩未知解到何時? 陽瑪諾合行牌南雄府屬,嚴查下落。 其林斐理四十一年六月內在南京病故,今年三月部委上元江寧二縣,開驗埋葬訖。 豐肅務祿回夷日子未知久近,月各給火食銀二兩。' 等因,具詳到司。 該本司左布政使臧爾勸,右布政使堵維垣,會同按察司署印副使羅之鼎,都司掌印署都指揮僉事楊維垣,譯審得'夷人王豐肅謝務祿,俱西洋國人。……… 茲奉明旨遣還歸國,無庸再議,但歸國必取道于澳,去留皆不可知,須西洋船至澳,庶便遣還,今西洋船尚未至,難定開洋日期,合應羈候,俟其船到發還。 其龐迤峩解尙未到,應候解到之日,另行發遣,通取開洋日期,及澳夷不致潛留甘結繳報。……… 再照夷人稽留境上,無從得食,該府議另擇一所,撥兵防護,每月給銀二兩,似應准從。' 等因到職。………… 又准巡按廣東監察御史田牒回前事相同,內開'……… 本日就據夷人龐廸峩熊三拔赴職投見,并遞順天府原給帖文,仰沿途衙門遞送至廣東而止,投撫按查收發同等因,隨牌發按察司會同布都二司查驗,并同王豐肅等一體羈候,及委官督兵防守,不致他虞,俟有洋船至日,押發歸國,取開洋日期呈報。 該職會同總督兩廣軍門周,看得王豐肅謝務祿之至南京也,始托足於濠境,繼取道于江西,倡邪說以誣民,思用夷而變夏,此固春秋所爲別內外,而孟氏所以正人心者。 奉旨遣歸,天恩浩蕩,第兩夷之意,亟欲准其入澳，而三司會議，謂宜押令開解，叅酌輿情，若聽其從澳而歸，是教之以澳爲窟也。寧使澳夷不致留存界限于今日，毋使狡夷明居澳滋隱禍於他年，惟有暫羈會城，量給館穀，俟西洋船至遣還耳。其龐廸峩熊三拔已到，已牌行臬司議之，亦宜一體施行。若陽瑪諾則稱久已還國，除另行查覈外，合行移復'等因到職。准此看得狡夷王豐肅等，已經差官押送至廣，取有撫按牒并廣州府收管一本，惟彼中藩臬熟諳夷情，今准前因處置停妥，事已結局，理合呈報，伏乞炤詳咨部，以憑覆題施行，'等因到院。據此案炤先准南京禮部咨前事，已經備行巡視五城御史查炤，禮部題奉欽依事理，擇差的當員役，將王豐肅謝務祿二名，沿途加意隄防，遞送廣東撫按衙門，交割明白，仍聽從長計議，督令西歸，事竣之日，具繇回報，以憑咨覆，該部覆題施行去後。今據回報前因，擬合就行咨覆，爲此移咨貴部，煩爲查炤施行，須至咨者"。破邪集卷一頁二八至三四　按王豐肅謝務祿龐廸峩熊三拔等，均於萬曆四十五年，押解廣東。

四十六年四月，迪峩等奏臣與先臣利瑪竇等十餘人，涉海九萬里，觀光上國，叨食大官，十有七年。近南北參劾，議行屏斥，竊念臣等焚修學道，尊奉天主，豈有邪謀，敢蹈惡業？惟聖明垂憐，候風便還國，若寄居海嶼，愈滋猜疑，乞并南都諸處陪臣，一體寬假。不報，乃怏怏而去。

野獲編云："丙辰（萬曆四十四年）南京署禮部侍郎沈㴶，給事晏文輝等，同參遠夷王豐肅等，以天主教在留都煽惑愚民，信者日衆，且疑其佛郎機夷種，宜行驅逐。得旨，豐肅等送廣東撫按,督令西歸。其龐迪義[峨]等曉知歷法,禮部請與各官,推演七政,且係向化西來,亦令歸還本國。至戊午(萬曆四十六年)十月,迪義[峩]等奏曰:'先臣利瑪竇等千(?)餘人,涉海九萬里,觀光上國,食大官者十七載。近見要行驅逐。臣等焚修學道,尊奉天主,如有邪謀,甘墮惡業。乞聖明憐察,候風歸國,若寄居海嶼,愈滋猜疑,望幷南京等處陪臣,一併寬假。疏上不報。聞其尚留香山澳中。"卷三十頁三五至三六 按傳文當即據此,惟文句多有不同,而迪峨奏疏年月,傳文作四十六年四月,野獲編作四十六年十月,尤爲差異。

豐肅等尋變姓名,復入南京行教如故,朝士莫能察也。

按王豐肅後改名高一志,無復入南京行教事。

其國善製礮,視西洋更巨,旣傳入內地,華人多效之而不能用。

按中明以後,西洋礮之傳入中國者,有佛郎機銃,傳自葡萄牙國,有紅夷礮,傳自和蘭國,有呂宋礮,傳自西班牙國。中國得其礮後,即依式製作,然往往不諳其術,未能收實效之功。厥後西士東來,其中亦有諳鑄製之術者,故屢召其鑄造。

天啟崇禎間,東北用兵,數召澳中人入都,令將士學習,其人亦爲盡力。

數召澳中人入都:　李之藻奏爲制勝務須西銃乞勅速取疏云:"光祿寺少卿管工部都水淸吏司郎中事臣李之藻謹奏爲制勝務須西銃,敬述購募始末,乞勅速取,以暢天威,以靖仇敵事:臣思火器一節,固有不費帑金,不侵官守,深於戰守有裨,不可以一騎立致,如香山西商所傳西洋大銃者。臣向以經營有緒,玆謹循職言之。…… 昨臣在原籍時,少詹事徐光啟奉勅練軍,欲以此銃在營教演,移書託臣再覓。臣與原任副使楊廷筠,合議捐貲,遣臣門人張燾間關往購。至則㠗禁方嚴,無繇得達。具呈按察司吳中偉。中偉素懷忠耿,一力擔當,轉呈制按兩臺,撥船差官伴送入粵。西商聞諭感悅,捐助多金,買得大銃四門,議推善藝頭目四人,與傔伴通事六人,一同詣廣。此去年十月間事也。時臣復命南京,欲請勘合應付,催促前來。旋值光啟謝事,慮恐銃到之日,或以之付之不可知之人,不能珍重萬一,反爲敵人所得,攻城衝陣,將何抵當? 是使一腔報國熱心,反啟百年無窮殺運。因循至今,諸人回粵,臣與光啟廷筠漸負西商報效之志。今潘遼暫失,畿輔驚疑,光啟奉旨召回,摩厲以須,而臣之不才,又適承乏軍需之事,反復思惟,此器不用,更有何器,此時不言,更待何時? 募兵之難,乃此銃不須多兵。徵餉之難,乃此銃不須多餉。近聞張燾自厝貲費,將銃運至江西廣信地方,程途漸近,尤宜馳取,兵部馬上差官,不過月餘可得。但此秘密神銃,雖得其器,苟無其人,鑄煉之法不傳,點放之術不盡,差之毫釐,失之千里,總亦無大裨益。合用餉鑛原議,粵工頭目,每名每年安家銀一百兩,日用衣糧銀一百三十六兩,餘人每名每年銀四十兩。緣此善藝粵工等衆,粵商倚藉爲命,資給素豐,不施厚糈,無以勸之使來。臣等共竭私家之力,不過如斯忠義相勉;此曹亦無奢望。若論朝廷購用,當此吃緊用人之際,不妨更從優厚,用心鼓舞,庶肯悉心傳授。……'' 增訂徐文定公集卷三頁四二至四四 崔景榮等題爲勝制(當作制勝)務須西銃敬述購募始末疏云:''爲照中國長技,惟恃火攻,遼瀋陷,而技反爲敵資矣。今求守禦之具,必比尋常製作,更出一頭地然後可。先是刑部尙書黃克纘疏請呂宋大銅銃,發去遼陽,試有成效,近戎政府尙存大炮十七位,大佛郎機十二位。前去遼陽三十人,今二十人猶寓廣甯,宜聽撤回,速令演放,以備急需。又據光祿寺少卿李之藻疏,取澳商大銃,并招善藝澳工諸人。夫西洋傳此神器,乃爲中朝有心人所得,即人巧之獻奇,知天心之助順矣。夫來自殊方,待之自當破格,况人數不多,費用能幾。加銜守備張燾,間關萬里,捐貲曲致,已取四銃到江西廣信府。臣部便馬上差官,同加銜守備孫學詩勒限一月,搬運入都。到日驗之果效,就其原價盤費,倍數償補,再移咨廣中巡撫諸臣,徵取原來善製火器數人,并盔甲兵器數件。廣有工匠,曾在澳中打造者,亦調二十餘人,星夜赴京。此中仍豫備銅鐵物料,以便製造;精選有力便捷兵士,以待教演。差出員役,與澳工同來,寺臣謂阮泰元者,素習西情可使也。所議糧餉,旣已彼中定額,當悉如其數。每年安家等銀及在途盤費,買辦甲仗價值,宜於廣東布政司支取新餉給發。惟是諸澳工素所信服者,西洋陪臣陽瑪諾畢方濟等,皆博學通綜,深明度數,并飭同來,商畧製造,兼以調御諸工。……'' 同上卷三頁四四至四六 按之藻景榮疏內所言張燾購銃,爲萬曆四十八年及天啟元年事。之藻疏題在天啟元年,疏內稱託購西銃,爲'去年十月間事',則去年即萬曆四十八年也。景榮疏稱差官同孫學詩往廣信取銃,而此銃即於天啟元年十二月解京。熹宗實錄載是年是月事云:"先是光祿寺少卿李之藻建議,謂城守火器,必得西洋大銃,練兵詞臣徐光啟因令守備孫學詩赴廣,於香山澳購得四銃,至是解京。仍令赴廣取紅夷銅銃,及選募慣造慣放夷商赴京。"卷十六 然赴廣購銃之人,之藻及景榮疏均作張燾,而實錄則作孫學詩,當是實錄誤與赴廣信取銃事相混。又按此次購銃,爲數四門,瞿式耜講求火器疏亦言及之,云:"臣考萬曆四十七年奉旨訓練,遣使購求,而得西洋所進大礮四門者,今禮部右侍郎徐光啟也。…… 天啟六年正月甯遠守城,殲賊一萬七千餘人,後奉敕爲安邊靖□鎮國大將軍者,此正西洋所進四位中之第二位也。"全文見瞿忠宣公集卷二頁四至六

又熹宗天啟二年十月實錄云:"太僕寺添註少卿管工部水司郎中事李之藻題以夷攻夷二策,內言西洋大銃,可以制奴,乞招香山澳夷,以資戰守。"卷二七 又三年四月實錄云:"遼事之告急也,光祿寺少卿管工部都水司郎中事李之藻言,制勝莫先火器,臣訪知香山澳夷所傳西洋大銃,爲猛烈神器,宜差官往購。但雖得其器,苟無其人,鑄練之法不傳,點放之術不盡,乞行文粵中制按,將練器夷目,招諭來京,合用餉廩,從厚支給。事下兵部,移文徵取。至是兩廣總督胡應台,遣遊擊張燾解送夷目七名,通事一名,傔伴十六名,赴京聽用。"又云:"兵部尚書董漢儒等言澳夷不辭八千里之程,遠赴神京,臣心竊嘉其忠順。又一一閱其火器刀劍等械,俱精利,其大銃尤稱猛烈神器。若一一

倣其式樣精造,仍以一教十,以十教百,分列行五卒(?),與賊遇原,當應手糜爛矣。今其來者夷目七人,通事一人,傔伴十六人,應倣貢夷例,賜之朝見,犒之酒食,賚以相應銀幣,用示優厚。臣等□試其技,製造火藥,擇人教演,稍俟精熟,分發山海,聽輔臣收用。上俱允行。"卷三三 按正教奉褒載"天啟三年艾儒略畢方濟奉召至京聽用",頁一四 當即指夷目七人等來京事言也。

又徐光啟聞風憤激直獻芻蕘疏云:"……本月初七日據西洋勸善掌教陸若漢統領公沙的西勞等呈:'漢等天末遠仁,不知中國武備,行至涿州,適逢敵氛猖獗,仰仗天威,入涿保涿。頃入京都,叨蒙豢養,曾奏聞戰守事宜,奉旨留用,方圖報答。而近來邊鎮,亦漸知西洋火器可用,各欲請器請人。但漢等止因貢獻而來,未擬殺敵,是以人器俱少。聚亦無多,分益無用。赴鎮恐決無裨益,留止亦茫無究竟。且爲時愈久,又恐爲敵所窺,竊用我法,不若盡漢等報效愚忠,作速圖之。……漢等居王土,食王穀,應憂皇上之憂。敢請容漢等悉留統領以下人員,教演製造,保護神京,止令漢偕通官一員,傔伴二名,董以一二文臣,前往廣東濠鏡澳,遴選銃師藝士,常於【與】紅毛對敵者二百名,傔伴二百名,統以總管,分以隊伍,令彼自帶堪用護銃盔甲鎗刀牌盾火鎗火標諸色器械,星夜前來,往返不過四閱月,可抵京都。緣澳中火器,日與紅毛火器相鬬,是以講究愈精,人器俱習,不須製造器械,及教演進止之煩。且聞廣東王軍門借用澳中大小銃二十門,照樣製造大鐵銃五十門,斑鳩銃三百門,前來攻敵。漢等再取前項將卒器具,願爲先驅,不過數月可以廓【廓】清畿甸，不過二年，可以恢復全遼。即歲費四五萬金，較之十二年來萬萬之費，多寡星懸，諒皇上所不靳也。計漢等上年十二月守涿州時，士民惶懼，叅將先逃，漢等西洋大銃，適與之遇，登城巡守十五晝夜，敵聞之，遂棄良鄉而走遵化。當此之際，有善用火器者尾其後，敵必不敢攻永平，而無柰備之未豫也。今幸中外軍士，知西洋火器之精，漸肯依傍立脚，倘用漢等所致三百人前進，便可相藉成功。爲之此其時矣。'等因，到臣。……彼人不作誑語，臣近與議論，深入兵家閫奧，益知此辈必能破賊。其統領總率人等，難以擅離，掌教陸若漢年力雖邁，而德隆望重，尤爲彼中素所信服，是以衆共推舉，以求必濟。如蒙聖明采擇，臣願與之星夜遄發，疾馳至彼，以便揀選將卒，試驗銃砲。議處錢糧，調停中外，分撥運次，催儹驛遞，秋高馬肥，玆事已就，數年國恥，一朝可雪也。……''增訂徐文定公集卷三頁十九至二二　按陸若漢等守涿州爲崇禎二年十二月事，其齎銃入都，當在是月末或崇禎三年正月初。至其求返澳門，招取銃師藝士，有無成效，無考。

將士學習：熹宗天啟三年四月實錄云：''兵部尚書董漢儒等以澳夷教演火器，條上事宜三欵：……一重責成演習之人，行戎政衙門于京營，選鋒内精擇一百名，令就各夷傳授，煉藥裝放等法，仍以把總二員董之，朝夕課督，不許買閑怠事。……''卷三三　徐光啟崇禎三年正月初二日疏云：''大銃一發數里，又能命中，然利害甚大，不宜浪發，一切裝放，皆有秘傳。如視遠則用遠鏡，量度則用度板，未可易學，亦不宜使人人能之，所謂國之利器，不可以示人也。臣嘗深處以爲獨宜令世臣習之,自勳戚子弟,以及京衞武臣,擇其志行可信,智勇足備者教之,更選精兵隸之。就中擇一高等爲副將,別置一營,常川練習。邊方或來請命,擇而使之。其邊方求學者,亦須於世職中擇其才行可信,家衆殷者。此等在京,只須一二百人,每邊只須數十人足用矣。若中小等銃,近及數百步,準平施放,高下不多者,則人人習之可也。" 增訂徐文定公集卷三頁十七至十八 按明人學習製作及點放西銃,由來已久。戚繼光練兵實紀紀效新書兩書,屢有'狼機手'三字,蓋指專事點放佛郎機銃之將士言,則知嘉靖間,中國將士之學習西銃之術者,已大有其人矣。厥後徐光啓李之藻孫元化輩,均以與西士結識,諳習鑄製之術,而在澳西士之得來京督造,彼輩之力居多。崇禎間邊患迫切,西士受詔督造教演者,屢有其人,湯若望即其一也。焦勗從若望學銃術,著有火攻挈要一書,於西銃鑄造點放之術,言之頗詳。蓋知明之末季,學習西銃之術者,已有多人矣。

其人亦爲盡力: 崇禎十二年十二月六日畢方濟奏疏云:"竊照天啓元年,兵部題奏,奉有取西銃西兵之旨,是以臣輩陸若漢等二十四人,進大銃四位,援急擊敵,屢著奇功。兵部題敍,蒙旨將陣亡之公沙的西勞等,贈棺賜葬。受傷之陸若漢賞勞南還調理,卒於廣省,至今未葬。察得澳中三巴寺旁,有海隅僻地,懇祈恩賜一區,掩其枯骨,裨同伴得以營築斗室,虔修祝聖,以報盛世澤枯之仁。" 正教奉褒頁十八 是知西士亦曾躬與行伍,效力疆場也。奉褒稱此二人,曾率葡兵多名,於寧遠涿州等處,屢次退敵,登萊之役,公沙的西勞與同伴多人陣亡,陸若漢受傷,以畢方濟疏文證之,蓋有可信。

崇禎時,曆法益疏舛。

崇禎二年五月初三日,內閣題覆欽天監推算日食前後刻數不對疏云:"………頃該文書官楊澤恭捧到上諭,'欽天監推算日食,前後刻數俱不對,天文重事,這等錯誤,卿等傳與他,姑恕一次,以後還要細心推算,如再錯誤,重治不饒,欽此。'臣等是日赴禮部與尚書何如寵侍郎徐光啟候期救護。據光啟推算,本日食止二分有餘,不及五刻,已驗之果合,亦以監推爲有誤。乃蒙睿慮丞已鑒及,仰見我皇上克謹天戒,無一時一刻稍敢怠遑,臣等謹即傳示禮部,轉行該監申飭外,原奉上諭尊藏閣中。………"新法算書緣起篇　按傳文所言"曆法益疏舛"者,即指此次監官失推言。

禮部尚書徐光啓請令其徒羅雅谷湯若望等,以其國新法相參較,開局纂修,報可。

崇禎二年七月十一日禮部爲奉旨修改曆法開列事宜乞裁疏云:"………一議用西曆:自宋以前,未聞西國之曆,元至正間,始用西域札馬魯丁之萬年曆,其法不傳。至洪武十五年,高皇帝命翰林臣李翀吳伯宗,及靈臺郎海達兒,回回科師馬沙赤黑等,譯行西域曆法,今本監設有回回科及刊行西曆法三卷是也。萬曆間歸化陪臣利瑪竇等數輩,觀光入覲,所攜歷法等書,尤爲精密。其所預推交食,時刻分秒,無不悉驗。故四十等年議曆,有監正周子愚呈部,乞令陪臣龐廸我熊三拔等,翻譯本書,令與中歷會通歸一。今二陪臣雖故,尙有同事龍華民鄧若翰偕其徒侶,現居賜宇靜修,合無仍依子愚昔年之請,令與欽命諸臣,對譯成書,依其成法,測驗推步,以正訛謬,以補闕略,則事半於古,而功效十百倍之矣。''新法算書緣起篇　又崇禎三年七月六日徐光啟修改歷法疏云:''題爲修改歷法事,先該臣等於本年五月十六日,題爲前事,十九日奉旨,'歷法方在改修,湯若望等既可訪用,着地方官資給前來。該衙門知道,欽此欽遵。'通行咨訪去後,訪得遠臣羅雅谷見寓河南開封府,隨經訪府知府袁楷,具文起送資給前來。於今月初二日到京。理合具題,伏候命下,令赴鴻臚寺報名,習儀見朝,隨令到局,與遠臣龍華民一體供事。其湯若望另俟訪取,到日具題請旨施行。''新法算書緣起篇　又崇禎三年十二月二日因病再申前請以完大典疏云:''……外訪取西洋遠臣湯若望,向寓陝西西安府,今經該府資給前來,理合奏聞,幷候命下,令赴鴻臚寺報名見朝,隨令到局,一體供事。''新法算書緣起篇　按明季西士參與修曆之業者,於萬曆間有龐迪峨熊三拔,於崇禎間則有龍華民鄧玉函羅雅谷湯若望等。其開局纂修,始崇禎二年九月間,以徐光啟督其事。局址在宣武門內東城根首善書院。

羅雅谷(Jacobus Rhò):泰西著述考云:"羅雅谷字味韶,意大里亞國人。明天啟四年甲子至。傳教山西絳州。崇禎四年辛未,欽取來京修歷,某年卒,葬在阜城門外滕公柵欄。所著各書,齋克二卷,哀矜行詮二卷,聖記百言一卷,天主經解,聖母經解求說,未刻,同臧警言一卷,測量全義十卷,比例規解一卷,五緯表十卷,五緯歷指九卷,月離歷指四卷,月離表四卷,日躔歷指一卷,日躔表二卷,黃赤正球一卷,籌算一卷,歷引一卷,日躔考晝夜刻分。"頁六　按羅雅谷奉召至京,據徐光啓疏爲崇禎三年七月二日事,此作四年,疑有誤。又按雅谷所著歷書,多刻入崇禎歷書或名曰新法算書內。

湯若望(J.Adam Schall Von Bell):　秦西著述考云:"湯若望字道未,熱而瑪尼亞國(日耳曼)人。明天啓二年壬戌至。欽召入京,修正歷法。逮我大清定鼎,特命修時憲歷,授欽天監監正,加太常寺卿,勅賜通微教師,除通政使司通政使,加二品,又加一級,進光祿大夫。康熙五年丙午疾卒。八年己酉十月,欽賜祭葬銀五百二十四兩,遣官至墓諭祭。墓在京師阜城門外滕公柵欄。所著各書:進呈書像,主制羣徵二卷,主教緣起五卷,渾天儀說五卷,眞福訓詮,古今交食考、西洋測日曆,遠鏡說(原注,此書已刻在藝海珠塵),星圖,交食歷指七卷,交食表九卷,恒星歷指,恒星表五卷,共譯各圖八線表一卷,恒星出沒二卷,學歷小辯一卷,測食略二卷,測天約說二卷,大測二卷,奏疏四卷,新歷曉或【成】一卷,新法歷引一卷,秝法西傳一卷,新法表異二卷。"頁五　按若望所著曆書,多刻入新法算書,然不盡爲明季所著,亦有出於清初者,如厤法西傳新法表異是。

徐光啓:　字子先,教號保祿,上海人,明史有傳。

久之書成,即以崇禎元年戊辰爲曆元,名之曰崇禎曆書,雖未頒行,其法視大統曆爲密,識者有取焉。

按崇禎曆書後易名新法算書,凡百卷,收入四庫。然四庫本(指國立北平圖書館藏本)所載書目,與徐光啓疏內所載(光啓於崇禎四年正月二十八日,有奉旨恭進歷書疏,八月初一日，有奉旨續進歷書疏，五年四月四日，有奉旨恭進第三次曆書疏，均見新法算書緣起篇及增訂徐文定公集內，內載進呈書目多種。）多有未合，當是新法算書一書，於崇禎曆書原書，有所損益。崇禎曆書，自崇禎二年九月開局始，至七年十二月間告成，（崇禎七年十二月八日，李天經有恭爲書器告成謹照原題査敍在事諸臣疏，卽爲修曆告成，求賞在事諸臣發。疏載新法算書緣起篇內。）前後經徐光啓李天經兩人督修，歷時近六載。

又按曆書未頒行者，蓋因治曆者意見紛歧之故。持舊說者，力詆西法，如魏文魁輩是。持新說者，則力詆舊法，如徐光啓李天經輩是。兩派彼此傾軋，不能定於一是，故迄明之亡，終未頒行。此詳明史曆志。

其國人東來者，大都聰明特達之士，專意行敎，不求祿利。

按泰西著述考載明季東來宣教者，迄至崇禎十七年止，凡五十六人。

其所著書，多華人所未道，故一時好異者，咸尙之。

按明季西士來華，攜書甚多，黃貞請顏壯其先生闢天主教書云："今日天主教書，名目多端，艾氏說有七千餘部入中國，現在漳州者百餘種，縱橫亂世，處處流通。"全文見破邪集卷三頁八至十　又李之藻刻天學初函題辭云："又近歲西來七千卷，方在候旨。"增訂徐文定公集卷六頁十七又之藻譯寰有詮序云："時有利公瑪竇浮槎開九萬里之程，既又有金公尼閣載書踰萬部之富。"同上頁十五　此七千部或踰萬部之數，於今無考，然西士著述中，多據此譯述可斷。西士著述，以關宗敎者爲多，餘如天文，曆法，算術，物理,機械,水利,地理,哲學,倫理等,均有論著。崇禎二年,李之藻彙刻西士著述二十種,題曰天學初函,然當時已成之書,而未列入者,尚不在少數。泰西著述考臚舉西士著述,然其中誤入或缺略者亦不少。西士宣教,兼重學術,華人亦有尊其教而重其學者,是以著述之富,於時頗足稱焉。

而士大夫如徐光啓李之藻輩,首好其學,且爲潤色其文詞,故其教驟興。

按西士著述,多經華人潤色其文詞,亦有西士口授而華人筆記成書者,亦有華人採其大意而自輯成書者,說者謂西士多能以華文自爲著述,未可深信。

李之藻　字振之,又字我存,杭州仁和人。

時著聲中土者,更有龍華民畢方濟艾儒略鄧玉函諸人。華民方濟如畧及熊三拔皆意大利亞國人。玉函熱而瑪尼國人,龐廸義依西把尼亞國人,陽瑪諾波而都瓦爾國人,皆歐羅巴州之國也。

龍華民 (Nicolas Longobardi): 泰西著述考云:"龍華民字精華,西濟利亞國(屬意大利亞)人。明萬曆二十五年丁酉至。先傳教於江西,後進都中。至我朝順治十年癸巳卒,蒙世祖章皇帝賜銀三百兩,遣內侍祭奠,欽賜繪容一軸。葬在京師阜城門外滕公柵欄。所著各書:聖教日課,念珠,默想規程,靈魂道體說,急救事宜,地震解,死說,聖若撒行實聖人禱文。頁二

畢方濟 (Francois Sambiaso): 泰西著述考云:"畢方濟字今梁,納玻理國(屬意大里亞)人。明萬曆四十一年癸丑至中國。欽召進京,尋往河南,後徐文定公延歸上海,傳教吳下

諸郡。嗣往浙江,轉入閩中,復至金陵,又往粵東。明末時,卒於廣州府,葬在省城北門外。所著各書:靈言蠡勺,睡答,畫答。"頁四 按畢方濟於萬曆三十八年利瑪竇卒時來華,大西利先生行蹟言其事,此作四十一年,疑有誤。

艾儒略(Julius Aleni): 泰西著述考云:"艾儒略字思及,意大理亞國人。明萬曆四十一年癸丑至。先入都門,徐文定公迎歸上海,轉行浙江,宏宣聖教。葉相國福唐,復延入閩,閩中稱爲西來孔子,受教者甚衆。至我朝順治二年乙酉卒,葬在福州。所著各書:天主降生言行紀略八卷,降生引義,昭事祭義二卷,滌罪正規,萬物眞原,三山論學,西學凡,性靈篇,性學觕述,職方外紀五卷,西方答問二卷,幾何要法四卷,景教碑頌註解,聖體要理,聖體禱文,出像經解,十五端圖像,聖夢謌,利瑪竇行實,熙朝崇正集四卷,楊淇園行略,張彌克遺跡,悔罪要旨,五十言四字經。"頁四 '按艾儒略亦嘗於萬曆三十八年來華。

熊三拔: 見前註。

鄧玉函(Jean Terenz): 泰西著述考云:"鄧玉函字函璞,熱而瑪尼亞國(日耳曼)人。明天啟元年辛酉至。傳教某處,後入都中,佐理曆局。善醫,格究中國本草八千餘種,惜未翻譯,遽卒于京師。葬在阜城門外滕公柵欄。所著各書:人身說概二卷,奇器圖說三卷(原注:此書刻在守山閣叢書中),測天約說二卷,黃赤距度表,正球升度表,大測二卷。"頁五 按鄧玉函所著曆書,亦多收入新法算書。

龐迪我: 見前註。

陽瑪諾(Emmanuel Diaz): 泰西著述考云:"陽瑪諾字演

西，路西大尼亞國（葡萄牙）人。明萬曆三十八年庚戌至。傳教北京江南等處，後駐浙江。至我朝順治某年卒，墓在杭州方井南。所著各書，聖經直解十四卷，十誡眞詮，景教碑詮，天問略（原注：此書曾刻在藝海珠塵中），輕世金書，避罪指南（原注：未刻），聖若瑟行實，天神禱文。"頁四 按南宮署牘會審王豐肅等犯一案條（見前註），王豐肅供稱與"陽瑪諾於萬曆二十七年七月內至廣東，此作三十八年，疑有誤。

其所言風俗物產多夸，且有職方外紀諸書在，不具述。

按外紀艾儒略著，見前文，不復註。

附 録 一

附錄一

尤西堂初修明史外國傳佛郎機呂宋和蘭歐邏巴四傳原稿

(見西堂餘集)

國立北平圖書館藏四百十六卷明史稿抄本,所載四傳之文,大體與尤稿同,而排列次序與文句繁簡,則略有出入。稿本改外國傳爲外蕃,而於四傳排列次序,以歐邏巴爲首,佛郎機次之,呂宋和蘭又次之。茲以尤稿爲主文,以稿本校之,其有異者,卽隨文附註,俾於修史者因襲去取之蹟,略有所見焉。

(一)佛郎機傳

佛郎機在海西南(四一六卷稿本下增'近滿剌加'四字),向不通中國。正德十三年,其酋破滿剌加而據其地(四一六卷稿本於'其酋破滿剌加而據其地'一語,作'其酋弑之'四字),遣使(四一六卷稿本下增'三十人'三字)入貢請封。至廣東,守臣以其國不列王會,羈使以聞。詔給方物直遣歸。使者留東筦【莞】,刼行旅,至掠食嬰孩,廣人苦之。會滿剌加來訴,命勒水兵攻勦,乃遁。而佛郎機有使者曰亞三,能通番漢,賄江彬薦之從巡幸。武宗見亞三,時學其語以爲樂。他日有事四夷館,兀坐而見禮部主事梁焯,焯怒杖之,彬聞大詬曰:'彼嘗與天子遊戲,肯跪一主事耶'? 世宗即位,佛郎機復以接濟使臣衣糧爲名,請以所齎方物,如例抽分,詔絕之。(自'會滿剌加來訴'至此,四一六卷稿本作'[illegible]臣勒水兵攻勦,乃遁。嘉靖初,滿剌加訴佛郎機攻逐其王,御史丘道隆何鰲連疏請驅絕,後諸番舶不之粵,潛市漳州,久之,兵部議仍舊'。) 既而其屬別都盧等,擁衆千餘,破巴西國,遂寇新會縣,指揮柯榮截海禦之,擒四十二人,斬三十五級。(自'遂寇新會縣'至此,四一六卷稿本作'遂寇廣東新會縣,守臣勦之,擒別多盧等四十二人,梟境上'。) 二十六年寇漳州,私市梧【浯】嶼(四一六卷稿本'梧'作'吾'),海道何【柯】喬禦之,遁去。四十四年,有酋目啞喏唎歸氏者,浮海求貢,初稱滿剌加,已改稱蒲麗都家(四一六卷稿本'已'下增'復'字),部議南番無蒲麗都家,或佛郎機所托也,行鎮巡詳覈謝絕之。('謝絕之'四一六卷稿本作'爲謝絕') 相傳其國頗富饒,多畜犀象(四一六卷稿本於'犀象'二字作'犀角象牙'),珠貝,胡椒。身長七尺,高鼻白皙,鷹嘴貓眼,鬚捲而髮近赤,亦多髡首薙鬚。貴者戴冠,賤者頂笠,見尊長撤去之。着衫袴,垂至踁。皮履。衣服用瑣袱。西洋布瑣哈剌最華潔。(四一六卷稿本,於'最華潔'下增'俗信佛喜讀經'一語) 每六日一禮佛('佛'字四一六卷稿本作'拜'字),先三日食魚爲齋,至禮拜日,鷄豕牛羊不忌。手持紅杖而行。飲食不用匙箸,富者食麵,貧與奴僕食米。婚娶(四一六卷稿本下增'論財,貴女奩貲數倍'等字)無媒約,佛前(四一六卷稿本作'神前')相配,以僧爲証,謂之交印。國有大故,亦多與僧謀。人死貯布囊以葬,所畜半入僧室(四一六卷稿本作'僧用')。市儈互易,搦指節示數,累千金不立文字,指天爲約,無敢負。相會則交捫心(四一六卷稿本作'捫手',按捫心誤),誤捫首勃然忿爭。(四一六卷稿本下增'或詈辱及子孫父祖家長,輒以死鬬'等字) 性凶狡(四一六卷稿本下增'嗜利'二字),善大銃,中人立死。嘉靖時,廣東巡檢何儒招降佛郎機人,得其蜈蚣船并銃法,以功升上元簿。蜈蜈船底尖面平（四一六卷稿本下增'不畏風浪'四字），用板捍蔽，矢石；長十丈，闊三尺，旁架櫓四十（四一六卷稿本下增'餘'字），置銃三十四。約每舟撑駕三百人，櫓多人衆，雖無風可疾走。銃發彈落如雨，所向無敵。其銃用銅鑄，大者千餘斤，因名佛郎機。

（二）呂宋傳

呂宋在東洋中，國甚小，以產黃金故富厚。人淳朴，無爭訟（四一六卷稿本作'不喜爭訟'，下增'交易不立契'五字）。衣衫袴，皮屨，出入佩刀自衛。亦時禮佛（四一六卷稿本作'禮天'）誦經。洪武五年，同瑣里諸國貢方物。永樂三年，遣隔察老來朝貢，賜文綺，命廣東布政司宴勞。萬曆四年，助討逋賊有功，來貢，道福建。其地去漳近，故多商舶（四一六卷稿本作'賈舶'），今附香山嶴貿易（四一六卷稿本作'今附香山濠鏡澳貿易'，下增'而中國通倭者率闌入呂宋以爲常'一語）。初佛郎機從大西來，自稱干系蠟國，與呂宋互市，因上黃金爲王壽，求地如牛皮大，蓋屋，王許之。佛郎機乃剪牛皮相續爲四圍，求地稱是，王重失信，竟予地，月徵稅。因築城，營室，列銃，置刀盾，久之，圍呂宋，殺其王，而地并于佛郎機矣。王遣酋來鎮，一歲數易。華人販呂宋既夥，留居澗內，名壓冬，至數萬。萬曆二十一年，酋郎（當作'郎'下亦當增'雷'字）敝裏系勞征美洛居以華人潘和五等二百五十人從。酋偃臥舟中（四一六卷稿本作'船上'），令華人日夜駕船，稍倦輒箠殺之。和五等不勝荼毒，謀夜半（四一六卷稿本無'半'字）入臥內刺酋，持其頭大呼，諸酋（四一六卷稿本作'諸彝'）驚起，悉赴水死。和五等盡獲金寶兵器，駕其船回。失路走廣南，爲交趾所掠，被留(四一六卷稿本作'竟被留')，獨郭惟太等三十二人得歸。明年，酋子郎雷貓吝(四一六卷稿本下增'從朔務往代'五字)遣僧來閩訴，都御史許孚遠疏聞(四一六卷稿本下增'因以禮遣僧'五字)，置惟太(四一六卷稿本下有'等'字)于理。始酋(四一六卷稿本下有'故'字)奴視華人，而中朝採金之使四出，有(四一六卷稿本作'一'字)妄男子張嶷詭稱(四一六卷稿本作'且詭稱')呂宋機易山生金豆(四一六卷稿本作'多生金豆')。三十年，詔遣海澄丞王時和往勘。酋聞大駭，華人流寓者爲游說，結蓬(四一六卷稿本下有'爲'字)廠，令僧散花道旁(四一六卷稿本於'道旁'作'場旁'，下增'迎使者'三字)，盛陳兵衛迎(四一六卷稿本'迎'作'邀')。丞入設食，問丞：'華言(四一六卷稿本'言'下有'聞'字，誤)開山，山各有主安得開？且金豆生何樹？'丞數目嶷，嶷無以應，酋大笑，欲兵之，華人曲解釋登舟。丞悸死，嶷坐誅(四一六卷稿本下增'傳首海外'四字)；然酋益疑華人且啟疆，决計殲諸流寓矣。明年，遂謬言將征他島，凡華人寸鐵厚鬻之，華人利其直，無持寸鐵者。乃刻期攻華人，擒殺無算。華人走保大崙山，飢甚，酋復擊殺萬餘(四一六卷稿本下增'横尸横籍'四字)，存者三百人耳。頃之，酋悔禍，下令招撫，籍華人貨，移書閩守臣，俾親屬(四一六卷稿本'親屬'作'戚屬')往領，賈舶復稍稍去。三十三年，詔遣商諭呂宋無生事，其後留者復成聚云。或曰呂宋相連曰吶嗶嘽，在海畔，稍紆入山，曰沙瑤。其俗椎洗(四一六卷稿本'椎洗'作'椎跣'，按椎洗誤)，耳垂金鐶，衣剪錦綺。最奉佛(四一六卷稿本於'最奉佛'作'奉天神')所至拜寺(四一六卷稿本下增'兩手和南'四字)。尤嚴男女之禁，有與妻嘲笑，即剸以刃。盜無大小論死，有願抵家別者聽。及期,妻子送詣酋,登高棚自剖腹死。孕婦以水灌之,所生子置水中。(四一六卷稿本下有'築板爲城,覆茅爲屋'二語)又有班隘者,即蛟罩山,山頭火光不斷,亦名火(四一六卷稿本'火'作'大'字,誤)山(四一六卷稿本下增'奇險不可到'一語)。人多扁頭赤身,不受佛郎機部署,皆呂宋鄰國也。佛郎機未據呂宋時先聚朔霧,與其國人親好,其破呂宋,朔霧與有力焉。今以大酋擁兵守之,且通婚媾,居然一附庸矣。

(三)和蘭傳

和蘭自古不通中國。與佛郎機接壤。時駕大舶橫行瓜哇大泥間;及聞佛郎機據呂宋,得互市香山嶼,心慕之。萬曆二十九年,忽揚帆濠鏡(四一六卷稿本下增'自稱和蘭國'一語),欲通貢,澳人(四一六卷稿本下有'欲'字)拒之,乃走閩。閩人李錦久客大泥,與和蘭習,說其酋麻韋郎曰,若請市無以易漳,漳海外有彭湖嶼,可壘而守也。巨璫在閩,第諉事之,無不如意者。三十二年,遂詐爲大泥國王書,移閩當路及中貴(四一六卷稿本下有'人'字)高寀,而以巨艦尾至彭湖。時海上汛兵俱撤,酋伐木駕廠,如履無人之境。而李錦徐拏漁舟,附入漳,詭稱被掠脫歸(四一六卷稿本於'詭稱被掠脫歸,'作'詭爲所掠脫歸')。當事繫錦并前所遣滑(四一六卷稿本'滑'作'猾')商潘秀,令諭酋還自贖;并遣材官捧檄往。乃多賚酒幣覬厚償。海上奸民,又潛移華貨私與市,酋益生心觀望。而璫寀貪其賄,許以三萬金爲壽,與尋盟。會(四一六卷稿本下多'當事'二字)所遣(四一六卷稿本下多'往勘'二字)材官沈有容饒才略,從容諭酋多中窾。麻韋郎頗心動。衆露刃相挾，沈厲聲折之，語塞（四一六卷稿本作'爲語塞'），因僅以番刀（四一六卷稿本下有'及'字）玫瓌等器遣還求市。已而當事嚴禁兵民接濟，疏請聲勦，曾度坐困，遂宵遁。錦秀等論如法。旋奉旨傳諭大泥國，移檄和蘭，毋（'毋'爲'毋'字之誤，四一六卷稿本作'無'）爲細人所誤。維時閩海稍寧，而本曾習華境曲折，心不能無他覬，兼之海上利其金錢，勾引實繁有徒。四十五年，更從呂宋港口，迎擊華商，爾後遂大（四一六卷稿本無'大'字）入澎湖，踞（四一六卷稿本作'據'）爲三窟矣。其人深目碧瞳，長鼻赤髮，閩人呼爲紅毛番，又稱紅彝云。舟長可三十丈，橫廣五六丈，樹五桅，凡三層，旁鑿小窗，置銅銃以俟。桅下大銃，長二丈餘，中虛如四尺車輪，云發此可洞石城，震數十里。舵後銅盤，大經（四一六卷稿本'經'作'徑'，按作徑是）數尺，往來海道不迷，稱照海鏡。奉事天主甚謹。役使烏鬼，行巨浪（四一六卷稿本'浪'作'濤'）中如平地。本不習戰，因中國驅逐，始募倭衛鋒。所恃惟銃，今紅彝銃法，縱傳中國，佛郎機又爲常技矣。其屬國有美洛居。

（四）歐邏巴傳

歐邏巴古不通中國，嘉靖間始有西商循小西洋東來貿易香山澳。其後國人名道侶者，每附舶而來，計海程幾及十萬里。（四一六卷稿本於'計海程幾及十萬里'作'計海程八九萬里，有近十萬者'）南起地中海，北至水【冰】海，徑一萬一千二百五十里。西起西海諸島（四一六卷稿本'諸島'作'福島'，按作福島是），東至阿北阿，徑二萬三千里（四一六卷稿本作'三萬三千里'），共七十餘國（四一六卷稿本下增'大國十一'四字）。其地中海有（四一六卷稿本作'地中有海'，誤）斗的亞諸島，西海有意而蘭,大諳厄利亞諸島。自國王下逮('逮'字四一六卷稿本作'及'字)庶民,皆奉天主耶穌教(四一六卷稿本無'教'字)。其徒來遊中國,多傳道之人,非修貢也。萬曆中,有大西洋人瑪利竇賫獻天主像,自鳴鐘,鐵琴,地球等器,皆巧異,神宗大(四一六卷稿本'大'作'嘉')悅,敕光祿日給廩餼。瑪竇聰慧,通中國典籍,著交友論,山海輿地全圖。嘗游南京,禮部侍郎沈潅奏逐之,曰:'訪閩海利瑪竇本佛郎機人,其王豐肅原名巴里狠雷,先年同黨詐行天主教于呂宋國,奪之,改號大西洋云。'久之病卒,賜葬阜城門外二里溝,曰利泰西墓(按'泰西'當作'西泰')。嗣有龍華民龐迪義畢(下有脫文)等接踵而至,行其教不廢。有諳曆學者。崇禎初,上諭日食不合推數,恐大統曆法差訛,宜修正之。禮部尚書徐光啓疏薦湯若望鄧玉函羅雅谷三人,召至京,開局長安街,作觀星臺,推測著書,每月賜卓兒銀兩。亡何,玉函,雅谷相繼卒,若望乃以新法製進黃赤全儀,地平日晷,及星球測天儀器,新法曆書。內庭親測,屢旨褒賞,命禮部議行之。十五年,上傳兵部尚書陳新甲至東閣,言西洋砲有無間大將軍名號,命若望鑄造傳習,共大小砲二十餘位,大者重一萬二千餘斤,次者三千餘斤。又爲空心砲臺式,幷望遠鏡二具。十六年,大學士周延儒出督師,請諸火器,命若望隨往。十月,又命赴薊督軍前調度。十七年,遣大學士李建泰出山西勦撫,同若望行,晉王審烜亦疏請之。方至眞定,而賊逼都城,遂徵還。其國風俗(四一六卷稿本下增'三十而娶,二十而嫁'二語),一夫一婦,無二色者。(四一六卷稿本下增'賤見貴少見長,以免冠爲禮'一語)男子二十以上衣靑;女子以金寶爲飾,服御羅綺,佩帶諸香;至四十或未四十而寡者,屏即去(四一六卷稿本下有'衣素'二字)。喪服尚黑。棺用木石或鉛。追薦誦天主經,不燒楮錢。酒以葡萄釀,或(四一六卷稿本'或'作'無則')用牟麥。生子即釀酒,至娶婦用之(四一六卷稿本'至'字上有'于'字,誤);年久愈美(四一六卷稿本作'年愈久更美')。屋上等石砌,次磚牆,木柱鉛瓦(四一六卷稿本於'鉛瓦'作'鉛尾'誤。又下增'或輕上板'四字),上累六七層,高十餘丈。地中亦有一層,既用窖藏,亦以除隰,歷千年不壞。一國一郡有大學,一邑一鄉有小學,選學行之士爲師,生徒多至數萬人。小學曰文科,凡四:一古賢名訓,一各國史書,一各種詩文(四一六卷稿本無'文'字),一文章議論。學者自七八歲至十七八,學成本師試之,進於中學,曰理科。初年學落日加,辨是非之法(四一六卷稿本'辨'字上有'譯言'二字),二年學費西加,察性理之道(四一六卷稿本'察'字上有'譯言'二字),三年學默達費西加,察性理(四一六卷稿本'察'字上有'譯言'二字),以上之道,總名斐錄所費亞。學成本師試之,進于大學,乃分四科,任人(四一六卷稿本作'聽人')自擇:一醫科,主療疾病,二治科,主習政事,三教科,主守教法,四道科,主興教化。學成本師又試之,方許任事。別有度數(四一六卷稿本作'度與數'),之學,曰瑪得瑪第加,專究物形之度數。度其完者以爲幾何大數,其截者以爲幾何多,二者或脫物而空論之。則數者主美(四一六卷稿本'美'作'算')法家,度數主量法家(四一六卷稿本作'度者立量法家')或體物而偕論之。則數者在音相濟爲和,立律呂家,度者在天迭運爲時,立曆法家。亦設學立師(四一六卷稿本'亦'字上多'其學'二字),但不以取士。百工匠作皆學焉(四一六卷稿本下增'其製造備極精巧'一語)。所讀皆聖賢書(四一六卷稿本作'所讀書籍皆聖賢撰著'),然以天主經典爲宗。字以二十三字母互配而成凡萬國語言風雨鳥獸之聲,皆可寫出,蓋隨音成字,不以字命,音也。土產五穀,五金,晶石,瑰瑤,玻瓈,鎖袱,多羅絨。有金銀絲緞布,以利諸草爲之,視紵更堅潔。用壞搗爛爲紙。火浣布,火化人尸以布包之,尸燼(四一六卷稿本作'骸燼')灰存布內不散,貯礶中,葬高塔(四一六卷稿本下有'之'字)上。葡萄大如桃李,別有阿利襪孟桃果,皆中國所無。玫瑰花最貴,取蒸爲露,可當香藥。

附錄二

附錄二

萬王二史稿及明史佛郎機呂宋和蘭意大里亞四傳互校

國立北平圖書館藏萬季野明史稿抄本,殘數卷,然於佛郎機呂宋和蘭意大里亞四傳之文,幸而獨全。王鴻緒横雲山人史藁據其文而稍加删訂。明史又據王稿而略損益其文句。因襲之跡,顯見若揭。兹以明史(用同文本)爲主文,取萬王二稿(王稿用敬愼堂本)對校之,凡文句有異者,即爲錄出,悉同者則缺之,俾讀者得參照焉。

(一)佛郎機傳　　明史卷三二五

近滿剌加　　頁一九上行四

萬王二稿於'近滿剌加'下,均多'古不知何國,永樂時,海外諸邦通中國者以百數,亦未有其名'等語。

正德中　　頁一九上行四

萬王二稿,均於'正德'前多'自'字。

十三年遣使臣加必丹末等貢方物　　頁一九上行四至五

萬稿於'十三年'前多'以'字,'十三年'後多'正月'二字。王稿亦有'正月'二字,然無'以'字。

請封　　頁一九上行五

王稿同此,萬稿於'請封'下多'廣東守臣以其素不列王會,且無表,留其使者,請命于朝'等語。

始知其名　　頁一九上行五

萬王二稿均無此語。

詔給方物之直遣還　頁一九上行五至六

'遣還'二字,萬稿作'遣之',王稿作'遣之還'。

至掠小兒爲食　頁一九上行六

王稿同此.萬稿於下多'遠近苦之'四字。

許入京　頁一九上行七

王稿同此,萬稿'京'下多'師'字。

武宗南巡　頁一九上行七

王稿同此,萬稿作'武宗方南巡'。

因江彬侍帝左右　頁一九上行七至八

王稿同此,萬稿作'重賄江彬,得侍帝左右'。

十五年御史邱道隆言　頁一九上行九

萬王二稿均於'十五年'後多'十二月'三字,'邱'均作'丘'。

宜却其使臣　頁一九下行一

王稿同此,萬稿誤'宜'爲'且'。

佛郎機最凶狡　頁一九下行三

王稿同此,萬稿作'佛郎機最稱凶狡'。

祖宗朝貢有定期　頁一九下行六

王稿同此,萬稿'祖宗'上多'昔'字。

此佛郎機所以乘機突至也　頁一九下行九

王稿同此,萬稿於'乘機'下多'而'字。

乞悉驅在澳番舶　頁一九下行九

王稿同此,萬稿'乞'字下多'稽復舊制'四字。

侵奪鄰邦　頁二〇上行二

王稿同此,萬稿'邦'作'境'。

亞三侍帝驕甚　頁二〇上行三

王稿同此,萬稿作'亞三旣得侍帝驕甚'。

從駕入都　頁二〇上行三

王稿同此,萬稿'從'上多'後'字。

彬大詬曰　頁二〇上行四

王稿同此,萬稿作'彬聞大詬曰'。

疎世利　頁二〇上行九

王稿同此,萬稿'疎'作'蘇'。

嘉靖二年,遂寇新會之西草灣　頁二〇上行一〇

王稿同此,萬稿作'遂以嘉靖二年,寇新會之西草灣'。

乃寇來輒遭蹂躪者　頁二〇下行五至六

王稿同此,萬稿下多'何也'二字。

蒞墩臺止瞭望　頁二〇下行六

王稿同此,萬稿作'蒞墩臺止爲瞭望之所'。

故往往受困　頁二〇下行六

萬王稿均作'此所以往往受困也'。

給事中王希文力爭乃定　頁二一上行四

王稿同此,萬稿作'給事中王希文力言不可乃定'。

多資商稅　頁二一上行六

王稿同此,萬稿作'多資之商稅'。

令許佛郎機互市有四利　頁二一上行六至七

萬王稿下有'焉'字。

助國裕民　頁二一下行一至二

王稿同此,萬稿作'助民裕國'。

非開利孔爲民梯禍也　頁二一下行二至三

王稿同此,萬稿作'非所謂開利孔爲民梯禍也'。

從之　頁二一下行三

萬王稿均作'部議又從之'。

朱紈爲巡撫　頁二一下行四

王稿同此,萬稿作'朱紈來爲巡撫'。

嚴禁通番　頁二一下行四至五

王稿同此,萬稿作'下令嚴禁通番'。

將吏不肯者　頁二二上行三

王稿同此,萬稿作'將吏之不肯者'。

反視爲外府矣　頁二二上行三至四

王稿同此,萬稿作'反視之爲外府矣'。

閩粵商人　頁二二上行八

王稿同此,萬稿'粵'作'越'。

養成其患　頁二二下行八

萬王稿下多'而不問'三字。

檄番人驅倭出海　頁二二下行九

王稿同此,萬稿作'檄番人驅逐,乃始出海'。

因上言粵之有澳夷　頁二二下行九

王稿同此,萬稿於'因上言'三字作'鳴崗上言'。

猶虎之傅翼也　頁二二下行一〇

王稿同此,萬稿誤'傅'爲'縛'。

無啟釁　頁二三上行六

王稿同此,萬稿誤'啟'爲'起'。

中朝疑之過甚　頁二三下行一

萬王稿均於'中朝'上多'而'字。

故議者紛然　頁二三下行一至二

王稿同此,萬稿於'紛然'作'紛紛'。

此番固未嘗爲變也 頁二三下行二

萬王稿於'固'均作'故'。

衣服華潔 頁二三下行四

王稿同此,萬稿誤'華'爲'革'。

無敢與抗者 頁二三下行七

萬王稿均作'無敢與之抗者'。

(二)呂宋傳 明史卷三二三

遣官齎詔 頁一一上行六

王稿同此,萬稿'齎'作'奉'。

八年與馮嘉施蘭入貢 頁一一上行六至七

王稿同此,萬稿'八年'下多'十一月'三字。

與呂宋互市 頁一一上行八至九

王稿同此,萬稿作'來與呂宋互市'。

蠻人日酣臥 頁一一下行九

王稿同此,萬稿作'蠻人日酣醉晏臥'。

和五曰叛死箠死等死耳 頁一一下行一〇

王稿同此,萬稿於'和五曰'作'和五等謀曰'。

曷若刺殺此酋 頁一二上行一

王稿同此,萬稿'刺'作'戰'。

乃夜刺殺其酋 頁一二上行二

王稿同此,萬稿作'乃于夜中入臥內,刺殺其酋'。

持酋首大呼 頁一二上行二

王稿同此,萬稿作'其酋首大呼',蓋'其'上誤脫'持'字。

令城外築室以居 頁一二上行九至一〇

萬王稿均於上多'即'字。

懼交通爲患 頁一二上行一〇

王稿同此,萬稿作'懼華人交通爲患'。

蠻乃給行糧遣之 頁一二下行一

王稿同此,萬稿於'蠻'作'蠻人'。

然華商嗜利 頁一二下行一至二

王稿同此,萬稿作'商人嗜利'。

奸宄蠭起言利 頁一二下行二至三

王稿同此,萬稿於'奸宄'作'奸宄之徒'。

舉朝駭異 頁一二下行五

王稿同此,萬稿於'駭異'作'駭怒'。

都御史溫純疏言 頁一二下行五

王稿同此,萬稿於'溫純疏言'作'溫純即抗疏言'。

緬甸以寶井故 頁一二下行九

王稿同此,萬稿作'緬甸以寶井之故'。

又以機易山事見告 頁一二下行一〇

萬王稿下均多'矣'字

又不止費財矣 頁一三上行三

王稿同此,萬稿作'又不止于費財矣'。

以逞不軌之謀 頁一三上行六至七

萬王稿均作'以逞其不軌之謀'。

擁兵列寨 頁一三上行一〇

王稿同此,萬稿'擁'作'引'。

曹於汴 頁一三下行二

萬稿同此,王稿'於'作'于'。

特是奸徒横生事端 頁一三下行五至六

萬王稿均無'是'字。

上下皆大笑 頁一四上行一

萬王稿均作'其上下皆大笑'。

華人貪利盡鬻之 頁一四上行五

萬王稿均作'華人貪利盡出而鬻之'。

羣走菜園 頁一四上行七

王稿於'羣'上多'乃'字,萬稿於下文多'八月之朔'四字。

酋發兵攻 頁一四上行七

王稿同此,萬稿作'酋即發兵攻菜園'。

死無算 頁一四上行七

王稿同此,萬稿作'死傷無算'。

奔大崙山 頁一四上行七

王稿同此,萬稿作'明日又走大崙山'。

衆殊死鬭 頁一四上行八

王稿同此,萬稿作'衆殊死格鬭'。

設伏城旁 頁一四上行九

王稿同此,萬稿於下文多'以待初三日'等字。

衆飢甚 頁一四上行九

王稿同此,萬稿於下文多'不得食'三字。

衆大敗 頁一四上行一〇

王稿同此,萬稿於下文多'或奔亡,餓死山谷間,横屍載道'等字。

悉封識貯庫 頁一四下行一

王稿同此，萬稿'庫'下多'中'字。

移書閩中守臣　頁一四下行一

王稿同此，萬稿'守臣'作'當事'。

帝驚悼　頁一四下行三

王稿同此，萬稿作'帝甚驚悼'。

疑等欺誑朝廷　頁一四下行四

王稿同此，萬稿於'等'下多'無端'二字。

數以擅殺罪　頁一四下行七

王稿同此，萬稿作'數以擅殺之罪'。

而蠻人利中國互市　頁一四下行八

萬王稿於'互市'均作'互易'。

亦不拒　頁一四下行八

王稿同此，萬稿作'亦不欲拒'。

久之復成聚　頁一四下行八

王稿同此，萬稿'復'作'又'。

益以呂宋　頁一四下行九

王稿同此，萬稿作'益之以呂宋'。

(三)和蘭傳　明史卷三二五

地近佛郎機　頁二三下行八

萬王稿於下文均多'古不知何名'一語。

和蘭人就諸國轉販　頁二四上行一

萬王稿均作'和蘭人即就諸國轉販'。

二十九年　頁二四上行三

王稿同此，萬稿作'以二十九年'。

遊處一月　頁二四上行五

萬稿同此,王稿作'與遊處一月'。

不敢聞於朝　頁二四上行五至六

萬王稿均作'亦不敢聞於朝'。

澳中人慮其登陸　頁二四上行六

萬王稿均作'澳中人又慮其登陸'。

謹防禦　頁二四上行六

萬王稿均作'力爲防禦'。

語及中國事　頁二四上行七至八

萬稿作'一日談及中華事',王稿作'語及中華事'。

守臣不許奈何　頁二四上行九至一〇

王稿同此,萬稿於上文多'倘'字。

稅使高寀嗜金銀甚　頁二四上行一〇

萬稿同此,王稿'銀'作'錢'。

若厚賄之　頁二四上行一〇

王稿同此,萬稿作'若能厚賄之'。

俾秀震齎以來　頁二四下行二至三

王稿同此,萬稿作'俾震秀二人,賫之以來'。

亟白當事　頁二四下行三

王稿同此,萬稿'當事'作'當道'。

而當事所遣將校詹獻忠齎檄往諭者　頁二四下行九至一〇

王稿同此,萬稿'齎'作'賫'。

當事屢遣使諭之　頁二五上行一至二

萬王稿均作'當事屢使使諭之'。

見酋語輒不競　頁二五上行二

王稿同此,萬稿'競'作'揚'。

愈爲所慢 頁二五上行二

王稿同此,萬稿作'愈爲其所慢'。

有容負膽智 頁二五上行四至五

王稿同此,萬稿'負'作'優'。

令之範還所贈金 頁二五上行六至七

王稿同此,萬稿作'令之範還所贈三萬金'。

十月末揚帆去 頁二五上行九

王稿同此,萬稿作'乃以十月二十五日揚帆而去'。

巡撫徐學聚劾秀錦等罪論死 頁二五上行九至一〇

王稿同此,萬稿於上文多'事定'二字。

復汎舟東來 頁二五下行一

萬王稿於'汎'均作'泛'。

闌出貨物與市 頁二五下行三

王稿同此,萬稿作'潛闌出貨物與市'。

說以毀城遠徙 頁二五下行四

王稿同此,萬稿作'遣人說以毀城遠徙'。

然其據臺灣自若也 頁二五下行六

王稿同此,萬稿作'不知其據臺灣自若也'。

尋犯廈門 頁二五下行七

王稿同此,萬稿作'尋率衆犯廈門'。

出沒浯嶼白坑東椗莆頭古雷洪嶼沙洲甲洲間。 頁二五下行九至一〇

王稿同此,萬稿於'間'字作'諸處'。

其年巡撫南居益初至 頁二六上行一

王稿同此,萬稿作'其年新巡撫南居益至'。

謀討之　頁二六上行一

王稿同此,萬稿作'銳意謀討之'。

四年正月　頁二六上行八至九

王稿同此,萬稿作'居益乃以四年正月'。

乃大發兵　頁二六上行一〇

王稿同此,萬稿作'居益乃大發兵'。

諸軍齊進　頁二六下行一

王稿同此,萬稿作'以六月之望諸軍齊進'。

兩遣使求緩兵　頁二六下行一

王稿同此,萬稿作'七月初兩遣使求緩兵'。

遂揚帆去　頁二六下行二

王稿同此,萬稿作'寇果于十三日揚帆去'。

據高樓自守　頁二六下行三

王稿同此,萬稿作'猶據高樓自守'。

會總都張鏡心初至　頁二六下行八

王稿同此,萬稿'初'作'新'。

爲居停出入　頁二六下行九至一〇

王稿同此,萬稿作'謙納其厚賄爲居停出入'。

而番人猶據臺灣自若　頁二七上行一至二

王稿同此,萬稿作'而番人之據臺灣猶自若'。

華人未嘗至　頁二七上行二至三

王稿同此,萬稿作'華人迄未嘗至'。

世所稱紅夷礮　頁二七上行五至六

萬王稿於'稱'均作'傳'。

其柁後置照海鏡　　頁二七上行八

王稿同此,萬稿於上文多'而'字。

國土既富　　頁二七上行一〇

王稿同此,萬稿作'其國既富'。

(四)意大里亞傳　　明史卷三二六

其說荒渺莫考　　頁一八上行五

王稿同此,萬稿作'其說荒誕不可信'。

然其國人充斥中土　　頁一八上行五

王稿同此,萬稿作'然其國人今充斥中土'。

至萬曆九年利瑪竇始汎海九萬里抵廣州之香山澳　　頁一八上行九至一〇

萬稿'九年'下多'辛巳'二字。王稿亦有'辛巳'二字,惟誤'辛'爲'卒'。'利'字王稿無。

真有不願尙方錫予　　頁一九上行二至三

王稿同此,萬稿'錫'作'賜'。

譬之禽鹿久羈　　頁一九上行三

萬王稿於'譬之'均作'譬諸'。

言大西洋歸化人　　頁一九上行九

王稿同此,萬稿於'大西洋'作'大西洋國'。

間爲所誘　　頁一九下行四

王稿同此,萬稿'間'作'多'。

遷延不行　　頁二〇上行四

王稿同此,萬稿作'諸人遷延不行'。

如徐光啟李之藻輩　　頁二〇下行九

王稿同此,萬稿於'聾'下多'者'字。

時著聲中土者　頁二〇下行一〇

王稿同此,萬稿'時'上多'其'字。

其所言風俗物產多夸　頁二一上行四

王稿同此,萬稿於'多夸'作'多夸誕不可信'。

附　錄　三

附錄三

明史佛郎機呂宋和蘭意大里亞四傳大事年表

(一) 佛郎機傳大事年表

西曆			中曆			大事	備考
年	月	日	年	月	日		
一五一一	八		正德六	七月或八月		葡萄牙水師提督 Alfonso d' Albuquerque 奪取滿剌加地	
一五一四			正德九			葡人 Jorge Alvares 東來至屯門島	
一五一六			一一			滿剌加總督 Jorge d'Albuquerque 遣Rafael Perestrello來華	據 Barros 說，或在一五一五年或在一五一六年未定，茲從後說。
一五一七	六	一七	一二	五	二九	滿剌加總督遣 Fernao Peres d'Andrade 及使臣 Thomas Pirez 來華	
	八	一五		七	二八	Fernao Peres d'Andrade 及 Thomas Pirez至屯門島，稍後至廣州	
						滿剌加總督遣 Mascarenhas 東至福建，視察海岸	
一五一八	八		一三	六月或七月		滿剌加總督遣 Simao d'Andrade 來華	
	九			七月或八月		Fernao Peres d'Andrade 返滿剌加	
一五一九			一四	六		林見素範錫爲佛郎機銃以平宸濠之亂	據王守仁說
	九	一五		八	二二	明武宗南巡，車駕發京師	
一五二〇	一			一二(?)		葡使自廣州起程赴京	西曆之一五二〇年一月爲中曆正德十四年之十二月或十五年之正月
	一	一六		一二	二六	明武宗車駕抵南京	
	四		一五	三月或四月		葡使行抵南京	據 Barros 言葡使自廣州起程行四閱月至南京推之，當在此時。
	九	二三		閏八	一二	明武宗自南京發駕北返	
						御史邱道隆何鰲疏請驅除佛郎機夷	月日未詳，當在武宗返京之先。
						滿剌加使臣爲昔英來京	月日無考疑在是年。

一五二一	一			一二		葡使行抵京師	據 Barros 說；西曆之一五二一年一月當正德十五年之十一月或十二月。
	一	二二		一二	一四	明武宗車駕抵京師	
	四	二〇	一六	三	一四	遣佛郎機進貢夷人返國并擒其通事	據是年實錄及顧應祥說。
				四		回番寫亦虎仙下獄論死	
	六					汪鋐驅走 Simao d'Andrade	據 Barros 及殊域周咨錄推斷
				七		滿剌加總督遣 Diego Calvo東來	據實錄及 Barros 之首推斷，中葡通商研究作是年三月或四月
	九	二三		八	二三	葡使押回廣州	
				一一		回番寫亦虎仙伏誅	
一五二二			嘉靖 一			佛郎機寇新會之西草灣	
一五二九			八	一〇		廣東巡撫林富疏請弛海禁	
一五三〇	九月或十月		九	九		汪鋐請頒佛郎機銃禦邊	據是年實錄
	十月或十一月			一〇		王希文疏請嚴禁番商入市	據是年實錄
一五三五			一四			黃慶移市舶司於濠鏡澳令番商歲輸課二萬兩	
一五四〇			一九			李光頭逸入雙嶼，勾引佛郎機入市	據福建通志
一五四七			二六	一一		佛郎機夷犯月港浯嶼	據是年實錄
一五四九	四		二八	三		佛郎機犯詔安走馬溪	據福建通志
	四月或五月			四		罷朱紈職待勘	
一五五〇	八月或九月		二九	七		詔逮朱紈，朱紈仰藥死	
一五五三			三二			汪柏納賄許佛郎機商入居濠鏡	
一五五四			三三			中國指定浪白澳爲佛郎機商市易之地	

西曆年	月	日	中曆年	月	日	大事	備考
一五六二			四一			海寇張璉平	
一五六四			四三			龐尚鵬上撫處濠鏡澳夷疏	
						佛郎機夷助平柘林叛賊譚允傳之亂	
一五六五			四四	四		佛郎機夷目啞喏唎歸氏求入貢	據是年實錄
一五七四			萬曆 二			於澳門與香山縣境結聯處建城立關設官防守	此據澳門紀略說，他書或作一五七三年。
一六〇六			三四			佛郎機建寺於青州山	據實錄
一六〇七			三五			佛郎機築城澳門	
						盧廷龍請逐佛郎機夷於浪白外洋	
一六一三			四一			郭尚賓疏請驅逐佛郎機夷	此據郭給諫疏稿
一六一四			四二			張鳴岡疏請容許佛郎機夷居澳，以便防查	此據野獲編說，然當在郭尚賓奏疏之前，姑仍舊
						設參將府於中路雍陌營防澳	
一六二一			天啓 一			監司馮從龍毀澳夷所築青州山寺	
						改設參將府於前山寨防澳	
一六二二			二			佛郎機夷因紅毛入犯，益在澳門增築城垣	
一六二五			五			佛郎機夷毀在澳所築城	

（二）呂宋傳大事年表

西曆年	月	日	中曆年	月	日	大事	備考
一三七二			洪武 五	一		呂宋入貢	
一四〇五			永樂 三			呂宋入貢	

一四一〇			八			呂宋與馮嘉施蘭同入貢	
一五七〇			隆慶四			西班牙大將 Legaspi Salcedo 征呂宋取馬尼拉地。	
一五七四			萬曆二			海寇林鳳犯呂宋	
一五七五			三			林鳳爲西班牙人驅走	
						中國遣官至呂宋偵察，後偕西班牙兩教士回福建	
一五七七	一〇	二一	五	九	一一	西班牙兩教士自廈門返呂宋	
一五九三	一〇	六	二一	九	一二	呂宋會郎雷敝裏系勝役華人二百五十人征美洛居	或作西曆是年十月十六日
						華人叛殺郎雷敝裏系勝及其他西班牙人，駕舟潛逃	
				一〇		郎雷敝裏系勝子郎雷貓吝遣使來福建陳事變	
						是年日本遣 Faranda 迫脅呂宋	
一五九四	一一	一九	二二	一〇	二七	許孚遠上疏陳華人叛殺事變	
						是年郎雷貓吝再呈書福建總督控訴前情並給糧遣還華人	
一五九八	九	五	二六	八	五	呂宋人至澳門求貢市	
一六〇一			二九			張嶷上書言採金呂宋事	
一六〇二			三〇	四		王時和于一成張嶷赴呂宋勘查產金事	此從洋考說，西人記載作一六〇三年
	九	一二		七	二七	温純上疏請罷呂宋採金事	
一六三〇	一二	一四	三一	一一	一二	福建稅監高寀劾張嶷言呂宋產金事不確	
						是年呂宋屠殺華人二萬五千人幷遣官至澳門偵探華方消息	洋考作至福建偵探
一六〇四			三二	一一		朝議處張嶷極刑	
一六三九			崇禎一二			呂宋殺在境華人二萬二千人	

(三) 和蘭傳大事年表

西曆 年	月	日	中曆 年	月	日	大事	備考
一五九三			萬曆二一			西班牙役華人征和蘭於摩鹿加島	
一六〇一			二九			和人至澳門求通市	
一六〇四	六	二七	三二	六	一	和人 Wybrand Van Warwick 自大泥駛向中國求通市。	
	八	七		七	一二	Wybrand Van Warwick 駛至澎湖	
	一二	一五		一〇	二五	Wybrand Van Warwick 離澎湖他去	
一六〇六			三四			鎮守呂宋總督遣 Pedro Bravo de Acuna征摩鹿加島，平親好於和之土酋	
一六〇七			三五			和人 Matelief 東來窺視澳門	
						鎮守呂宋總督再遣 Pedro de Heredia 征摩鹿加島，敗和人於 Ternate 島	
一六一一			三九			鎮守呂宋總督 Juan de Silva 再征摩鹿加島，敗和人於 Gil-olo 島	
一六二二			天啓二			和人 Reyerszoon 攻澳門，敗走	
	七			六		和人二次駛至澎湖，並寄泊臺灣南端之地	據商周祚奏疏
				一〇		徐一鳴敗紅夷於中左所	據厦門志
一六二三			三	四		商周祚疏言紅夷遵諭拆城徙舟他去	
				八		南居益疏請越海剿除紅夷於澎湖	
一六二四	二	二〇	四	正	二	南居益興師討和蘭	據兩朝從信錄
	八	二六		七	一三	和人移舟退臺灣	同上
一六二六			六			西班牙人入雞籠築山嘉魯城	

一六二九			崇　禎二			西班牙人入淡水築多岷古城	
一六三〇			三			和人犯厦門爲鄭芝龍所敗	
一六三二			五			和人築 Zeelandia 於一鯤身島	
一六三三			六			和人再犯厦門爲鄭維璉所敗	
一六三七			一〇			英人 John Weddell 至澳門求市	
一六三九			一二			鄭芝龍敗和蘭於湄州外洋	
一六四二			一五			和蘭逐出西班牙人於臺灣	

（四）意大里亞傳大事年表

西曆			中曆			大事	備考
年	月	日	年	月	日		
一五五二			嘉靖三一			聖方濟各沙勿略死於上川島	
一五七九			萬　曆七			羅明堅自印度至澳門	
一五八一			九			利瑪竇自印度來華	此據大西利先生行蹟，西文記載多作一五八二年
一五八三			一一			利瑪竇與羅明堅開敎肇慶	
一五八九	四		一七	二月或三月		利瑪竇移往韶州開敎	
一五九四			二二			利瑪竇自韶州趨南雄南京轉往南昌府開敎	
一五九七			二五			龍華民來華	據泰西著述考
一五九八			二六			利瑪竇自南京趨北京轉往蘇州開敎	
一五九九			二七			利瑪竇開敎南京	

	八月或九月			七		王豐肅陽瑪諾來華	據南宮署牘供詞
						龐迪峨來華	據泰西著述考
一六〇一	一	四	二八	一二	一	利瑪竇至京貢獻	或作萬曆二十九年
一六〇二	三		二九	二		天津稅監馬堂解進利瑪竇貢物及行李	據實錄
						禮部疏請遣還利瑪竇	據實錄
	四			三		王豐肅自廣東至南京開教	據南宮署牘供詞
	八			七		禮部再請遣還利瑪竇	據實錄
一六〇六			三四			熊三拔來華	據泰西著述考
一六一〇	五	一一	三八	三	一九	利瑪竇卒於京	此據大英百科全書
						畢方濟艾儒略來華	據大西利先生行蹟
						金尼閣來華	據泰西著述考
				一一	一	日食曆官失推	
一六一一			三九			禮部疏請徐光啟李之藻與龐迪峨熊三拔推曆	
一六一六	六月或七月		四四	五		沈潅疏請驅逐西士及禁教	據南宮署牘
	九	一		七	二一	南京教案發生第一次逮捕教徒	同上
	九	二四		八	一四	第二次逮捕教徒	同上
						沈潅第二次疏請驅逐西士及禁教	同上
一六一七	一			一二		沈潅第三次疏請驅逐西士及禁教	同上
	二	三			二八	明廷詔令遣還西士	同上
			四五			王豐肅謝務祿龐迪峨熊三拔押解廣東	同上

一六一八	四月或五月		四六	四		龐迪峨疏請寬敎禁	野獲編作是年十月
一六二〇			四八			李之藻楊廷筠遣張燾往澳門購西銃	
一六二二	一月或二月		天啟一	一二		孫學詩自廣信解西洋大銃四位入京	
						鄧玉函來華	據泰西著述考
			二			陸若漢等貢銃	
						湯若望來華	據泰西著述考
一六二三	一			一二		滿兵南侵陸若漢以西銃守涿州	據徐光啟疏
	二	六	三	一	七	陸若漢上疏求用	同上
	五			四		澳門銃師藝工至京聽用	據實錄
一六二四			四			羅雅谷來華	據泰西著述考
一六二九	六	二一	崇禎二	五	一	日食曆官復失推	
	八	二九		七	一一	禮部奏請以鄧玉函龍華民依西法推曆	
	十月或十一月			九		開局修曆	
一六三〇	八	九	三	七	二	羅雅谷奉旨自開封至京修曆	據徐光啟疏
一六三一	一			一二		湯若望奉旨自西安至京修曆	同上
一六三四			七			曆書告成	據李天經疏

附錄四

引用及參考書目

中　文

元史	明宋濂等修	清光緒癸卯五洲同文印本
明史稿		國立北平圖書館藏萬季野稿抄本
明史稿		國立北平圖書館藏四一六卷抄本
明史稿	清王鴻緒撰	清雍正元年敬慎堂刊本
明史	清張廷玉等修	清光緒癸卯五洲同文印本
明太祖實錄	明楊榮等修	國立北平圖書館藏抄本
明成祖實錄	明楊士奇等修	燕京大學圖書館藏抄本
明武宗實錄	明費宏等修	國立北平圖書館藏抄本
明世宗實錄	明張居正等修	同上
明神宗實錄	明顧秉謙等修	同上
明熹宗實錄	明溫體仁等修	同上
大明會典	明孝宗敕纂李東陽校正	明正德四年重校刊本
西堂餘集	清尤侗撰	清康熙間刊本
東華錄	清王先謙撰	清光緒十三年京都善本堂重刊本
明通鑑	清夏燮撰	清光緒三十三年湖北官書處重刊本
獻徵錄	明焦竑撰	明萬曆丙辰序刊本
明史考證攟逸	清王頌蔚編	民五年吳興劉氏嘉業堂刊本
吾學編	明鄭曉撰	明萬曆二十七年重刊本
皇明世法錄	明陳仁錫撰	明刊本
皇明法傳錄	明高汝栻撰	明崇禎九年序刊本

皇明法傳錄續紀	同上	同上
兩朝從信錄	明沈國元撰	明崇禎間刋本
名山藏	明何喬遠撰	明崇禎十三年序刋本
野獲編	明沈德符撰	清同治八年錢塘姚氏扶荔山房重校刋本
春明夢餘錄	清孫承澤撰	清光緒九年古香齋本
王文成公全書	明王守仁撰	上海涵芬樓四部叢刋景印本
正氣堂集	明俞大猷撰	清道光二十一年至二十四年龍溪縣氏昧古書室重刋正氣堂全集本
弇州史料後集	明王世貞撰	明崇禎間刋本
林次崖先生文集	明林希元撰	清乾隆三十八年詒燕堂刋本
郭給諫疏稿	明郭尙賓撰	嶺南遺書本
徐念陽公集	明徐如珂著	清潘錫恩輯,道光二十八年刋乾坤正氣集本
瞿忠宣公集	明瞿式耜著	清光緒十三年瞿廷韶重校刋本
增訂徐文定公集	明徐光啟著	清宣統元年上海慈母堂二次排印本
聖朝破邪集	明徐昌治輯	日本安政乙卯翻刻本
闢邪集		清咸豐十年翻刻本
辯學遺牘	明利瑪竇撰	明刻天學初函輯習是齋續梓本
代疑編	明楊廷筠撰	通常本
鬱岡齋筆麈	明王肯堂著	民十九年北平圖書館鉛印本
大西利先生行蹟	明艾儒略撰	一九二九年八月陳垣序刋辯學遺牘輯
不得已辯	清利類思撰	一九二六上海土山灣書館印本
新法算書	明徐光啟等撰	國立北平圖書館藏四庫抄本
泰西著述考		清光緒間刋西學輯存六種本
小腆紀年	清徐鼒撰	清咸豐十一年六合徐氏刋本
正教奉褒	清黃伯祿撰	清光緒三十年上海慈母堂第三次排印本
明季之歐化美術及羅馬字注音	民陳垣輯	民十六年輔仁大學景印本

籌海圖編	明胡宗憲撰	明天啟四年家刊本
殊域周咨錄	明嚴從簡撰	明萬曆癸未刋本
東西洋考	明張燮撰	惜陰軒叢書本
閩書	明何喬遠撰	明刋本
嶺海輿圖	明姚虞撰	國立北平圖書館藏四庫抄本
萬國輿圖	明利瑪竇撰	北平歷史博物館摹繪本
職方外紀	明艾儒略撰	守山閣叢書本
西洋朝貢典錄	明黃省曾撰	借月山房彙抄本
海語	明黃衷撰	嶺南遺書本
象胥錄	明茅瑞徵撰	明崇禎己巳序刋本
全邊略紀	明孔方炤撰	民十九年國立北平圖書館印行本
西方要紀	明利類思等撰	昭代叢書本
天下郡國利病書	明顧炎武撰	清嘉慶十六年敷文閣聚珍板本
廣東新語	清屈大均撰	清康熙三十九年序刋本
澳門紀略	清印光任 張汝霖撰	清光緒庚辰江寧藩署刋本
海國聞見錄	清陳倫炯撰	清乾隆五十八年重刋本
海外番夷錄	清王朝宗輯	清道光二十四年京都漱六軒刋本
海國圖志	清魏源撰	清同治六年郴州陳氏重刋本
中國海島考	清龔柴撰	清光緒十七年小方壺齋輿地叢鈔輯本
海錄	清謝清高撰	嘉應楊氏原刋本
廣東考古輯要	清周廣等輯	清光緒十九年還讀書室刋本
瀛環志略	清徐繼畬撰	清道光二十八年福建撫署刋本
國朝柔遠記	清王之春撰	清光緒十七年廣雅書局刻本
浙江圖書館叢書	民丁謙撰	民四浙江圖書館校刋本
島夷誌略校注	日人藤田豐八注	雪堂叢刻本

中西交通史料匯篇	民張星烺編	北平輔仁大學叢書第一種
廣東通志	清魯曾煜等修	清雍正九年郝玉麟序刊本
廣東通志	清阮元等修	清道光二年序刊本
廣州府志	清史澄等修	清光緒五年粵秀書院刊本
潮州府志	清周碩勳等修	清乾隆二十七年修，光緒十九年保安總局重刊本
順德縣志	明葉春及等修	明萬曆間刊本
南海縣志	明劉廷元等修	明萬曆間刊本
香山縣志	清陳澧等修	清光緒間刊本
電白縣志	清邵詠等修	清道光五年電白縣署刊本
福建通志	清陳壽祺等修	清同治七年正誼書院重刊本
漳州府志	清吳聯薰等修	清光緒三年芝山書院刊本
汀州府志	清李紱等修	清乾隆十七年序刊本
廈門志	清周凱等修	清道光十九年玉屏書院刊本
詔安縣志	清秦炯等修	清康熙三十年修甲戌年翻刻本
安徽通志	清裕祿等修	清光緒三年至七年刊本
江西通志	清陶成等修	清雍正十年序刊本
黃陂縣志	清徐瀛等修	清同治十一年至十二年刊本
磁州志	清蔣擢等修	清康熙四十二年刊本
臺灣府志	清余文儀等修	清乾隆間修光緒十四年印本
臺灣紀略	清林謙光撰	清光緒十七年小方壺齋輿地叢鈔輯本
臺灣使槎錄	清黃叔璥撰	同上
稗海遊記	清郁永河撰	同上
廣東賦役全書		清順治九年刊本

雜誌

燕京學報八期

燕京學報九期

西 文

An Historical Sketch of the Portuguese Settlements in china.
By Andrew Ljungstedt, Boston, 1836.

The Portuguese in India.
By F. C. Danvers, London, 1894.

Mediaeval Researches from Eastern Asatic Sources.
By Emil Bretschneider, London, 1910.

Formosa under the Dutch.
By Wm. Campbell, London, 1903.

The Philippine Islands.
By John Foreman, New York, 1906.

Chinese Repository.

The Encyclopaedia Sinica.
By Samuel Couling, Shanghai, 1917.

Bibliotheca Sinica.
By Henri Cordier, Paris, 1904.

Encyclopaedia Britannica.
14th edition, 1929.

Notices biographiques et Bibliographiques, sur les Jesuites de l'ancienne mission de Chine, 1552—1773.
By Louis Pfister, Shanghai, 1932.

Les Missionaires Du Seizième Siècle 1514—1588.
By Henri Bernard, Tientsin 1933.

Sino—Portuguese Trade From 1514 to 1544.
(中葡通商研究)
By Chang T'ien Tsê, Leyden 1934.

雜誌

China Review Vol. 24, No. 3.
China Review Vol. 19, No. 4.

原書缺頁

附錄五

勘誤表

頁數	行數	誤	正
1	15	溯於源流	溯其源流
3	12	範錫得銃	範錫爲銃
18	3	驁字子魚	鰲字子魚
19	15	Ths Portuguese in India	The Portuguese in Iudia
20	1	而邱道隆何驁	而邱道隆何鰲
29	9—10	而常額之士	而常額之士
31	18	防擬製作	仿擬製作
35	16	嚴加巡察	嚴加巡察
38	14	淳泉巡檢司	漳泉巡檢司
39	14	佛傳機無所得利	佛郎機無所得利
39	23	常作柯柯	常作柯
42	4	許以便宣行事	許以便宜行事
48	5	即海市福浙	卽往市福浙
48	16—17	縱天子乃欲死我	縱天子不欲死我
53	17	又陳澧稱	又陳澧稱
65	10	柄鑿之極	枘鑿之極
73	2	列傳二一二	列傳二一一
79	9	王享記	王享記
80	23	王享記	王享記
87	18	Cebo	Cebu
97	14	Chnese Repositosy	Chinese Repository

勘 誤 表

頁	行	誤	正
114	14	Kornelis Peyerszoon	Kornelis Reyerszoon
126	2	Peyerszoon	Reyerszoon
128	13	紅毛下云	紅毛城下云
144	8	隧豎白旂	遂豎白旂
172	17	馬利賓	利瑪竇
172	24	逐齎志徑趨闕廷	遂齎志徑趨闕廷
176	8	亦以非確有所據	亦非確有所據
181	22	七日歲差	七曰歲差
185	14	楊延筠	楊廷筠
194	9	聖明自爲杜稷計	聖明自爲社稷計
194	10	王豐肅	王豐肅
220	25	尤殿男女之禁	尤嚴男女之禁
229	20	令許佛郎機互市有四利	今許佛郎機互市有四利

YENCHING JOURNAL OF CHINESE STUDIES

MONOGRAPH SERIES NO. 7

A COMMENTARY OF THE FOUR CHAPTERS ON PORTUGAL, SPAIN, HOLLAND AND ITALY IN THE HISTORY OF MING DYNASTY

BY

CHANG WEI-HUA

PUBLISHED BY THE HARVARD-YENCHING INSTITUTE
PEIPING OFFICE
YENCHING UNIVERSITY
PEIPING, CHINA
1934